英国新马克思主义哲学研究丛书

乔瑞金　丛书主编

Study on
British New Marxism

奈恩唯物史观的
民族主义思想研究

刘　烨　著

Study on Nairn's
Nationalism Theory with
the Perspective of
Historical Materialism

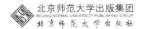

北京师范大学出版集团
BEIJING NORMAL UNIVERSITY PUBLISHING GROUP
北京师范大学出版社

总　序

　　承运时势，潜备十载，此系丛书，应习近平总书记召唤，借深研 21 世纪世界马克思主义之契机，得各方鼎力相助，终究面世，甚幸！所言英国新马克思主义，意指 20 世纪 50 年代以后，在英国新左派运动中勃发的一种新马克思主义类型，涵括诸多思想家、理论家和革命家，著述数百，笔耕不辍。他们关注社会形态变革，追求社会主义在英国的成功，对世事之历史、文化、社会、政治、经济诸领域给出理性理解，开展革命运动，所言所为，均以马克思的思想为基础，以人类解放为目标，以思想批判为手段，以重建符合人的社会生活秩序为己任，独树一帜，颇有影响，不失借鉴之意义。20 世纪末以前，中国对英国马克思主义的理论研究几近空白，零星所见，也散落在文学评论、历史学或社会学中，不入哲学和马克思主义视域，究其原因，多半在于觉得英国学者似乎也没有写出像模像样的"哲学著作"，而是以历史陈述代替了宏大叙事，以话语分析淹没了逻辑论断，以小人物抹杀了"英雄"，其著作均缺乏哲学内涵。20 世纪末，情势反转。苏联解体、东欧剧变，全球范围内的冲突与斗争不断发生，金融危机引发了世界经济危机和社会危机，这个时代提出诸多亟待解决的重大问题，马克思主义必须对此做出正确的判断和回答，而英国新马克思主义联系历史和现实，在"回归马克思"的意识指引下，于 20 世纪 50 年代中叶以来开展的对发达资本主义和苏联教条主义的两方面批判和理论建构，于今多有启迪意义，与我们先前的理解大相径庭，促使人们聚焦目光于该领域。迄今，已取得可观的研究进展和成果，集中反映于此系丛书中。此系丛书的面世，必将有助于激发更深入的理论研究，有益于马克思主义的时代发展，有功于中国特色社会主义现代化强国建设的推进。

乔瑞金
2019 年仲夏于山西大学

目　录

导　论

汤姆·奈恩作为英国新马克思主义的领军人物之一，其关于民族主义主题的理论著述和哲学思想，凸显了其马克思主义关于民族、民族国家及民族主义的新认识。早在 20 世纪 70 年代，奈恩就运用马克思主义理论，从民族主义的视域对英国及资本主义世界的前景做出唯物史观的阐释，他"与本尼迪克特·安德森（Benedict Anderson）、安东尼·史密斯（Anthony Smith）和厄内斯特·盖尔纳（Ernest Gellner）一起，是当今世界有关民族主义最被广泛引用的四个学术权威"①。《伦敦观察家报》（*Observer*）的驻外记者和专栏

---

① 参见英国杜伦大学高级研究所，Professor Tom Nairn，https：//www.dur.ac.uk/ias/fellows/0809fellows/nairn/，2018-07-08。

作家尼尔·阿舍森(Neal Ascherson)2000 年在《伦敦书评》(*London Review of Books*)中提出,奈恩已经"整整二十年,作为英国权威的政治哲学家,并对 1968 年之后整个西欧的一代人在思想观念上有巨大的影响"[①]。其民族主义理论展现出马克思主义哲学巨大的解释性、创造性和活力,对于我们着眼现代世界、解答一系列关于民族的现实问题,提供了重要的理论视角和价值坐标,对于我们把握英国、欧洲乃至世界局势是不可多得的宝贵资源。

众所周知,英国的新马克思主义代表人物众多,具有各自不同的研究方向、学术观点和思维范式,作为第二代英国新左派思想家的代表人物,奈恩具有更加国际化的眼光和政治追求,他从唯物史观的视域出发,提出了诸多民族主义的理论观点,看到了民族主义作为一种意识形态和运动在世界政治中的强大力量。民族主义在世界历史的进程中扮演着不可或缺的角色,不论是在社会发展、政治改革、民主运动,还是在政权建立当中均起到重要的作用,并广泛地渗透在不同国家的政治、经济、文化等国民生活领域。20 世纪以来,在经历了第一次世界大战、第二次世界大战、东欧剧变、苏联解体等国际政治局势的重大变化之后,学者们更进一步将民族主义理论与现实社会发展结合了起来,在民族国家的合法化及民族向心力发展方面产生了重要的作用。

---

① Ascherson, N., "On with the Pooling and Merging," *London Review of Books*, Vol. 22, No. 4, February 2000, pp. 8-9.

一、学术历程

1. 20 世纪 60 年代——初露锋芒

1932 年 6 月 2 日，奈恩出生于英国苏格兰法夫郡（Fife），他独特的民族身份注定了他对民族主义的研究热情，在《苏格兰的问题》（"The Question of Scotland"）一文中他写道："我从来没有隐瞒这样一个事实，即我自己的两难困境和古怪是源于我自己的民族——苏格兰——的情况。这无疑解释了很大一部分我的学术热情和我所关注的问题。"①

历史上的苏格兰与英格兰是两个民族国家，有着截然不同的民族气质和民族文化，1707 年双方正式合并，奠定了今日大不列颠及北爱尔兰联合王国的基础。英格兰和苏格兰合并后，各民族携手并进，共同创建了英国，掀起了世界近代史上第一次工业革命，这不仅对英国历史而且对世界历史都产生了极其深刻的影响。从著名的"苏格兰启蒙运动"至今，一代又一代杰出的苏格兰人在联合王国内部发挥了无与伦比的巨大作用，他们在英国的科技创造、工业革命和思想文化进步方面贡献良多。享誉世界的经济学家亚当·斯密（Adam Smith）、启蒙哲学家大卫·休谟（David Hume）、文学家沃尔特·司各特（Walter Scott）等都是苏格兰人，毫不夸张地说，苏格兰人与英格兰人一同缔造并扩展了大不列颠。然而，长久以来，苏格兰在资本主义的联合王国中处于尴尬的境地，苏格兰的经济一直无法与英格兰比肩，发展的不平衡使得苏格兰人民长久以来感到被剥削，以及被不公正、不民主地对待，苏格兰民族主

---

① Nairn，T.，*Faces of Nationalism*：*Janus Revisited*，London and New York，Verso，1997，p. 180.

义由此而生。奈恩民族主义思想的历史渊源即源于他自己的民族身份。

20世纪60年代，苏格兰民族主义情绪高涨，奈恩对苏格兰民族主义有非常肯定的回应，他主要的学术声誉与他对苏格兰民族主义的支持有关。1968年，他在《新左派评论》(New Left Review)上发表了自己第一篇苏格兰民族主义的相关论文《苏格兰民族主义的三个梦想》("The Three Dreams of Scottish Nationalism")，由此开启了他跨越半个世纪的民族主义研究，有人这样评价他，"汤姆·奈恩，是他这一代人中最具影响力的苏格兰政治思想家"①。

此外，奈恩在牛津大学读书的时候主修的是哲学，但他主要的兴趣则是美学，对意大利美学哲学家克罗其(Benendetto Croce)尤其着迷。从牛津大学毕业后，他到意大利比萨的师范学校(Scuola Normale Superiore di Pisa)念书，在克罗其的旧日弟子拉吉安提(Carlo Ragghianti)的指导下修习美学。在这里，奈恩从他的意大利同学处第一次接触到安东尼奥·葛兰西(Antonio Gramsci)的著作(那时英文译本尚未问世)，并且通过葛兰西认识了马克思。1968年之前，他就彻头彻尾地变成了一个葛兰西式的马克思主义者，毫无挂碍地运用马克思主义的语言来诠释当代政治及社会。奈恩是第一个在葛兰西还没有走红的时候就把握了葛兰西思想的外国人，从意大利回到英国后，奈恩通过拉尔夫·密里本德(Ralph Miliband)结识了佩里·安德森(Perry Anderson)与罗宾·布莱克本(Robin Blackburn)，他们一伙人着手进行《新左派评论》的复刊。奈

---

① Maxwell, J., "The Big Interview: Tom Nairn," http://www.heraldscotland.com/news/14818711. The_big_interview_Tom_Nairn/, 2018-09-21。

恩把葛兰西这个来自萨丁尼亚的革命家介绍给他的新同事们，他对葛兰西思想进行了颇具创造性地运用，用来分析英国工人运动和英国社会。通过分析和翻译，他同安德森一致认为，应当把葛兰西的作品介绍和引入以英语为母语的文化中，特别是"霸权"的概念。从那时起，他就已经在政治和文化研究领域有了重大影响，其最大成果就是产生了一套关于英国历史的新提法，即"奈恩—安德森论题"①。

"奈恩—安德森论题"（Nairn-Anderson thesis）或"安德森—奈恩论题"（Anderson-Nairn thesis）两种说法都存在，可见二人在这一问题上的贡献是相当的，然而国内对安德森的关注远高于奈恩，这是十分可惜的。奈恩与安德森关于这一论题的研究主要包括：奈恩的《英国政治精英》（"The British Political Elite"）、《英国工人阶级》（"The English Working Class"）、《工党的性质（一）》["The Nature of the Labour Party (Part I)"]、《工党的性质（二）》["The Nature of the Labour Party (Part II)"]，以及安德森的《当前危机的起源》（"Origins of the Present Crisis"）、《五十年代的左派》（*The Left in the Fifties*）、《社会主义与伪经验主义》（"Socialism and Pseudo-Empiricism"）。这一论题用来解释为什么英国没有一个"正常"的发展方式，即"英国缺乏革命的文化传统，因此不可能自发地形成革命的理论"②。正是因为这一论题对英国衰退的阐释和对"为什么英国是西方工业化国家中唯一一个贵族专制统治的国

①　[意]安琪楼·夸特罗其、[英]汤姆·奈仁：《法国 1968：终结的开始》，赵刚译，6 页，北京，生活·读书·新知三联书店，2001。又译为汤姆·奈恩。
②　张亮：《汤普森视域中的民族性与马克思主义》，载《福建论坛（人文社会科学版）》，2008(7)。

家"这一问题的回答而使奈恩为人们所广泛认识。这个论题挑战了传统马克思主义的认知,也招来了第一代新左派社会史巨擘爱德华·汤普森(Edward Palmer Thompson)的怒火,两代人之间的对话是英国新左派知识辩论的范例之一,达到了许多人未能企及的高度。

20 世纪 60 年代,奈恩在各种机构教学,其中 1965—1966 年在伯明翰大学教学,1967—1970 年在弘赛艺术学院(Hornsey Art College)教学,并在其职业生涯中变得很有声望,之后因为对学生运动的支持而被解雇。正是在弘赛艺术学院,奈恩与安琪楼·夸特罗其(Angelo Quat-trocchi)一起写出了《法国 1968:终结的开始》(*The Beginning of the End:France,May 1968*)一书,彼时,夸特罗其在巴黎街堡里写作,一部分一部分地寄给在伦敦的奈恩,两人热情洋溢地分析了法国 1968 年所发生的大事件:一个西欧强权在第二次世界大战之后首度达到人民革命的临界点。全书洋溢着如火山爆发般的热情,抒发着对未来的希望和乐观,奈恩笃信法国的五月事件是一个新世界的前锋,五月革命是对一个真正有开创性的历史发展所做的测试及丈量,革命的实践是通往社会主义的必要手段。从这本书的分析当中我们看到,早期的奈恩坚定地秉持马克思主义的观点,其视域聚焦于英国工党及社会主义革命,这也为其马克思主义的分析立场奠定了坚实的方法论基础。

我们看到,20 世纪 60 年代是奈恩学术研究锋芒初现的时段,也是他的政治理论开始萌芽的时段,在这一时期,他的思想有两条主线:一是对英国、工党及法国五月风暴的分析关注,二是对苏格兰民族主义的支持与阐释。可以说,这两条主线一直贯穿于奈恩思想发展的脉络之中,奠定了他近半个世纪的学术研究基础。

2. 20 世纪 70 年代至 90 年代末——渐趋成熟

从 20 世纪 70 年代起，奈恩的思想逐渐成型，30 年间他分别在阿姆斯特丹跨国研究所、中欧大学、爱丁堡大学、杜伦大学任教，出版了他最具影响力的几部著作，标志着他民族主义思想体系构架和理论旨归的成熟。奈恩以他广博的知识，分析、描绘了英国社会的诸多方面，包括民族主义、君主制的象征意义和在撒切尔、布莱尔等首相治下的现实。他一直是下放权力给苏格兰议会和威尔士议会的倡导者，他不仅批评了不列颠政府没有给予这些机构足够的权利，还详尽地分析、批判了其君主立宪政治体制。

1977 年《不列颠的瓦解：危机与新民族主义》(*The Break-up of Britain: Crisis and Neo-Nationalism*) 一书，作为发表在《新左派评论》中文章的一个选集，是奈恩关于民族主义主题最有名的著述，奈恩是世界范围内出现的较早从马克思主义视角对民族主义进行解释的分析者之一。格里·哈桑 (Gerry Hassan) 和安东尼·巴内特 (Anthony Barnett) 这样写道："他最伟大的《不列颠的瓦解》一书是对女王 25 周年加冕纪念的强烈反对，是一个有效而持久的挑战。"① 基本上，奈恩认为，来自中心国家——西欧资本主义发达国家——的帝国主义，在外围民族——欧洲相对不发达地区、亚洲、非洲等——中激起了外围精英去动员他们被剥削的大众起来反抗的热情。外围的知识分子在浪漫主义和平民主义的激励下，根据当地的民族文化和地方事件，以民族情感和民族认同呼吁大

---

① Hassan, G., Barnett, A., "Tom Nairn at 80, a World Scot," www.opendemocracy.net, 25 March 2012.

众的觉醒,民族主义随之产生。《不列颠的瓦解》强调了在英国君主立宪制的表面下,民族主义对政治构造的改变,已经开始瓦解不列颠王国的大厦。奈恩以敏锐、细腻的笔触讲述了苏格兰、威尔士、北爱尔兰与英国政府的缓慢分离,并承认欧洲维度和经济全球化在这些岛屿上的影响。

因为对资本主义的英国的不可持续性及其可能分裂成许多不同的共和国的预测,奈恩的《不列颠的瓦解》一书备受关注,这一文本是民族主义研究领域的核心参考文献,并在世界各地数以百计的大学课程中使用。奈恩先验性地预测了联合王国的瓦解,也恰恰与现实相呼应,虽然2014年苏格兰独立公投以苏格兰未独立告终,但是2017年3月28日,苏格兰地方议会表决通过了将进行第二次独立全民公投的决议,无论结果如何,我们都看到了英国瓦解的倾向,而这一点奈恩早我们40年就看到了,可谓一语成谶。

10年后,奈恩把他的目光投向了英国君主制的主题上,并把对葛兰西的不竭热情施展到他的一些作品之中,如1988年《着魔的玻璃》(*The Enchanted Glass*)一书,可谓恰到好处。他把英国君主制解剖开来,展现这个制度如何塑造日后整个联合王国的文化。奈恩认为,英国的君主立宪制是一个落后的、浪漫的、前现代的创造,是民主共和主义和现代民族主义之前的时代产物,因此,它没有在政治维度上实现全面的民主。他猛烈抨击一些知识分子目光短浅地相信可以通过议会主权和英国例外论来获得改变,并指出在20世纪80年代左派应该在欧洲寻找出路。这本书是最早的、从废除主义视角出发的、严肃的、现代的对英国君主政体进行研究的书籍之一,在这本书中,奈恩正式提出了一个术语"Ukania"，用来表明君主立宪政体的不合理的和理想王国的性质。借由这本著作，奈恩被视为当今民族主义和民族国家研究的世界顶级权威之一。英国谢菲尔德大学政治学教授安东尼·阿伯拉斯特(Anthony Ar-blaster)1989年在《新左派评论》第174期发表的《认真对待君主政体》("Taking Monarchy Seriously")一文中这样评价："汤姆·奈恩对君主政体的研究是一项多维度的丰富工作。它可以被看作是对君主政体进行审查、解释其性质和作用的一项雄心勃勃的尝试；鉴于这一相当具体的焦点，其范围和洞悉必须被认为是杰出的。但是，更重要的是，它构成了对不列颠历史和不列颠国家演变的解释的延伸和重新陈述，而这一直是他全部工作的核心，并再次成为论争的主题。因此具有及时性。"[①]

《不列颠的瓦解》一书的研究重点是民族主义和资本主义的不均衡发展，而其20年之后的另一部民族主义理论巨著，1997年出版的《民族主义的面孔：重回贾纳斯》(Faces of Nationalism: Janus Revisited)一书则建立了争论的领域，此时，奈恩在爱丁堡大学教授民族主义的相关研究生课程。在这本书中，我们同样看到了奈恩对葛兰西市民社会理论的运用，即市民的和世俗的民族主义是现代性的一个重要特征，而不是对此的一个过时的反应。这是他重要的理论贡献的一部分，即从根本上重新思考"自下而上的民族主义"的地位，这本书更标志着奈恩民族主义理论的最终成熟。

这里，我想引用两个评论来总结这一时期的奈恩：一是，"奈恩虽

---

① Arblaster, A., "Taking Monarchy Seriously," in *New Left Review*, I/ 174, March-April 1989, p. 101.

然一直被误认为是为纯粹的苏格兰政治民族主义的发声者，但是他无疑是其最雄辩的、世界级的捍卫者"[1]；二是，"20 世纪 80 年代在显著的撒切尔主义的阴影下长大的一代人，即成长为学者、记者、艺术家及偶尔的政治家的一代新左派的、激进的、焦急的民族主义者和地方自治论者，实际上在思想理智上能够被视为是汤姆·奈恩的孩子"[2]。

3. 进入 21 世纪——笔耕不辍

进入 21 世纪之后，奈恩的关注点转变为经济全球化与民族主义之间的关系问题。在越来越趋向国际化的世界总体形势下，他进行了广泛的民族主义和经济全球化的研究，他反对当前的"资本的超级帝国"，并继续关注左派和欧洲的主题。

这一时期，奈恩备受赞誉的两本书《不列颠之后：新工党和苏格兰的回归》（*After Britain: New Labour and the Return of Scotland*，2000）和《贱民：不列颠王国的不幸》（*Pariah: Misfortunes of the British Kingdom*，2002）延续了《不列颠的瓦解》中的争论，且主要集中在与布莱尔主义的结构性的冲突上。2001—2010 年，奈恩受邀在澳大利亚墨尔本皇家理工大学任民族主义和文化多样性创新教授，此时他已经把他的注意力转移到了民族主义与经济全球化之间的关系上来，标志为《全球矩阵：民族主义、全球主义和国家恐怖主义》（*Global Matrix*：

---

[1] Anderson, P., Howe, S., Mitchell, J., Barnett, A., Harvie, C., Roshwald, A., Kane, P., Hayes, D., "The World and Scotland too: Tom Nairn at 75," www.opendemocracy.net, 1 June 2007.

[2] Hassan, G., Barnett, A., "Tom Nairn at 80, a World Scot," www.opendemocracy.net, 25 March 2012.

Nationalism，Globalism and State-Terrorism，2005）和《全球民族》（*Global Nations*，2006)的出版。

　　来到澳大利亚之后，奈恩以独特的个人魅力和广泛的学术影响力将自己的学术精神长久地驻扎在了墨尔本皇家理工大学，在奈恩回到英国之后，这里仍长期举行"汤姆·奈恩讲座"(The Tom Nairn Lecture)，许多著名学者都在此进行了讲座，其中，加利福尼亚大学社会学和全球研究教授马克·尤尔根斯迈耶(Mark Juergensmeyer)在"2009 年汤姆·奈恩讲座"上发表了主题为"全球反叛：宗教对世俗国家的挑战"("Global Rebellion：Religious Challenges to the Secular State")的讲座；著名民族主义理论家里亚·格林菲尔德(Liah Greenfeld)在"2011 年汤姆·奈恩讲座"上发表了主题为"民族主义在中国的传播和历史新纪元的开始"("The Spread of Nationalism in China and the Beginning of a New Era in History")的讲座；当代著名全球化理论家戴维·赫尔德(David Held)在"2012 年汤姆·奈恩讲座"上发表了主题为"多极世界的世界主义"("Cosmopolitanism in the Multipolar World")的讲座；美国匹兹堡大学社会学教授罗兰·罗迫逊(Roland Robertson)在"2013 年汤姆·奈恩讲座"上发表了主题为"振兴全球化分析"("Revitalizing Globalization Analysis")的讲座；法国前总理利昂内尔·若斯潘(Lionel Jospin)在"2014 年汤姆·奈恩讲座"上发表了主题为"从拿破仑风险到当前欧洲的萎靡"("From the Napoleonic Venture to the Current European Malaise")的讲座。此外，奈恩于 2009 年受聘成为澳大利亚社会科学院成员，足见奈恩的学术影响力和号召力。

　　从 2001 年开始，奈恩便在"公开民主网"上长期担任供稿人，发表了诸多文章。该网站这样介绍奈恩，即"苏格兰最伟大的思想家，一位世界级的学者"①。奈恩在耄耋之年仍笔耕不辍，"一个人一生都在剖析民族传统的神秘、夸张和伪装"②，从未停止过对苏格兰、英国、欧洲乃至世界的民族主义研究，虽然他的著述很多，其涉及领域庞杂，但却总有一个核心词汇居于其思想核心，这是难能可贵的。

在过去的半个世纪，汤姆·奈恩的民族主义研究取得了突出的成就。纵观其学术著作和思想贡献，奈恩不仅促进了马克思主义在英国的传播、交流和融合，丰富了英国新左派理论的多元发展和繁荣，而且从马克思主义的角度对民族主义做出阐释，极大地丰富了马克思主义哲学、民族学的理论构成，是英国新左派思想家当中至关重要的一位。我们不禁会认同这一评述，"这一代最好的政治评论家？这一标签又过于限制，因为他已远不止如此"③。

---

① Hassan, G., Barnett, A., "Tom Nairn at 80, a World Scot," www. opendemocracy. net, 25 March 2012.

② Hassan, G., Barnett, A., "Tom Nairn at 80, a World Scot," www. opendemocracy. net, 25 March 2012.

③ Anderson, P., Howe, S., Mitchell, J., Barnett, A., Harvie, C., Roshwald, A., Kane, P., Hayes, D., "The World and Scotland too: Tom Nairn at 75," www. opendemocracy. net, 1 June 2007.

二、研究现状

1. 国外现状

汤姆·奈恩作为一名苏格兰裔民族主义理论家，在英国乃至世界的民族主义和政治学的研究上有着决定性的影响，国外对他的研究与评论较多，主要分为以下三个方面。

一是，对奈恩民族主义理论的认识、借鉴与发展。民族主义是一个很重要的意识形态和运动，西方学者认为，不谈民族主义将无法理解近200年来的世界历史。民族主义在国外的研究可谓是卷帙浩繁、观点歧异，而且新的资料也在不断增加，几乎每月都可以在书架上发现一本新的民族主义研究著作。作为现代社会最具影响力的民族主义思想家，几乎每一部民族主义研究著作都会涉及汤姆·奈恩，当代著名的民族主义思想家厄内斯特·盖尔纳、本尼迪克特·安德森、安东尼·史密斯、埃里克·霍布斯鲍姆（Eric Hobsbawm）、迈克尔·赫克特（Michael Hechter）、里亚·格林菲尔德等都在自己的著作中对奈恩的思想或引证、或对话、或辩论，其中，他最著名的"现代贾纳斯"理论已经广泛深入每个研究者的理论当中，并在学界达成了基本共识。

佩里·安德森的哥哥，著名民族主义理论家本尼迪克特·安德森对奈恩敬重有加，视其为民族主义研究的前辈及友人，在其《想象的共同体：民族主义的起源与散布》（*Imagined Communities：Reflections on the Origin and Spread of Nationalism*）一书中多次提到奈恩的观点，书中随处可见他与奈恩对话之痕迹，并借用"不均衡发展"来描述民族主义的历史扩张模式。奈恩的民族主义思想对安德森影响甚深，在谈到本书的最原始的写作动机时，他这样写道："20 世纪六七十年代的联合王国，是世界上绝无仅有的国家，在关于民族主义的性质和起源的一般性论题上，从不同的思考方向分别产生了由四位有影响力的犹太裔知识分子所完成的高水平作品。这四位知识分子是：保守主义的历史学家埃里·凯都里（Elie Kedourie），启蒙的自由主义哲学家和社会学家厄内斯特·盖尔纳，当时仍是马克思主义者的历史学家埃里克·霍布斯鲍姆，以及传统主义的历史学家安东尼·史密斯。尽管如此，关于这个问题真正的公开辩论却要等到 1977 年，在苏格兰民族主义者兼马克思主义者汤姆·奈恩出版了他那本打破因袭成见的《不列颠的瓦解》之后才出现。这位苏格兰民族主义者把联合王国——盖尔纳、霍布斯鲍姆，还有史密斯都对这个国家有着强烈的情感依附——描述为一个从前民族、前共和时代残留下来的老朽遗迹，因此注定要迎向和奥匈帝国一样的覆亡命运。这位修正主义的马克思主义者枪口所指向的，是在他眼中古典马克思主义对最广泛意义下的民族主义之历史和政治重要性的那种肤浅的对待或者回避。在这本书所引发的辩论中，我非常同情奈恩。所以写作《想象的共同体》背后的一个重要论争意图，就是支持（当然，是'批判性地'支持）奈恩前述两个论证的立场。"①可见，安德森的写作目的在很大程度上是源自对奈恩民族主义理论的支持和同情。

政治学家琼·科克斯（Joan Cocks）教授的《激情与悖论：正视民族问题的学者》（*Passion and Paradox*：*Intellectuals Confront the Nation-*

---

① ［美］本尼迪克特·安德森：《想象的共同体：民族主义的起源与散布》，吴叡人译，205 页，上海，上海人民出版社，2011。引文有改动。

al Question）一书以学者作为主轴分六部分阐释了民族问题："第一章，卡尔·马克思揭露民族认同的真相；第二章，帝国主义、民族自决和暴力：罗莎·卢森堡（Rosa Luxemburg）、汉娜·阿伦特（Hannah Arendt）和弗朗茨·法农（Frantz Fanon）；第三章，犹太人问题：以赛亚·伯林和汉娜·阿伦特；第四章，自由主义和民族主义是否兼容？再看以赛亚·伯林；第五章，捍卫种族、地区、民族性：奇怪的汤姆·奈恩；第六章，世界主义在一个新的关键点：奈保尔（V. S. Naipaul）和爱德华·赛义德（Edward Said）。"

科克斯教授通过考察重点学者的思想，希望找到关于集体认同和种族、民族冲突难题的解决方法，她将奈恩放置在十分重要的位置并以单独的一章对奈恩的民族主义思想进行阐释，对于我们把握奈恩的思想和认识其重要性是十分宝贵的资源。科克斯指出，学界在谈到民族主义问题时，总是倾向于强调盖尔纳和安德森的思想，而其实奈恩的《不列颠的瓦解》一书的出版是先于他们两位的，并且也引发了巨大的震动，现在我们必须要认识到这一点，给予奈恩应有的重视。

《伦敦书评》作为了解当今英语世界人文学术、政治思想和文学艺术创作的精华的最便捷的窗口，自 20 世纪 60 年代以来就不乏一些对奈恩民族主义著作的评论文章，如尼尔·阿舍森在评论奈恩《不列颠之后：新工党与苏格兰的回归》一书的文章《开始融合与合并》（"On with the Pooling and Merging"）中写道："汤姆·奈恩的这本书富有极好的立场路线，其中之一总结概括了伦敦对于写下游戏规则的厌恶。……现在看来，很明显，在直面、揭露和剖析不列颠国家方面，他是最有力、最具原创性的人物。"①约翰森(R. W. Johnson)在对奈恩《着魔的玻璃》一书的评论文章《雅典娜》("Pallas")中写道:"多年来,汤姆·奈恩一直用其令人印象深刻的智慧和独创性思考英国国家的特性。他的早期作品《不列颠的瓦解》,仍然是一个具有里程碑式意义的著作……奈恩关于英国民族主义的沉思是我所读过关于这一主题最有力和最具独创性的作品之一。"②保罗·莱蒂(Paul Laity)在对奈恩《贱民:不列颠王国的不幸》一书的评论文章《茫然和困惑》("Dazed and Confused")中写道:"奈恩是我们这个老朽的多民族国家的剖析大师,他回归了对不列颠性的另一次感情丰富的谴责,认为不列颠性是一种王室保守主义,是一个自上而下强加给人民的、认清你们的位置的民族认同。……他坚持认为,尽管存在种种缺陷,欧洲才是解决之道:它'仍然是各民族为了摆脱过去而结合在一起的最好例子——并将他们的新模式写入成文的宪法条款中'。"③

罗里·斯科索恩(Rory Scothorne)的《从外缘而来》("From the Outer Edge")一文将奈恩定位为一位"红色苏格兰人",他这样评价:"如果说奈恩的作品有持续不断的革命性的一面,那就是他拒绝满足于意识形态的、政治的或文化的封闭,以及他对现实和理想边界的无尽跨越。当面对一扇通向大海的门时,他想象它是开着的。而英国的左派还没有学

---

① Ascherson, N., "On with the Pooling and Merging," in *London Review of Books*, Vol. 22, No. 4, February 2000, pp. 8-9.

② Johnson, R. W., "Pallas," in *London Review of Books*, Vol. 10, No. 3, July 1988, p. 6.

③ Paul Laity, "Dazed and Confused," in *London Review of Books*, Vol. 24, No. 23, November 2002, pp. 24-28.

会做同样的事情。"①

　　此外，内华达大学社会学教授柏奇·贝贝洛格鲁（Berch Ber-
beroglu）2000 年 5 月在《批判社会学》（*Critical Sociology*）上发表的《民
族主义、民族矛盾和阶级斗争：对民族主义和民族运动的主流及马克思
主义理论的批判性分析》（"Nationalism，Ethnic Conflict，and Class
Struggle：A Critical Analysis of Mainstream and Marxist Theories of
Nationalism and National Movements"）一文对奈恩也有诸多论述，他指
出，"（奈恩认为）民族主义是一种基于理念的自主的意识形态力量；是
对普遍挫折的非理性反应"②。"奈恩、安德森、拉克劳（Laclau）和尼姆
尼（Nimni）都曾批评过古典马克思主义的'阶级还原主义'（class reduc-
tionism）。"③

　　二是，对奈恩马克思主义政治哲学（尤其是在马克思主义民族理论
方面）的对话与批判。其中，霍布斯鲍姆 1977 年在《新左派评论》上发表
的《对〈不列颠的瓦解〉的一些评论》（"Some Reflections on 'The Break-
up of Britain'"）一文颇具代表性，在这篇文章中，他对奈恩民族主义理
论的奠基性著作《不列颠的瓦解》进行了系统的评价和反驳，其中不乏对
奈恩民族主义理论观点的真知灼见。他批评奈恩用民族主义取代了马克
思主义的"历史决定论"，认为苏格兰独立是"北方的科威特"。此外，霍

---

　　①　Rory Scothorne，"From the Outer Edge," in *London Review of Books*，Vol. 40，
No. 23，December 2018，p. 38.

　　②　Berberoglu, B. ，"Nationalism，Ethnic Conflict，and Class Struggle：a Critical A-
nalysis of Mainstream and Marxist Theories of Nationalism and National Movements," in
Critical Sociology，Vol. 26，No. 3，2000，p. 217.

　　③　Ibid. ，p. 219.

布斯鲍姆还质疑"奈恩只是'把民族主义涂成了红色'"。[1] 虽然霍布斯鲍姆对奈恩的民族主义思想大加批驳,但是他也不得不承认:"马克思主义运动和尊奉马克思主义的国家,不论在形式上还是在实质上都有变成民族运动和民族政权——也就是转化成民族主义——的倾向。没有任何事实显示这个趋势不会持续下去。"[2]

马克思主义历史学家维克多·基尔南(Victor Kiernan)1989 年在《新左派评论》第 174 期发表的《汤姆·奈恩在一个主题上的沉思》("Meditations on a Theme by Tom Nairn")一文对奈恩的思想做出了整体性的归纳,同时做出了这样的反思:"奈恩是君主政体坚定的、不动摇的反对者,民族主义的捍卫者……马克思也满怀希望地假设,自由议会制度将成为现代工业社会的标准政治媒介。奈恩对民族主义也做了类似的假设。在英国,阶级斗争是主要的刺激因素,而在欧洲许多国家,民族性的主张则是主要动力,即民族解放必须先于社会解放。现代历史确实是这样运作的,但我们是否必须称赞它是可以想象的最佳途径,或者把族裔冲突置于比阶级斗争更高的层次?欧洲各国人民的冲突和各民族的解放所造成的大多数后果是可怕的。今天,在南斯拉夫,我们看到塞尔维亚人与阿尔巴尼亚人发生了冲突,在苏联,是亚美尼亚人与阿塞拜疆人之间无意识的血腥宿怨。人们不得不怀疑,在奈恩把民族国家看作是为了我们的时代任务而进行的社会动员的'普遍形式'的观点中,有一丝苏

---

① Rory Scothorne, "From the Outer Edge," in *London Review of Books*, Vol. 40, No. 23, December 2018, pp. 35-38.

② Hobsbawm, E., "Some Reflections on 'The Break-up of Britain'," in *New Left Review*, I/105, September-October 1977, p. 13.

格兰人的乡愁。"①

　　格拉斯哥大学政治与社会科学学院社会学讲师尼尔・戴维森(Neil Davidson)作为对奈恩民族主义理论的主要研究者之一,先后发表了多篇文章,对奈恩的民族主义思想进行了梳理、解读和批判,如 1999 年在《国际社会主义杂志》(*International Socialism Journal*)发表的《透视:汤姆・奈恩》("In Perspecive:Tom Nairn")一文,后来他将此文作为 2014 年《坚守过去的图像:探索马克思主义传统》(*Holding Fast to an Image of the Past:Explorations in the Marxist Tradition*)一书的第一部分"汤姆・奈恩和民族主义的必然性"("Tom Nairn and the Inevitability of Nationalism")出版,他这样批判道:"奈恩远离马克思主义的悲剧在于,曾几何时,他也曾以一种张扬恣肆的方式承认过社会主义革命的可能性,不是作为神话,而是作为种族和民族压迫的现实解决方案。"② 此外,2014 年他在《新左派评论》上发表的《一个苏格兰的分水岭》("A Scottish Watershed")一文指出,奈恩试图解释苏格兰民族主义作为一种有组织的政治力量的迟发性,即为何苏格兰几乎没有参与到 19 世纪的"民族主义时代",而直到 20 世纪 60 年代才吸引了大众的支持。奈恩的答案是,民族主义与资本主义扩张的不均衡性,以及后发展者在强大的外部力量作用下想要掌握工业发展的努力密切相关,但是,苏格兰资产阶级已经实现了工业化,不需要在民族计划的基础上动员工人阶级。

---

　　① Kiernan,V.,"Meditations on a Theme by Tom Nairn," in *New Left Review*,I/174,March-April 1989,p.118.

　　② Davidson,N.,"In Perspecive:Tom Nairn," in *International Socialism Journal*,March 1999,p.130.

对此,戴维森进行了反驳,他认为,"(在苏格兰)支持独立运动的主要动力不是民族主义,而是通过要求自决来表达的对社会变革的渴望。……建立一个苏格兰国家并不是在任何情况下都应追求的永恒目标,而是在当前新自由主义紧缩的条件下,可能会为平等和社会正义提供更好的机会"①。

克雷格·贝弗里奇(Craig Beveridge)和罗纳德·特恩布尔(Ronald Turnbull)1989 年出版了《苏格兰文化的衰落》(*The Eclipse of Scottish Culture*)一书,其中《苏格兰民族主义者、英国马克思主义者:荒诞的汤姆·奈恩》("Scottish Nationalist,British Marxist:the Strange Case of Tom Nairn")一文对奈恩进行了批判,他们指出,虽然奈恩是在"为社会主义的未来而斗争",但是在这一未来中,民族主义仅仅是一种"战术可能性",而他们则是为了"作为社会主义政治整体之不可分割部分的文化、历史和人民"而斗争。虽然这一批判性的看法具有对奈恩的偏见,但也是对奈恩研究的重要参考文献。

族群—象征主义理论家安东尼·史密斯,在其《民族主义:理论、意识形态、历史》(*Nationalism:Theory,Ideology,History*)一书中把奈恩划分为现代主义范式下社会经济视角的民族主义理论家,这点在我看来是十分精准的。此外,他对奈恩最著名的批评就是,他认为奈恩从来没有精准地定义过民族主义的概念。事实是,在卷帙浩繁的民族主义研究中,并没有一个被所有学者都完全认可的关于民族主义的界定。由

---

① Davidson,N.,"A Scottish Watershed," in *New Left Review*,I/89,September-October 2014,pp. 12-13.

于公认的定义并未出现也难以出现，以至于民族主义的研究被视为"术语丛林"，甚为杂乱。因此，史密斯的这一评论难免带有一种求全责备、寻弊索瑕之感。

三是，"奈恩—安德森论题"。早期对于奈恩的关注主要聚焦于对"奈恩—安德森论题"的讨论，是汤普森的《英格兰的特殊性》（"The Peculiarities of the English"）一文率先像对待安德森那样认真对待奈恩的，从而关注到了奈恩在汤普森和安德森的第一次论战中的贡献。此外，国外学者在 20 世纪 60—80 年代对"奈恩—安德森论题"给予了极大关注，大量文章都对此论题进行了评论、分析，如罗伯特·埃克尔肖尔（Robert Eccleshall）在《政治与社会》（*Politics and Society*）上发表的《英国自由主义的特性》（"The Identity of English Liberalism"）；保罗·沃里克（Paul Warwick）在《当代历史期刊》（*Journal of Contemporary History*）上发表的《英国是否改变了？探究民族衰落的原因》（"Did Britain Change? An Inquiry into the Causes of National Decline"）；尼克·史蒂文森（Nick Stevenson）发表的《批判理论中的反向车流》（"Contraflows in Critical Theory"）；希考克斯（M. S. Hickox）在《英国社会学期刊》（*The British Journal of Sociology*）上发表的《英国中产阶级的辩论》（"The English Middle-Class Debate"）等。

奈恩亲密的左派同志佩里·安德森作为"奈恩—安德森论题"的主要贡献者，在许多文章中对奈恩进行了热情洋溢的评论和写作。2007 年奈恩 75 岁时，安德森与史蒂芬·豪（Stephen Howe）、朱丽叶·米切尔（Juliet Mitchell）、安东尼·巴内特、克里斯托弗·哈维（Christopher Harvie）、阿维·罗什沃尔德（Aviel Roshwald）、帕特·凯恩（Pat

Kane)、戴维·海因斯(David Hayes)在"公开民主网"上合写了《世界以及苏格兰：75 岁的汤姆·奈恩》("The World and Scotland too：Tom Nairn at 75")一文来为奈恩庆祝生辰，并各自对奈恩进行了感情深切而又客观的评价。

佩里·安德森写道："说到独创性思维，汤姆·奈恩在其同时代的人之中是无人能及的。在我的记忆中，50 年来，他所讲的话从来没有跟随舆论而人云亦云，他从未倾向于左的观点或倾向于主流观点。在 20 世纪 60 年代，他是第一个明白在英国什么将成为工党主义的人。他是唯一有力地写出支持欧洲的发声者，而当时欧洲一体化的方案被普遍怀疑是左的。30 年前，他开创了对不列颠王国的批判性回顾，以及愤慨的人们对英国平静地分裂的期待。他杰出的文章，《现代贾纳斯》('The Modern Janus')，是民族主义的一个标志性探索，他写作的大部分也是关于这一主题的，并且是在这一主题最不流行的时期。他对 9·11 事件发生后的世界的反应，即在公开民主网上所发表的文章和观点，开始了一套新的思考，再次挑战了传统的进步观点，即关于人性深层结构的边界的重要性理论。所有这一切都在一个非凡活力和美丽的风格之中——不仅仅是幽默，民主地写作就像他自己坚定不移的政治一样。我们会想，假如有更多像他一样的人就好了。但这又是一个自相矛盾的想法。"①

史蒂芬·豪写道："奈恩思想的全球影响力，惊人的阅读量、兴趣

---

① Anderson，P.，Howe，S.，Mitchell，J.，Barnett，A.，Harvie，C.，Roshwald，A.，Kane，P.，Hayes，D.，"The World and Scotland too：Tom Nairn at 75，" in www. opendemocracy. net，1 June 2007.

量和知识量，应该在国际范围内得到更好的重视。在全球具有影响力的民族主义理论家中，他很少被承认——可能一部分是因为他从不追求传统权威的学术生涯，另一部分是因为他已经有太多的思想。一个人一辈子只说一个大的思想，并伴随着较小的变化来反复强调这一思想，似乎才有利于被公认为一个重要的社会或文化理论家、一个专家或一个沉思者。汤姆·奈恩从未这样做过，从未渴望那种纪念性或停滞。相反，让奈恩脱颖而出的是其思想惊人的动态性。即使他重复返回到相同的主题，其思想仍有不断的衍变，即一种从头至尾积累的变化。这是很有组织的，多年来，你可以看到他的许多文章，一个接一个地涌现，就像不断变化、不断更新的枝丫从同一棵大树上生长出来。或像是一连串非凡的烟花，并非砰的一声出现然后消失，而是互相交织重叠共同挂在天空中。这个烟花不断有着更复杂的叠加和花纹，它美丽而且有时有点吓人。这一代最好的政治评论家？这一标签又过于限制，因为他已远不止如此。汤姆可能不太喜欢比较，鉴于威廉·黑兹利特（William Hazlitt）不是因为他对苏格兰的爱而著名的，但是在我们的时代，他也许是我们时代不列颠群岛上最接近黑兹利特的人。"①

　　帕特·凯恩写道："奈恩虽然一直被误认为是纯粹的苏格兰政治民族主义的发声者，但是他无疑是其最雄辩的、世界级的捍卫者。他也是厄内斯特·盖尔纳式的人物，一位在数量和质量上对人类集体发展有着原创性认识的思想家。如果需要改变什么人的细胞老化的过程，再给他

① Anderson, P., Howe, S., Mitchell, J., Barnett, A., Harvie, C., Roshwald, A., Kane, P., Hayes, D., "The World and Scotland too: Tom Nairn at 75," in www.opendemocracy.net, 1 June 2007.

75 年的思考时间来帮助我们度过这个动荡不安的世纪，那就是汤姆·奈恩。"①

戴维·海因斯写道："汤姆·奈恩打开了苏格兰的窗户，让世界进来。他把我们拖进了与多元宇宙的新关系中。他重新思考了民族主义、不列颠、君主制、欧洲、左派和右派、美国……汤姆·奈恩，你是前兆。你比我们领先这么多，我们要用一辈子的时间才能赶上你。……苏格兰是一个改变了的国家，它能够思考和谈论自己，在很大程度上得益于汤姆·奈恩的工作。"②

可见，国外学界对奈恩理论思想的研究还是较为丰富的，覆盖了民族、历史、政治、文化、经济等多个方面，但仍存在许多明显的不足。国外学者对其理论的解读主要集中在争论与批判之上，缺乏哲学的系统性研究，基于唯物史观的分析更是缺少，没有把对文本资料的具体解读与对奈恩思想理论的整体剖析加以紧密结合，因而未能充分归纳和提炼出其现代主义、整体主义、平民主义和社会主义的哲学特征，因此其理论思想仍需我们深入研读。

2. 国内现状

随着国内学界对西方马克思主义研究的不断深入，英国新左派各个范式的马克思主义理论也受到了极大重视。作为西方左翼知识分子的旗

---

① Anderson, P., Howe, S., Mitchell, J., Barnett, A., Harvie, C., Roshwald, A., Kane, P., Hayes, D., "The World and Scotland too: Tom Nairn at 75," in www.opendemocracy.net, 1 June 2007.

② Anderson, P., Howe, S., Mitchell, J., Barnett, A., Harvie, C., Roshwald, A., Kane, P., Hayes, D., "The World and Scotland too: Tom Nairn at 75," in www.opendemocracy.net, 1 June 2007.

帜，英国新左派一直秉承着其"在名流文化中坚持严肃，在快餐时评中坚持深刻"①的精神气质。这种独具特色的马克思主义思想吸引了国内众多学者的关注，并逐渐开始了对其的分析研究。

近年来，随着对英国新左派及其主要学者在各视角和各层面的研究，国内学界逐渐产生了一系列奠基性的重要成果，主要代表人物有中国旅英学者林春，代表著作有其博士论文《英国新左派》（"The British New Left"）；南京大学张亮教授，代表著作有《英国新左派思想家》《第一代英国新左派》《伦理、文化与社会主义——英国新左派早期思想读本》等；山西大学乔瑞金教授，代表著作有《英国的新马克思主义》《马克思思想研究的新话语：技术与文化批判的英国新马克思主义》等。虽然对英国新马克思主义研究的成果颇丰，但多是对英国新马克思主义进行全面的理解和整体的把握，很少涉及奈恩的理论思想，更没有出现对奈恩的人物个案研究。就国内而言，奈恩被翻译到国内的文章及论著仅有一部，即安琪楼·夸特罗其与奈恩共同写作的《法国 1968：终结的开始》一书，2001 年由赵刚翻译，生活·读书·新知三联书店出版。译成中文的研究论文截至目前也只有一篇，主要是对奈恩民族主义思想的批判，即 2010 年由张亮教授编纂，江苏人民出版社出版的《英国新左派思想家》一书中尼尔·戴维森的《汤姆·奈恩的民族主义理论：历史发展与当代批判》一文。可以看到，国内对奈恩的研究十分匮乏，究其原因，是国内学者对于第二代英国新左派的研究没有关注到奈恩其人，加之对他的涉及一直存在于安德森的研究光环之下，致使很少有人关注奈恩的

---

① 《英国〈新左派评论〉创刊 50 年》，载《世界知识》，2010(6)。

思想。至今，国内学界对于奈恩有所涉及的大多是奈恩—安德森论题，而且通常是在对汤普森和安德森的第一次论战的研究领域中对奈恩—安德森论题进行批判，缺乏对奈恩本人民族主义思想的研究。

西方的民族主义研究已经超过一个世纪，积累的文献就算用"汗牛充栋"来形容也不为过，而我国的民族主义研究迟于西方，是在西方的研究浪潮下兴起的，但是，近年来随着我国国际化学术视野的拓展，以及对我国民族历史、文化的回顾，民族主义研究蔚然成风，涌现了一大批民族主义研究者。国内学界的民族主义研究大体可以分为以下几类。

第一类，是对民族主义进行马克思主义的综合研究和总体评价的学者及代表作。主要包括：郝时远教授的《民族和民族问题理论》《中国共产党怎样解决民族问题》等，他从宏观上论述民族问题，以马克思主义—民族主义进行探索，其研究十分全面和精辟；王希恩教授提出要"批判、借助和吸纳"马克思主义经典作家关于民族主义的认识，代表作有《全球化中的民族过程》《中国共产党反对两种民族主义的理论和实践回溯》等；陈玉屏教授的《关于阶级、民族与民族主义的思考》；郭树勇教授的《民族主义、国际主义与马克思主义国际关系思想》；詹真荣教授的《20世纪社会主义国家反对民族主义倾向的历史回顾》；周传斌教授的《中国民族理论新范式的探索》；赵凯荣教授的《马克思主义：如何面对民族主义？——马克思、列宁、卢森堡相关思想的分歧及其当代意义》；陈建樾研究员的《全球化、民族国家与马克思主义》；周平教授的《民族政治学导论》；王军教授的《民族主义与国际关系》；中国台湾学者罗志平的《民族主义：理论、类型与学者》等。

第二类，是对经典马克思主义作家的民族主义进行专题研究的学者

及代表作。主要包括：何润教授的《马克思主义民族理论经典导读》；华
辛芝教授的《列宁民族问题理论研究》《斯大林与民族问题》（与陈东恩合
著）；叶江教授的《19 世纪马克思与阿克顿对民族主义批判的比较研
究》；詹真荣教授的《杰出的贡献、严重的失误——论斯大林在民族理论
上的得失》；陈联璧研究员的《大俄罗斯沙文主义及地方大民族主义》等。

第三类，是对东欧剧变、苏联解体中的民族主义因素的探讨。主要
的研究专著有：郝时远教授的《苏联民族危机与联盟解体》《南斯拉夫联
邦解体中的民族危机》《旷日持久的波黑内战》；赵常庆等人的《苏联民族
问题研究》；张建华教授的《苏联民族问题的历史考察》；吴楚克教授的
《民族主义幽灵与苏联裂变》等。

第四类，是关于民族主义与国际政治关系的宏观研究。主要著作包
括：葛公尚教授的《当代政治与民族问题》；宁骚教授的《民族与国
家——民族关系与民族政策的国际比较》；徐迅教授的《民族主义》；余
建华教授的《民族主义——历史遗产与时代风云的交汇》；潘志平教授的
《民族自决还是民族分裂——民族和当代民族分立主义》；中国现代国际
关系研究所民族与宗教研究中心的《全球民族问题大聚集》；程人乾教授
的《涡流——20 世纪民族主义潮汐透视》；王联教授的《世界民族主义
论》等。

此外，还有众多民族主义研究成果，限于篇幅未能一一罗列。不难
看出，我国的民族主义研究已经颇具规模，尤其在马克思主义的民族主
义思想方面颇有建树。然而，在以上书籍、论文之中，虽然多有对奈恩
民族主义思想的引用，但大部分是偶尔提及或一带而过，并没有对奈恩
的民族主义思想进行深入的分析、探研和论争，这是令人遗憾的。

总体而言，国内学界对奈恩的研究迄今还非常匮乏，毋宁说整体的评价。我国有关奈恩的学位论文仅有笔者所著一篇，基本处于研究空白状况，十分欠缺对奈恩及其著作的研究、翻译和介绍。奈恩作为一位马克思主义者，一位当今世界重要的民族主义政治理论家并未得到国内学术界应有的重视，国内学者对其思想缺乏总体性的概括和哲学研究。针对这一问题，笔者拟以民族主义为切入点，介绍奈恩在这一领域的思想成果，系统分析其民族主义思想，进行探索性的归纳和总结，并突出其民族主义的方法论意义和现实指导性，挖掘其当代价值。

三、核心理念

作为当代英国的新马克思主义学者，奈恩总是在马克思所构建的历史唯物主义的范畴中对民族、民族国家、民族主义进行研究和探索，他以对人类历史的唯物史观解读为基础，从社会经济的角度来阐释民族主义的产生和发展，形成了独具特色的民族主义理论，包括以下核心理念。

一是深化运用马克思主义基本原理。在奈恩的民族主义思想当中，唯物史观是其所有理论构建的基石和核心，其对民族主义的研究不仅包含了马克思主义经典作家的传统分析视角，而且也有英国新马克思主义的认识视域和欧洲大陆马克思主义的理论维度。其中，奈恩主要运用马克思主义经典作家的政治经济学、民族学、"不均衡发展"理论、资本主义发展的普遍规律等思想，开创了一种把马克思主义与民族主义相结合的理论认识思路，是一种唯物史观的民族主义解释范式，具有现代主义、整体主义、平民主义和社会主义的方法论特征。

二是相信民族主义固有的现代性本质。奈恩认为，民族和民族主义并非偶然的现代主义，他不是简单地考察民族主义与现代性之间的历史关联，而是相信民族和民族主义固有的现代性本质，并认为不会有其他可能性。现代性必然需要民族的形式，就像它不可避免地要造就民族主义的意识形态和运动一样。奈恩不仅从现代主义的维度来分析解释民族、民族国家、民族性、民族身份认同和民族主义，还结合人类历史的发展论述了民族主义产生的主体背景就是工业化、现代化与全球化之下资本的不均衡发展和世界政治经济机制。因此，奈恩的民族主义分析是一种现代主义范式的民族主义理论，揭示出民族主义是现代性的必然产物。

三是建构整体性的民族主义分析视域。作为一位马克思主义史学与社会科学传统的传人，奈恩的民族主义思想具有整体性的分析视域，他把对民族主义的本质认识放在对整个世界社会发展的经济、政治、历史、文化各个方面的总体解读之中，坚持从具体的民族国家的历史发展角度进行分析，从而对民族主义的核心特征和现实状况做出了科学性与辩证性兼具、理论性与实践性统一、历史性与现实性交融的整体阐释。这种整体性的分析视域贯穿于奈恩民族主义文本的始终，他总是在整体的框架中来思考民族主义的相关问题，呈现出对民族主义的普遍性、地域性、两面性、病态性与非理性、反帝国主义特性与积极性等核心特征的系统分析。此外，还有对种族民族主义、新民族主义的类型学分析，以及对不同规模、不同社会形态、不同地域的民族主义的现象分析，这充分体现了其对民族主义主题认识和解读的整体主义视域。

四是强调民族主义的主体性特征。奈恩看到了民族主义是民族主体意识的一种彰显，这种主体性特点表现在，他认为民族主义是民族主体面对帝国主义时产生出来的激进运动，民族主义并非一种自然现象，而是为了反抗极端不发展而在不发达边缘地区产生的一种意识形态和运动，因此具有强烈的以人民主权为基础的诉求。边缘不发达地区民族主义的产生推动了整个人类历史的发展，在这一过程中，民族的主体性是极其重要的，而这一主体性特征的核心论断就是：民族是历史运动的主体。这也是奈恩对马克思主义的最大发展和改造。奈恩民族主义理论的主体性特点所具有的这种强烈的以人民主权为基础的诉求，带有浓厚的平民主义色彩，反映了在工业化的大背景中，人民大众是民族主义力量的重要组成部分。

五是坚持民族主义与社会主义的必然联系。作为继承了马克思主义理论传统的民族主义思想家，奈恩始终在为社会主义的未来而斗争。他从马克思主义政治经济学角度出发提出了"民族主义是人类的命运"这一命题，作为一个民族主义理论家，"他提倡民族主义，不仅仅是为他自己的民族，而是把它作为一种普遍的政治规划，为所有潜在的民族国家的人民呼吁民族主义"[1]。奈恩看到，要想实现民族国家的独立自治，首先要实现民族国家的政治自决和经济自主，而要实现政治自决和经济自主只能诉诸民族主义来进行动员，在民族主义的旗帜下运用民族的革

---

[1] 张亮编：《英国新左派思想家》，244—245 页，南京，江苏人民出版社，2010。引文有改动。

命实践来实现平等、自由和解放，因而，要实现社会主义的理想只能诉诸民族主义。从奈恩的论断中我们可以看到，以邻为壑的资本主义注定会导向民族革命，民族主义对政治改革、经济发展、民主运动和政权建立起着决定性作用，只有发展出社会主义的民族主义形式才能够真正实现人的解放。

六是富有动态感的理论发展。奈恩是一位比较有动态感的思想家，许多学者往往在提出一个理论之后就不停地自我重复，但奈恩的理论覆盖面比较广，内部也有比较多的变化。随着世界局势、社会热点和政治环境的变化，他所关注的理论棱面也在不断地发展变化。20 世纪 60 年代，青年时期的奈恩热情洋溢地秉承着马克思主义理念，相信通过革命能够达到社会主义理想，在这一时期奈恩主要关注英国国家、工人阶级和工党，并把社会主义革命作为资本主义的现实解决方案。七八十年代是奈恩民族主义思想逐渐显露、成型的阶段，这一时期，他从明确的马克思主义视角写出了奠定其民族主义思想大家地位的两部著作，即《不列颠的瓦解》和《着魔的玻璃》，并在《新左派评论》上发表了多篇民族主义相关论述。这一时期的奈恩仍是在为社会主义的未来而斗争，相信民族主义为社会主义的到来提供了替代的可能性。进入 90 年代，奈恩在《民族主义的面孔》这一著述中，其早期所持立场都得到了提升和明确展开，如对马克思主义与斯大林主义的鉴别，以历史唯物主义的分析视角来解释民族主义的现实状况等。进入 21 世纪后，奈恩开始关注民族主义与经济全球化的关系，全球发展对于他来说并不是资本与文化的流动，而是一个解放的过程。奈恩这种动态感十足的民族主义理论在西方左翼中是引人注目的和成功的，但是我们必须看到，这一理论本身有着其客观局限性和主观片面性，即动态感极强所导致的前后矛盾，以及后期对马克思主义的远离所导致的理论局限性和片面性。

综上所述，本研究通过对奈恩民族主义思想的分析和研究，试图厘清其基本学术脉络和历史渊源，并从哲学层面把握其思想内涵和本质特征。

四、研究意义、创新之处和研究路径

在近两个世纪的全球历史中，民族主义或作为思潮，或作为社会政治运动，或作为一种广泛的情绪，均势不可当。可以说，民族及其衍生出的民族主义、民族国家、民族认同等共同推动了最近两个世纪的人类发展。现代人类所历经的重大事件几乎都受民族主义的影响，从第一次世界大战到战后亚非的民族解放运动，再从第二次世界大战到战后的民族独立运动，以及东欧剧变、苏联解体都充斥着民族主义的声音，因此，民族主义首先是一个深具历史性的论题。

此外，民族与民族主义问题早已成为世界政治经济发展中的重要因素，民族国家在现代社会所面临的一系列问题，如工业资本主义、帝国主义、霸权主义，区域经济、政治发展不平等，身份认同危机，区域冲突不断发生和安全受威胁，利益分配不公正等，都要诉诸学术研究以深入理解并找到解决方法。在现代西方资本主义社会，这些问题尤为突出，因此，民族主义是一个极富现实性的论题。

同时，民族主义在西方学术界是一个长盛不衰的研究领域，吸引了来自哲学、民族学、社会学、政治学、经济学、史学、人类学等领域学者的极大关注，形成了浩如烟海、纷繁复杂的民族主义研究成果。这些学者有的从人类主体出发解释民族主义，有的从社会客体即自然来分析，有的注重民族国家的建构，有的强调民族的历史与发展，有的是关于意识形态的阐释，还有的是从政治、经济与文化的向度来进行考究。因此，民族主义还是一个极富理论性的论题。

本研究从历史、现实、理论的语境出发，以期对英国新左派著名学者汤姆·奈恩的民族主义思想进行初步的分析、阐释与论证，所具有的研究意义、创新之处和研究路径阐释如下。

1. 研究意义

第一，民族主义作为一种意识形态和运动一直是世界政治中的一支强大力量，时至今日，民族和民族主义已经成为全球发展中无处不在的力量。我们如果不对民族以及衍生自民族的各种概念有所理解，就无法理解最近两个世纪的全球历史，因此，我们有必要去反思民族主义对近现代以来人类历史发展的深刻影响。奈恩的民族主义思想具有自己的独特观点，因此梳理这位杰出的现代思想家所提出的观点具有重要的理论意义，这不仅可以丰富民族主义的研究，拓展世界历史的研究思路，同时也能有效推进国内对英国新左派的进一步分析和研究，有利于促进国内相关西方马克思主义的研究，开阔马克思主义哲学的理论视野。

第二，英国新左派是当代西方马克思主义研究的重要力量，汤姆·奈恩作为第二代新左派的中坚，他的民族主义理论在西方学界有着广泛而深远的影响。其《不列颠的瓦解》《民族主义的面孔》等代表作在学术界具有举足轻重的地位。本研究主要从哲学层面对奈恩民族主义的意识形态、基本要点和理论特征三方面进行分析研究和脉络梳理，尽可能全面地归纳总结其民族主义思想的理论本质和哲学特征，认识其在英国新左派发展过程中的作用，揭示其民族主义思想所要倡导和达到的社会愿景与政治目标，从而在宏观上把握民族主义，分析得出民族主义对现当代国内外社会的影响，扬弃地看待民族主义，最终得出正确的理论观念。奈恩从历史唯物主义出发诠释的民族主义理论是对马克思历史唯物主义的一种突破和创新，使历史唯物主义获得了丰富和发展，具有重要的理论意义。

第三，本研究以马克思主义为基础，考察奈恩的民族主义思想，在民族学、政治学、社会学、哲学等多重维度下重新审视奈恩的民族主义思想，旨在较为系统、全面地从唯物史观的角度对其民族主义思想做出基于马克思主义方法论和认识论的分析，在此基础上，归纳奈恩民族主义思想当中的现代主义、整体主义、平民主义、社会主义和新马克思主义的理论维度，客观辩证地对其理论进行理解和把握。因此，在这个意义上，本研究不仅有利于促进对奈恩本人思想及西方民族主义理论的进一步研究与分析，而且有助于推进马克思主义视域下对民族主义思想的理解和认识。

第四，奈恩的民族主义思想对英国社会有重要的实践意义。无论在政治上、经济上还是在社会文化上，我们都应重视民族主义对英国主流思想的作用，看到民族主义对英国社会的政治影响、经济导向和文化引导，在此基础上分析民族主义对英国社会及工党的历史影响。由此观之，对奈恩的民族主义思想加以整体翔实的关注和研究，有助于我们对英国的社会政治和民族现实加以了解和把握，具有一定的现实意义。

　　第五，民族主义在当今世界具有重要的政治、经济导向作用，尤其是在新的全球化时代，对于众多的民族国家来说，采取各种民族主义的政治行动和经济策略有助于不同国家在国际事务中确保自身的利益，稳固自身的地位。随着民族主义在日益国际化的世界中蔓延，我们会发现，"世界是如此国际化，以至天真的民族主义不可能无限制地发展；但世界又是如此民族主义化，以至不能容忍世界性的，甚至任何切实的国际集团或区域性超越国家政府、共同货币、选举制度或跨越国界的税收制度"①。面对如此复杂的状况，梳理和认识奈恩的民族主义思想，不仅能够指导我们对民族主义所引发的国际政治经济事务进行思考与分析，还可以促进我们对当今世界政治经济发展趋势的分析及对热点问题的解决。

　　第六，奈恩作为一个民族主义理论家，他提倡民族主义，不仅仅是为他自己的民族，还把它当作一种普遍的政治规划，为所有潜在的民族国家的人民呼吁民族主义。面对经济全球化的趋势，我们中华民族共同体的民族主义声音也逐渐清晰，因此，分析奈恩的文本著作，有助于我们深入探讨当代马克思主义理论与民族主义思想互相融合、借鉴的问题。这一视角和方法为我们认识中国现实问题提供了一种独特的尝试和探索，能够加深我们对我国民族政策的思考，也对我国的国情、社会思想建设、马克思主义理论建设和政治经济发展具有借鉴意义。

　　总之，细致地梳理汤姆·奈恩的民族主义思想脉络，概括其理论框

　　①　陈汉文编著：《在国际舞台上——西方现代国际关系学浅说》，19 页，成都，四川人民出版社，1985。

架,归纳其思想特征,并从多学科、多角度的视域去把握其民族主义理论,领悟其真正的思想精髓,具有重要的理论意义和现实借鉴意义。

2. 创新之处

第一,在整体研究的基础上,分析、解读奈恩的民族主义思想,系统呈现其思想的全貌,形成一个比较完整的人物个案研究文本。本书不仅拓宽了对英国新左派代表性学者的研究,拓展民族主义的研究思路,同时丰富马克思主义的民族主义理论的研究场域,有效填补国内对英国新马克思主义者汤姆·奈恩研究的不足。

第二,从马克思主义唯物史观的角度全面界定奈恩民族主义思想的现代主义、整体主义、平民主义和社会主义的理论维度,基于我们对奈恩的现代世界政治、经济、历史、文化与民族主义的关联性解释和理解,促进对奈恩民族主义思想的辩证分析,推进对英国新马克思主义和西方民族主义的客观理解和认识,凸显马克思主义哲学、民族学、政治经济学的解释力和实际价值。

第三,围绕奈恩民族主义思想中唯物史观的理论维度进行具体的铺陈,系统、准确、翔实地把握奈恩思想的内在脉络,尤其是揭示其民族主义所要倡导和达到的社会愿景与政治目标,即社会主义的民族国家,重塑民族主义对促进社会主义的现实发展的价值。

第四,试图在厘清奈恩民族主义思想对经典马克思主义、英国新马克思主义的继承与发展的基础上,寻求一种社会主义的民族主义形式,阐明其思想是一种将马克思主义与民族主义融合在一个解释框架内的理论阐释,为解答现代民族问题和实现人的自由、平等、解放创造性地构建了一个合理、有效的思想体系。

3. 研究路径

奈恩的民族主义思想内容宏大且视域广泛，不仅有着深厚的马克思主义的理论积淀，而且也呈现出西方主流民族主义的观念特点，并在此基础上确立起自身独特的唯物史观的民族主义思想体系。为了充分、完整地展示奈恩民族主义思想的理论全貌和思想脉络，本研究主要以奈恩的英文著作《不列颠的瓦解》《民族主义的面孔》《全局矩阵》，以及《现代贾纳斯》《工党的性质（一、二）》《苏格兰民族主义的三个梦想》《不列颠民族主义和欧洲经济共同体》（"British Nationalism and the EEC"）、《左派反对欧洲？》（"The Left against Europe?"）、《苏格兰与欧洲》（"Scotland and Europe"）、《不列颠国家的黄昏》（"The Twilight of the British State"）、《不列颠国家的危机》（"The Crisis of the British State"）、《2000 年的防波堤：从种族民族主义到公民民族主义》（"Breakwaters of 2000：From Ethnic to Civic Nationalism"）、《反思民族主义的灾难》（"Reflections on Nationalist Disasters"）、《国际主义和第二波民族主义》（"Internationalism and the Second Coming"）、《妖魔化民族主义》（"Demonising Nationalism"）、《民族主义的新面孔》（"New Faces of Nationalism"）等论文作为研究的基础。在翻译和阅读奈恩相关著作与论文的基础上，本研究围绕四种主要路径和方法展开分析。

第一，理论重现与观点述评。本研究全方位地对奈恩民族主义思想的相关文献进行研究分析，从时代背景、产生缘由、基本观点、具体内容、呈现特点、系统脉络、本质诉求等方面进行整体的阐释和考量，对其思想做一个完整的展现和铺陈，并在此基础上对其主要观点进行分析探讨，尽可能客观、辩证、整体地勾勒其唯物史观的民族主义思想面貌。

第二，历史考察与现实分析。对奈恩的民族主义思想的研究不能忽视历史的视角和现实的维度，在对奈恩民族主义思想的论述中，本研究不仅结合了民族主义意识形态和运动诞生与发展的历史背景、轨迹，还融入了最新世界形势的现实状况和趋势，以期能够与时俱进、因时制宜地解读奈恩的民族主义思想。

第三，比较研究与辩证解读。本研究不仅仅将奈恩的民族主义思想与马克思主义经典作家——马克思、恩格斯、列宁、卢森堡、斯大林——的相关理论进行比较分析，还将其思想与其他现代西方民族主义理论家的观点进行对比分析，借此凸显奈恩的思想特点，辩证分析其思想对马克思主义的继承与发展，以及与其他民族主义思想的异同及对其他民族主义思想的超越之处。

第四，全球视野与中国视角。从奈恩民族主义思想的相关论述中解读当代国际关系、全球政治经济、民族国家关系和区域问题的历史与走向，并运用奈恩唯物史观的民族主义思想理解我国社会主义发展进程中涉及的民族主义思想与实践问题，认识马克思主义对民族主义相关课题的科学解释力。

第一章 | 汤姆·奈恩民族主义思想的缘起

汤姆·奈恩作为一名马克思主义的民族主义政治理论家，对经典马克思主义理论、当代世界民族主义理论，以及英国和欧洲大陆的社会政治理论兼容并包、继承发展，从而形成了独具特色的民族主义理论。首先，马克思主义是奈恩民族主义思想的理论内核，具有统领整体的作用，奈恩以历史唯物主义为主线展开对民族主义的认识，结合马克思主义经典作家的民族理论进行具体分析，继承、发展了马克思主义理论，尤其是列宁的民族理论，并在此基础上挑战了卢森堡、斯大林等人的民族主义理论。其次，英国本土的民族主义意识对奈恩的民族主义思想也有很大的影响，他秉承了传统经验主义倾向于以历史事实为分析基础的解释基点，结合新左派的民族主义理论思潮，分析具体的英国历史和社会现实，对英国自身的民族主义和世界范围内的民族主义进行了把握。再次，法国"五月风暴"的突然迸发对奈恩有很大的震动，面对这一历史性革命实践，他写了自己第一部著作来解释这一事件"为什么发生"，开启了其以马克思主义解读世界的思想历程。最后，葛兰西和盖尔纳的理论对奈恩的民族主义思想有巨大影响。奈恩是第一个在葛兰西还没有走红时就把握了葛兰西思想的外国人，从 20 世纪 60 年代开始，奈恩就运用葛兰西的理论来分析英国工人运动和英国社会。此外，英国民族主义理论大师厄内斯特·盖尔纳也对奈恩的理论构成具有重大影响，在奈恩的民族主义文本中常见到他对盖尔纳思想的评论和引述，足见其对奈恩理论的浸染。

一、马克思主义的深刻形塑

奈恩的民族主义思想坚持马克思主义理论，强调以唯物史观来认识解读世界历史和社会发展，他总是在马克思主义的理论视域中对现代民族、民族国家和民族主义进行研究和探索，并以此为理论内核构建出一种既有继承又有挑战，既有坚持又有发展，既有信奉又有改造的新马克思主义的民族主义理论。

（一）对历史唯物主义思想的继承与坚持

奈恩坚持运用马克思主义的唯物史观和方法论去阐释民族主义。这种唯物主义的历史观对于解读现代民族主义现象有着十分科学的、客观的分析力和解释力。他从物质实践出发来解释民族主义的意识形态和运动，把历史唯物主义思想运用到对民族、民族国家、民族主义的分析解读之中，其中，主要包括对马克思主义政治经济学的继承，对资本主义普遍规律的运用，对马克思主义的现代性思想、整体性思想、主体性思想的发展，以及对社会主义和人的自由解放理想的坚守，展现了一种对民族主义的唯物主义认识和阐释。

我们知道，马克思主义政治经济学是一种以经济关系为研究对象的科学原理，奈恩把其融入对民族主义的分析当中，以社会经济运动的普遍规律看待民族、民族国家、民族性政策和民族解放运动的产生和发展，系统分析世界历史和社会生产力的状况，并以此来解释民族主义的意识形态和运动。

其中，马克思主义经典作家的"不均衡发展"（"uneven development"，或译为非均衡发展、不平衡发展）思想为奈恩的民族主义思想提供了奠基性的哲学基础。在其充满争议的《苏格兰和欧洲》一文中，奈恩写道："与民族性及种族类别不一样，民族主义不能被视为一种'自然'的现象。"[①]事实上，民族主义必须被界定为是对"反抗极端不发展这一令人不快的事实的一种动员"[②]。他将民族主义描述为共同体在面对帝国主义者时产生的一个激进运动，而且这一运动提供了一个共同命运的概念。在《不列颠的瓦解》一书中，奈恩明确提出，不均衡的发展是民族主义的基本推动力。可以看出，奈恩认为，民族主义的产生是资本的

---

① Nairn, T., "Scotland and Europe," in *New Left Review*, I/83, January-February 1974, p. 63.

② Ibid., p. 60.

"不均衡发展"导致的，这一理论有着深厚的哲学基础，主要包括两重含义：一是，马克思主义关于平衡与不平衡的辩证法；二是，对资本主义发展的普遍规律的解释，即经济和政治发展的不均衡。①

其一，民族主义的产生是对马克思主义关于平衡与不平衡的辩证法的运用。平衡和不平衡是唯物辩证法的一对基本范畴，任何事物的发展都是平衡和不平衡的辩证统一。在工业大生产条件下，不平衡发展是一个时代的选择和命运。在《资本论》中，马克思从平衡和不平衡的角度对许多经济现象进行了分析研究，包括对不同的生产部门、社会生产两大部类、各个资本集团之间的平衡和不平衡关系的研究。正是在分析各个领域中大量存在的平衡和不平衡的关系的基础上，马克思从哲学的角度对这个问题做了一个概括，他说："平衡总是以有什么东西要平衡为前提，就是说，协调始终只是消除现存不协调的那个运动的结果。"②在这里，马克思指出了平衡是以不平衡为前提的，不平衡是经常的，平衡是消除不平衡的结果。马克思关于平衡与不平衡的思想对于奈恩民族主义理论的奠基有重大的启示作用。

其二，民族主义的产生是对"不均衡发展"这一资本主义发展的普遍规律的运用。这个词最早是列宁提出的，即资本主义的政治经济发展的不均衡是现代战争，特别是世界大战的根源。列宁认为，经济和政治发展的不平衡是资本主义发展的普遍规律，早在自由资本主义阶段已经如此，但是这时国与国之间发展速度的不均衡还不突出。从 19 世纪 70 年

---

① 刘烨：《试论汤姆·奈恩民族主义理论的系统建构》，载《系统科学学报》，2015(4)。

② 《马克思恩格斯全集》第 26 卷第二分册，604 页，北京，人民出版社，1973。

代开始，随着第二次工业革命的开展，帝国主义时代资本主义发展的不均衡性加剧了，导致政治乃至军事力量发展的不平衡，这就必然要爆发重新瓜分世界的战争，也就是世界大战。所以，列宁的结论是，帝国主义是现代战争，尤其是世界大战的根源，而战争又必然加剧帝国主义的矛盾和危机，在矛盾最为尖锐复杂的帝国主义国家，也就是帝国主义链条最薄弱的环节，无产阶级革命不但必然要发生，而且完全可以取得社会主义革命在一国之内的率先胜利。

在以上马克思主义基本原理的基础之上，奈恩运用"不均衡发展"这一理念来解释民族主义在边缘地区的产生与发展。他认为，西方工业化的发展过程是不均衡的，先发展的核心地区剥削边缘地区，这使得核心地区和边缘地区的差异持续拉大。工业化不仅瓦解了传统社会，而且使其不均衡地瓦解。边缘地区的知识分子出于对这种差异扩大的敏感，寻求独立自主的发展。但边缘地区往往没有核心地区那样的现成的具有整合性的政治框架，所以边缘地区只能够诉诸民族与文化来动员人民。因而，民族主义最先是在边缘地区出现的。"发展必须在某处开始，而非在所有地方发生，其中大部分是一系列突发事件，而非全球资本所提供的一个像上帝一样的对策。"[1]这恰恰继承发展了马克思的众多著名论断："各民族之间的相互关系取决于每一个民族的生产力、分工和内部交往的发展程度"[2]；"一个民族本身的整个内部结构都取决于它的生产

———————

[1]　Nairn，T.，*Faces of Nationalism*：*Janus Revisited*，London and New York，Verso，1997，p. 8.

[2]　《马克思恩格斯全集》第 3 卷，24 页，北京，人民出版社，1960。

以及内部和外部的交往的发展程度"①；"现存的所有制关系是造成一些民族剥削另一些民族的原因"②；等等。可见，奈恩是从马克思主义唯物史观视域下的政治经济学原理来解释和审视民族主义的。

此外，奈恩还把马克思主义的现代性思想、整体性思想、主体性思想融入自己的民族主义理论的构建当中，以此对民族主义的特征、类型、主体结构和理想目的等进行分析，从而全方位、多角度、深层次地构造了自身独具特色的民族主义理论体系，这一理论体系兼具马克思主义现代性的客观理性、整体性的哲学思辨及主体性的实践形态三个特征。

首先，马克思主义的现代性思想是一种关于现代性的社会理论，是对资本主义社会的阐释。资本主义的马达推动着人类历史的车轮不断向前，使得社会历史发展进入了新纪元，这让整个社会生活都呈现出不同于过去的"现代性"。奈恩正是看到了现代性前所未有的张力，从而揭示出其与民族主义产生的联系。他认为，民族主义是现代社会发展过程的基本特征与表现，现代资本主义社会的经济、政治、文化、社会生活等诸多方面的差异和融合催生了民族主义的萌芽，而这一萌芽在资本主义不均衡发展的迅猛扩张下日益生长，最终成为足以撼动整个世界历史发展进程的力量。

其次，马克思主义的整体性思想是一种从宏观角度考虑社会历史、现实现象与事物发展的研究。关于马克思主义整体性的最经典的论述是

① 《马克思恩格斯全集》第 3 卷，24 页，北京，人民出版社，1960。
② 《马克思恩格斯全集》第 4 卷，40 页，北京，人民出版社，1958。

由列宁做出的，他指出，马克思主义"完备而严密，它给人们提供了……完整的世界观"①。奈恩在马克思主义世界观的基础上对民族主义进行剖析，形成了自身具有整体性特质的民族主义理论。奈恩整体主义的民族主义理论主要体现为两个层面：一是对民族主义核心特征的整体性分析，他牢牢抓住民族主义的历史与现实，并以此对民族主义的特征进行了多维分析，他不仅看到了其普遍性、地域性，更重要的是他抓住了其两面性特征，他并不像其他民族主义理论家那样把民族主义区分为好的或坏的民族主义，而是相信民族主义固有的矛盾本质，以此辩证客观地分析了民族主义的病态性与非理性，以及积极性与反帝性；二是在系统分析民族主义特征的基础上，他对民族主义进行了整体分类，展示出种族民族主义、公民民族主义和新民族主义的不同类别。他全面分析了现实世界中最典型的民族主义实例，完整地阐明了从苏格兰、阿尔斯特等区域，到英国、欧洲，乃至世界的民族主义意识形态和运动。

再次，马克思主义的主体性思想是一种对人的主体性特征和地位的深入考察。奈恩从这一点出发剖析民族主义意识形态和运动中人的主体性力量，指出了人民大众的实践价值所在，实现了对民族主义主体性的理性解读。马克思曾指出："人的类特性恰恰就是自由的自觉的活动。"②而民族主义的意识形态和运动的主体承载者就是人，奈恩认为，民族是历史发展的推动者，可见民族是作为实践意义上的主体而存在的，人民大众作为民族的组成主体，其作用和地位具有极大的能动性和

———————————

① 《列宁选集》第 2 卷，309 页，北京，人民出版社，1995。

② 《马克思恩格斯全集》第 42 卷，96 页，北京，人民出版社，1979。

创造性。进而奈恩指出，民族主义是民族主体意识的彰显，它将人民大众引入了政治生活之中并提供了一个共同命运的概念，因此，民族主义是一个具有内在决定性的社会必需品，具有平民主义的特质。奈恩考察了实践意义上的主体、历史意义上的主体和价值意义上的主体，分析了民族主义范畴内的民族与人民大众，展示出马克思主义主体性思想对人类终极意义的渴求和追问。

最后，奈恩唯物史观视域下的民族主义理论有着对社会主义和人的自由解放理想的坚守。社会主义理想现实化的探索一直是马克思主义者的重要主题，尽管马克思、恩格斯一直都在对社会主义理论进行不懈的追求，但是由于社会生产力等的限制，其时代的社会主义只能是理论上的理想社会状态。虽然奈恩的研究对象是民族主义，但是作为一个马克思主义者，他一直坚守以期达成人的自由解放的最终理想，并希望人类能够通过民族主义的阶段，实现自由、解放的社会主义社会。奈恩把社会主义的理想拖进了日常的民族主义意识形态和运动之中，指出了民族主义与国际主义、社会主义的关系，并相信民族主义是人类历史发展的一个阶段性现象，在人类走向社会主义的道路中，民族主义是一个不可避免的阶段，并起着决定性的作用。

(二) 对传统马克思主义"缺失"民族主义理论的修正及辩护

作为当代英国最著名的马克思主义范式的民族主义理论家，奈恩的思想在当代西方民族主义研究当中引起巨大关注始于 1975 年他在《新左派评论》上发表的《现代贾纳斯》一文。虽然奈恩从唯物史观出发来解读民族主义，但是他并不认为马克思主义某些传统作家关于民族主义的解读是完美而不可更改的，他在历史唯物主义的视域内对民族主义进行了一种既继承又批判、既尊重又挑战、既发展又修正的研究与探索。我们从奈恩的民族主义思想的分析理路中可以得知，在对世界历史和社会现实的双重解读下，奈恩认为，马克思主义在民族主义某些问题的阐释上是"缺失"①的。他从挑战与修正的角度解读民族主义与马克思主义，剖析马克思主义在现当代社会中对民族主义意识形态和运动的解释的缺失和某些局限性，并在此基础上为马克思主义的民族主义理论缺失进行了辩护。

第一，传统马克思主义理论缺少对民族主义的解释与分析。作为一名新马克思主义者，奈恩对进行民族主义意识形态觉醒和运动的马克思主义分析方式表现出辩证性和客观性，他并不认为马克思主义的某些民族主义理论是绝对完美无缺的，而是认为由于历史的时空限制，该理论是有一定局限性的。奈恩认为，无论是在理论上还是在政治实践上，马克思主义的民族主义问题都十分重要。② 在他看来，马克思主义在民族主义问题上的缺失主要表现在马克思、恩格斯没有关于民族主义的系统论述，而卢森堡、斯大林等对民族主义做出过专门论述的传统马克思主义理论家则对民族主义几乎一律采取批判和排斥的立场，唯有列宁在这一方面的思想表现出十分积极的意义，因此，从历史发展和现实实践上来看，奈恩认为马克思主义经典作家对于民族主义的认识并不尽如人

---

① 在奈恩的文章中，他使用的是"failure"一词，笔者认为从其整体论述而言，翻译成"缺失"比较恰当。

② Nairn，T.，"The Modern Janus，"in *New Left Review*，I/94，November-December 1975，p. 3.

意。因此，奈恩在自己最著名的《现代贾纳斯》一文的开篇写道："民族主义代表了马克思主义理论的重大历史性缺失。"①

第二，众多"主义"在民族主义问题上都是缺失的。在提出马克思主义在民族主义问题上的缺失后，奈恩进一步指出，其他"主义"对于民族主义问题的解读更是失败的，他这样写道："的确，西方思想的其他传统并没有做得更好。唯心主义、德国历史主义、自由主义、社会达尔文主义和现代社会学在这里与马克思主义一样都是缺失的。这对马克思主义者是一个安慰。他们思想的科学主张和政治意义是大于这些对手的，而且也没有人会不自觉地感觉到他们应该更好地应对现代历史的这一中心的、不可避免的现象。"②可以看出，民族主义是人类历史中主导社会发展的核心，众多传统思想理论都无法做到对这一问题的成功解读，而在各种"主义"中，马克思主义显然是更加科学的和有意义的。在认识到这一点的基础上，奈恩进而对传统马克思主义在民族主义问题上的"缺失"进行了辩护。

第三，传统马克思主义在民族主义问题上的缺失是不可避免的，这在历史与现实的理论与实践中具有一定的客观性和必然性。奈恩写道："我的论点是这种缺失是不可避免的。它是不可避免的，但是，它现在是可以被理解的。而且，它在本质上在唯物主义的术语中是可以被理解的。所以，作为一个思想体系，历史唯物主义可以很好地逃离已经被困于这个问题中的旷日持久的和破坏性的僵局。然而，这样做的结果可能

---

① Nairn, T., "The Modern Janus," in *New Left Review*, I/94, November-December 1975, p. 3.

② Ibid., p. 3.

是'马克思主义'。唯物主义不能从这一考验中不被注意地和未曾改变地逃离出来，因为一个显而易见的原因。这个原因就是，认识到这一缺失的原因是看到了马克思主义在历史中的真正位置，它的一些局限性，一些无意识的根源，它盲目地与现代历史发展的进程捆绑在一起。这意味着视马克思主义本身为历史的一部分，在一个相当贬损的意义上，与理论和实践的神圣婚礼无关。这意味着永远失去那个马克思主义从唯心主义哲学那里所接管的（并最终从宗教接管）以科学为外衣的神一般的姿态。"①在奈恩看来，马克思主义在民族主义问题上的缺失是无法规避的，其根本原因就在于，人们看到了马克思主义在历史中的位置。马克思主义作为马克思所处时代精神的精华，固然开创了一种科学、理性、客观、辩证的理论体系，但是不可否认的是，它是历史的一部分，其与现代历史发展进程的捆绑意味着它必然具有一定的局限性，而这一局限性使它在对民族主义问题的解读上缺失了，因此这一缺失是可以理解的。

第四，哲学的、概念的缺失。奈恩在把马克思主义放入真实的历史发展中之后，对其关于民族主义的问题进行了全面的反思，他指出："马克思主义在民族主义上的'缺失'似乎对于我们来说首先是哲学的、概念的缺失。伟大的名字从马克思本人到葛兰西都没有足够关注这一话题，他们都顺便或一带而过地对待这一话题而不是直面这一问题。"②可见，在奈恩看来，这种缺失首先是一种哲学的、概念上的缺失，从马克

---

① Nairn，T.，*The Break-up of Britain：Crisis and Neo-Nationalism*，London，NLB，1977，p. 329.

② Ibid.，p. 330.

思到葛兰西，他们都没有关注到民族主义的重要性，对于民族主义，他们都仅仅是顺带提及，更别说系统全面的分析阐述了。加之之后的马克思主义者在民族主义问题上大都固执地反对民族主义，这更加使得马克思主义对民族主义的分析理论走向一种片面和固定不变。尽管列宁关于殖民地民族解放运动的学说不同于罗莎·卢森堡、普列汉诺夫(Plekha-nov)和卡尔·拉德克(Karl Radek)所秉持的不应该支持任何民族主义运动的传统观念，并把民族主义纳入马克思主义的框架内，采取理论上无条件地坚持民族自决权和实践上有条件地支持民族主义运动的策略。但是，大部分传统马克思主义的民族主义理论仍是在阶级分析的框架内，坚持认为，"在历史中，阶级总是更重要……阶级斗争总是历史变革的发动机，民族性仅仅是它的一个附带现象"[1]。而这种观点在奈恩看来是错误的，民族、民族主义对于人类社会发展的内在推动力并不弱于阶级，甚至是"现代社会形成的先决条件"[2]。

第五，历史局限下的"缺失"。真实的历史事件远比理论来得更加残酷和深刻，国际主义的团结终究没能阻止 1914 年的第一次世界大战，也没能带来列宁所希冀的全世界范围内的无产阶级革命，更加没能阻止法西斯主义在 20 世纪三四十年代的肆虐，真实的人类历史表明，这种既能带来民族解放运动又能造成民族压迫，既积极又消极，既健康又病态的民族主义才是社会历史最重要的现实。由此出发，奈恩进一步从理

---

① Nairn，T.，*The Break-up of Britain*：*Crisis and Neo-Nationalism*，London，NLB，1977，p. 351.

② Nairn，T.，"The Three Dreams of Scottish Nationalism," in *New Left Review*，I/49，May-June 1968，p. 12.

论走向了现实，他指出，马克思主义的"'缺失'不是一个简单的概念的或主观的缺失"，事实上，如果马克思主义不能够给出对民族主义的合法阐释，那么其他"主义"更加做不到。他接着写道："历史的发展在那时并没有产生这样一个'理论'所必需的某些东西。当时时机并不成熟，对于它，或对于它们来说。直到 1914 年后两代人遭受创伤时，它仍未成熟。"①换句话说，当时的社会现实并不具备马克思主义的民族主义理论产生的条件，时机的不成熟与历史的局限性共同造成了这种缺失。这也是为什么奈恩一方面指出传统马克思主义在民族主义问题上的"缺失"，另一方面又运用马克思主义来分析和解释民族主义。可以说，奈恩继承了马克思主义唯物史观解释世界的方法，创造性地把民族主义的现实与马克思主义的理论相结合，建立了一种发展的马克思主义的民族主义学说。

第六，回归真实的历史。奈恩认为，要克服这种缺失，就要回到真实的世界历史中去，他写道："哲学的缺失使我们回到真实的历史。它带领我们回到物质条件中，在物质条件下，现代民族主义之谜将自己展现在这些过去的世代面前。……民族主义是现代资本主义世界历史发展的一个重要的、清楚的核心。和其他思辨系统一样是有时限的，马克思主义没能预见这种发展，或没能预见最终资本主义历史将承担的总体形状。至于民族主义，由它产生的麻烦远比接近这一问题所需要的多。"②这段话表明，作为一种在特定时代内产生的理论体系，马克思主义并不

---

① Nairn, T., *The Break-up of Britain: Crisis and Neo-Nationalism*, London, NLB, 1977, p. 331.

② Ibid., p. 331.

能预见性地看到之后席卷全球的民族主义意识形态和运动。不仅仅是马克思主义，任何"主义"都不具有上帝似的预见能力，因此，理解民族主义必须要从真实的社会历史出发，以唯物史观的方法论为指导对其进行剖释，才能得出正确的、客观的观点和结论，可以说，在奈恩看来，马克思主义在民族主义上的"缺失"并不是马克思主义的问题，而是一种历史发展下的时代限制。由此，奈恩发展、修正和辩护了传统马克思主义关于民族主义的理论，并在历史唯物主义的视域下建立起一种新马克思主义的民族主义理论。

（三）对卢森堡、斯大林民族理论的拒斥与批判

奈恩在众多著述中对马克思主义传统作家的相关民族主义理论进行了基于唯物史观的分析和批判，主要包括对卢森堡、斯大林民族主义理论的批判和对列宁民族主义理论的发展。作为马克思主义的忠实信徒，奈恩的民族主义思想不同于传统马克思主义者卢森堡、斯大林关于民族主义的立场，他认为，"民族主义可以用唯物主义来解释，理论家的首要工作就是要找出正确的解释架构，以便据此适切地评估民族主义，民族主义的根源不应从个别社会的内部变化中去寻找，要从 18 世纪末以后历史发展的总体过程中去了解，因此唯一有用的解释架构是'世界历史'"[1]。以此为基点，奈恩指出了卢森堡、斯大林的民族主义理论的问题所在。

---

[1] 张三南：《马克思主义经典作家关于民族主义的论述及当代意义研究》，72 页，北京，时事出版社，2014。

我们知道，相对于马克思、恩格斯从历史角度少量地、间接地奠定的马克思主义对民族主义的基本立场来说，列宁、卢森堡和斯大林继承、发展了马克思主义的民族主义理论，并广泛论述了民族主义问题，在论及民族问题时，他们较高频率地使用了"民族主义"及"大俄罗斯沙文主义"等相关名词，可以说，传统马克思主义的民族主义理论正是通过列宁、卢森堡和斯大林等人所建立和发展起来的。

第一，卢森堡作为一位波兰女性社会主义者，一直站在反对波兰民族主义和重建波兰民族国家的立场之上，她反对所有的民族主义和基于民族主义的民族国家，在她看来，所有的民族国家都压迫其国内的少数民族和弱势民族，她认为，如果人类能从国家的束缚下解放出来，那么所有民族都能够彼此相互尊重，共同生活在一个自由平等的社会里。此外，卢森堡还对马克思和恩格斯支持波兰民族主义运动、恢复国家独立持批判态度，她批评了马克思、恩格斯对爱国主义者的支持，因为她认为他们分裂波兰与俄国无产阶级的国际联合，事实上支持了专制统治。她坚持认为，在没有解决阶级问题前民族问题是不能被解决的，"资产阶级的历史使命是创造现代的民族国家；但是无产阶级的历史任务是消灭作为资本主义政治形式的国家，在这个过程中，他们作为一个有觉悟的阶级形成了，为建立社会主义制度而努力"。直到被残忍地杀害，卢森堡一直在为反对帝国主义和建立"废除民族国家以后的世界"、创建真实的民主制度而斗争。① 在卢森堡看来，现代的民族国家是资本主义的

---

① ［日］伊藤成彦：《罗莎·卢森堡思想中的民族与国家》，载《山东社会科学》，2006(6)。

历史产物，是要被无产阶级所消灭的一种共同体形式。

我们知道，马克思、恩格斯非常关注波兰问题，发表了《论波兰》《论波兰问题》《对波兰的重新瓜分》等论著，不断号召各国无产阶级支援波兰人民的解放斗争。此外，他们也同样高度重视爱尔兰问题，并公开站在爱尔兰方面，坚决支持爱尔兰的民族运动。马克思、恩格斯早已辩证地提出，"前进的第一步就是争取民族独立"①，"只要还没有实现民族独立，历史地看，就甚至不能比较严肃地讨论任何内政问题"②，"只有真正成为国家的民族时，才更能成为国际的民族"③。列宁对此评价道："马克思和恩格斯在爱尔兰问题上的政策提供了各压迫民族的无产阶级应当怎样对待民族运动的伟大范例。这种范例至今还具有巨大的实际意义。"④

奈恩坚决秉承经典马克思主义的民族解放思想，并在此基础上反驳了卢森堡倾向于怀疑整体民族解放的观点，他谴责"罗莎·卢森堡作为马克思主义者对民族问题有着最大数量的错误答案"⑤。奈恩从 1914 年的社会现实着手分析，"1914 年不仅被标记为阶级斗争的发展达到顶点的时代和有组织的社会主义的增长达到顶点的时代；它也同样是民族斗争在欧洲内外的成熟时期。在欧洲，其余成熟的民族国家，如奥匈帝国和沙皇俄国，经历了持不同政见的民族对他们不断增长的压力，而且奥

---

① 《马克思恩格斯全集》第 2 卷，563 页，北京，人民出版社，1957。
② 《马克思恩格斯文集》第 10 卷，471 页，北京，人民出版社，2009。
③ 同上书，473 页。
④ 《列宁全集》第 25 卷，271—272 页，北京，人民出版社，1988。
⑤ Nairn，T.，James，P.，*Global Matrix*：*Nationalism*，*Globalism and State-Terrorism*，London and Ann Arbor，MI，Pluto Press，2005，p. 76.

斯曼帝国已濒临结束。在其他大陆，警惕的观察家认为，一般主要的民族主义革命的开始就是针对新近的欧洲帝国主义。几乎所有民族解放运动都发生在相对落后的地区"①。在奈恩看来，1914年，阶级斗争严峻，社会主义运动不断高涨，同时，民族斗争也在成熟，两种斗争是同时达到时代顶点的，然而卢森堡却认为，"民族主义斗争应该分配一个明显的次级的地方。……无论在哪里（如在她的家乡波兰），工人和知识分子似乎都可能需要在民族斗争和阶级斗争之间做出选择，前者永远不应该被优先考虑。因此，考虑到波兰的情况，即被'整合'到沙皇领域中，而相对来说，德国（当时大多数马克思主义者视其为未来革命的中心）占据一个敏感的缓冲位置，放弃'狭隘的民族主义'愿望是他们的义务。在欧洲类似的情况下，民族斗争是一个分心的事物……对于真正重要的东西，即将突破的阶级斗争。只是在后者发生的地方，它相对不那么重要。其非民族的价值和动力将很快致使民族主义关注的整个领域在任何情况下变得不合时宜"②。奈恩对此持否定的观点，他指出，两种斗争没有以任何方式发生冲突，事实证明，民族主义并不全然是狭隘的，它甚至是极具反帝性的、健康的，引导民族解放的重要意识形态和运动，马克思主义者必须承认民族主义具有积极的功能。奈恩在此以列宁对民族主义的阐释批判了卢森堡的观点，他写道，"在关于这个问题上的一系列作品中，列宁批评和限制了卢森堡主义的反民族主义。他认为，在欧洲，甚至在更接近大都会革命的现场，民族主义起义有更积极的意

---

① Nairn，T.，"The Twilight of the British State," in *New Left Review*，I/101-102，January-April 1977，p. 55.

② Ibid.，p. 55.

义。他们所利用的社会力量和激情太强大了以至于不能真正的'放弃';而且无论如何,他们都致力于推翻旧的王朝,并以此培养有利于社会革命的普遍条件。这些旧国家的瓦解是必要的(尽管不可否认还远未充分的)马克思主义者在努力争取的改变的条件。在这种务实精神中,解放斗争的民族主义应该被鼓励至少到他们夺取政权的那一刻"①。

霍布斯鲍姆也指出,"阶级意识在实践时,必然会涵括公民、民族这个向度,同理,公民、民族或族群意识自然也会把社会主义的向度涵括进去。于是我们似乎可以这么说,第一次世界大战之后,欧洲劳工阶级迅速走向激进化,自然会连带强化他们潜在的民族意识"②。可见,在社会实践当中,民族的向度与阶级的向度是相互融合的,两者不存在矛盾性,不应当只重视阶级的革命而忽视民族的革命。英国历史学家休·希顿-沃森(Hugh Seton-Watson)也指出,"那些有助于推动社会主义运动的民族运动一定会获得支持"③。换言之,民族斗争和阶级斗争两者没有以任何方式发生冲突,事实证明,"受压迫民族的无产阶级要想取得无产阶级革命的胜利,首先要取得'自身解放的首要条件','第一个条件'——解放被'本民族'奴役的殖民地半殖民地的被压迫民族。如不这样,压迫民族统治阶级力量的直接削弱、机会主义对工人运动影响的消除、无产阶级自身队伍中思想障碍的克服、无产阶级革命斗争新

① Nairn, T., "The Twilight of the British State," in *New Left Review*, I/101-102, January-April 1977, p. 56.

② [英]埃里克·霍布斯鲍姆:《民族与民族主义》,李金梅译,141页,上海,上海人民出版社,2006。

③ 朱伦、陈玉瑶编:《民族主义:当代西方学者的观点》,168页,北京,社会科学文献出版社,2013。

的高涨的机会的到来，都是不可能的"①。民族解放运动和社会革命恰恰是"自世界大战时代以来，在全球事务中最伟大的革命"②，马克思主义者必须承认民族解放运动对于实现社会主义具有积极的功能。

第二，斯大林作为苏联的重要领导人及马克思主义经典作家的重要代表，其理论与实践既有历史贡献，也有一些错误和失误。他在民族主义问题方面的论述较为丰富，主要有《社会民主党怎样理解民族问题》《在走向民族主义的道路上》《马克思主义和民族问题》《民族问题和列宁主义》等。他认为，民族主义是资产阶级的精神武器，他写道，"在现有的一切压迫形式中，民族压迫是最精巧最危险的一种形式。所以精巧，是因为它便于掩盖资产阶级的强盗面目。所以危险，是因为它挑起民族冲突来巧妙地使资产阶级免受打击。过去欧洲的掠夺者之所以能够把工人抛到世界屠场上去互相残杀，至今他们之所以还能够使这种屠杀继续下去，其原因之一就是麻醉欧洲工人头脑的资产阶级民族主义的力量还没有枯竭。民族主义——这是资产阶级最后的阵地；要彻底战胜资产阶级，就必须把它打出这个阵地"③。他要求共产党员要"同民族主义作无情的斗争"，恢复"以前原有的那种兄弟般的国际主义关系"，"消灭民族主义这条九头蛇，造就国际主义的健康气氛"。④ 根据斯大林的观点，所有民族主义都是狭隘而无益的，无产阶级必须要团结在一个伟大的国

---

① 金炳镐：《民族理论通论》，308 页，北京，中央民族大学出版社，1994。

② Nairn，T.，*Faces of Nationalism*：*Janus Revisited*，London and New York，Verso，1997，p. 60.

③ 中国社会科学院民族研究所编：《斯大林论民族问题》，125 页，北京，民族出版社，1990。

④ 同上书，200—201 页。

际工人运动中,"工人无祖国",由此,斯大林从根本上把民族主义与国际主义对立起来,树立了一种反民族主义的分析视域。

奈恩对斯大林以国际主义反对民族主义的分析做出了批判,其关注点主要在于对国际主义和民族主义的分析阐释。斯大林主义的马克思主义以古板僵化的态度对待民族主义,否认民族主义的积极作用,并盗用马克思主义国际主义的观点来反对民族主义,他的这种把民族主义与国际主义从根本上对立起来的观点,在奈恩看来是不合时宜的和错误的,他指出,"当然,国际主义者是反对帝国主义的。但他们的问题是,1914 年以后正统观念仍然迷恋高度大都市化的形式,这有助于其比较系统地组织大国交易。这一严重的例子是在斯大林和'一国的社会主义'的胜利之后,苏维埃国家对国际主义者的信条的盗用。从那时起,正如一份当代苏联文件所说的那样,'国际主义的根本意义是每个马克思列宁主义政党,特别是执政党,必须意识到其作为一个整体运动的责任,制定具体的"纯粹民族国家"的社会主义道路,并且否定可能危及社会主义建设普遍规律的诱因'"①。根据这段论述,我们看到,作为一名新马克思主义的民族主义理论家,奈恩从不把民族主义与国际主义对立起来,而是相信国际主义的反帝国主义性,以及承认现实世界民族主义的主导性,认为只有通过民族主义这一社会阶段才能够实现国际主义的社会主义理想。

奈恩指出了斯大林的错误,即盗用了国际主义的信条,我们看到,

---

① Nairn,T.,*Faces of Nationalism*:*Janus Revisited*,London and New York,Verso,1997,p. 43.

1914 年之后，人们更加忠于民族国家，而不是国际组织，因为对于普通大众而言，眼前的实际问题与个人经验使他们认为，主权国家的民族标识比抽象的、理论的国际主义原则与组织更加让人觉得亲切和重要，工人是有祖国的，在成为无产阶级之前，他们首先是德国人、英国人、俄国人、波兰人。奈恩感叹道："所以这是现代国际主义黑暗的、畸形的一面。挫败把它转变成了一个比以前更加严格、盲目崇拜的纲领。但是，一旦这一挫败结束，在第一次世界大战后的十年中，世界历史环境并没有解除这些顽固的想法。相反，这一时期，马克思主义分裂为斯大林主义和反斯大林主义。前者篡夺了国际主义来为伟大的苏联服务，必然会陷入神权政治的术语；后者对此及斯大林主义者对革命的其他背叛做出了回应，这一回应要么是遥远的悲观主义的观念(像一些西方马克思主义者)，要么就是更大的理想化的国际理念的观点。……只有一个成功的第一世界或第二世界的国际革命的影响(能与 1789 年相媲美)才可以解开这样一个强大的、食古不化的结构。"[①]斯大林把民族主义与国际主义对立起来是对概念的教条与僵化的理解，奈恩不仅相信国际主义的反帝国主义性，也承认现实世界民族解放运动的积极性。

汤普森也一直致力于对斯大林主义的教条主义错误进行集中清算，他指出，社会主义的目标是人的更大程度的解放，而不仅仅是实现所有制和生产关系的社会化，斯大林主义的国际主义是一种教条的、强迫的集体主义，并使得"一些人会放弃社会主义，或不再想积极参与任何为

---

① Nairn，T.，*Faces of Nationalism：Janus Revisited*，London and New York，Verso，1997，pp. 32-33.

新社会奋斗的活动"①。汤普森提出，在发达资本主义条件下实现社会主义过渡要诉诸社会主义的人道主义思想，他坚持认为，只有站在民族的立场上才能看清民族性自身的问题，同时他不否定国际主义视野的必要性和重要性，但是，他坚决反对通过国际主义走向民族虚无主义。②此外，吉登斯、安德森等人也从各自的角度阐释了民族维度对于现代社会的重要性，因为"民族和民族主义均是现代国家的特有属性"③，而且"世界体系显然备受民族国家的主宰"④，所以"斯大林主义在那个时代确实把马克思主义还原为一种无价值的权力"⑤，这是不正确的。

斯大林反民族主义思想的错误，在于打着国际主义的名号来服务苏联，其实，列宁早就说过，"真正的国际主义只有一种，就是进行忘我的工作来发展本国的革命运动和革命斗争，支持(用宣传、声援和物质来支持)无一例外的所有国家的同样的斗争、同样的路线，而且只支持这种斗争、这种路线"⑥。可见，斯大林将阶级斗争与民族斗争两者对立起来，并非真正的国际主义，其盲目、顽固、错误的解读对于社会主义的实现是致命的。而在新的社会状况中，将民族意识与阶级意识相融

---

① 张亮、熊婴编：《伦理、文化与社会主义——英国新左派早期思想读本》，4 页，南京，江苏人民出版社，2013。

② 张亮：《汤普森视域中的民族性与马克思主义》，载《福建论坛(人文社会科学版)》，2008(7)。

③ [英]安东尼·吉登斯：《民族-国家与暴力》，胡宗泽、赵力涛译，141 页，北京，生活·读书·新知三联书店，1998。

④ 同上书，391 页。

⑤ Anderson, P., *Arguments Within English Marxism*, London, Verso, 1980, p. 206.

⑥ 《列宁全集》第 29 卷，168 页，北京，人民出版社，1985。

合的革命才是民族解放、无产阶级解放的真正有力武器。

(四)对列宁民族理论的肯定与发展

奈恩对卢森堡和斯大林的民族主义做出了诸多的挑战和批判，但是不同于对他们的态度，奈恩对列宁的理论做出了诸多的肯定与发展。列宁的观点是，在社会主义的最终目标之内，共产主义者支持"一切反对现存任何社会制度的革命运动，支持一切被压迫的民族、被迫害的宗教、被贱视的等级等等去争取平等权利"[①]。他做出了许多重要论述："各民族完全平等，各民族享有自决权，各民族工人打成一片，——这就是马克思主义教给工人的民族纲领。"[②]"帝国主义时代民族压迫的加剧不会使社会民主党放弃为争取民族分离自由而进行的'空想的'（象资产阶级所说的那样）斗争，而是相反，会使社会民主党加紧利用正是在这种基础上产生的各种冲突，作为发动群众性行动和反资产阶级的革命行动的导火线。"[③]民族主义是强有力的"动员剂"，帝国主义控制着社会中向社会主义转变的必要体系。就被压迫民族对抗压迫者的民族主义而言，"我们在任何时候、任何场合都加以支持，而且比任何人都更坚决，因为我们反对压迫是最大胆最彻底的"。"每个被压迫民族的资产阶级民族主义，都有反对压迫的一般民主主义内容，而我们无条件支持的正是这种内容。"[④]列宁把压迫民族的民族主义与被压迫民族的民族主义区别

① 《列宁全集》第 2 卷，434 页，北京，人民出版社，1984。
② 《列宁全集》第 25 卷，285 页，北京，人民出版社，1988。
③ 《列宁全集》第 27 卷，257 页，北京，人民出版社，1990。
④ 《列宁全集》第 25 卷，240 页，北京，人民出版社，1988。

开来，把大民族的民族主义与小民族的民族主义区别开来。他认为，大俄罗斯沙文主义是妨碍各民族团结和联合的主要障碍，因此他主张同其进行坚决斗争，主张过去受压迫民族根据民族自决原则建立自己的民族国家或实行民族区域自治。

列宁敏锐地注意到，民族主义对于民族解放的催化作用，他的分析是基于压迫民族和被压迫民族的差异的，他指出，"马克思主义者……完全承认民族运动的历史合理性"[1]，"在资本主义的发展过程中，可以看出在民族问题上有两个历史趋向。第一个趋向是民族生活和民族运动的觉醒，反对一切民族压迫的斗争，民族国家的建立。第二个趋向是民族之间各种联系的发展和日益频繁，民族壁垒的破坏，资本、一般经济生活、政治、科学等等的国际统一的形成。这两个趋向都是资本主义的世界规律。第一个趋向在资本主义发展初期占优势，第二个趋向标志着资本主义已经成熟，正在向社会主义社会转变。马克思主义的民族纲领考虑到这两个趋向，因而首先是坚持民族平等和语言平等，不容许在这方面有任何特权，其次是坚持国际主义原则"[2]。可见，列宁主张以民族解放运动同资本主义压迫、剥削进行坚决斗争，主张受压迫民族根据民族自决原则建立自己的民族国家，因为只有实现民族平等才能走向国际主义的联合，只有实现民族的解放才能达至全人类的解放。

在对诸多马克思主义者的民族主义理论的分析当中，奈恩对列宁的民族问题的相关观念最为肯定，他写道，列宁对民族问题的分析，"优

---

[1] 《列宁选集》第 2 卷，347 页，北京，人民出版社，1995。
[2] 《列宁全集》第 20 卷，10 页，北京，人民出版社，1989。

点就在于'现实主义'，在于其谨慎地承认民族主义有双面影响，这位于
革命战略的核心。在其时代的实际动力中，在 1914—1918 年的泛滥之
前，这有双重积极的作用：作为马克思主义思想在民族主义基础上的理
论发展中的实用策略和基础。但是，共产主义 1918 年后的变形清空了
它在这两方面所有的实际内容，只剩下一个双面的态度，这一模棱两可
的公式，没有他们询问的、不安分的张力：论战僵化为祭司的伪善说
教。尽管如此，它仍然不可能把原始的冲动从机械教条的累积中分离出
来。在我看来，列宁旧观念的修正版本是马克思主义者对新民族主义问
题可以采用的唯一令人满意的答案，在不列颠群岛或其他地方。无论是
奥地利马克思主义还是卢森堡马克思主义都不能提供这一可能性"①。
这里不难看出，在关于马克思主义传统理论家对民族问题的分析中，奈
恩的主要发展点在于民族对阶级意识的融入问题，民族主义为人民所提
供的情感刺激了革命运动的生发，在现代历史发展中民族斗争与阶级斗
争是并行不悖的，它们共同促进了社会主义的发展和实现。

　　此外，列宁的民族主义总是在坚持无产阶级国际主义的世界革命观
与阶级斗争理论的基础上解释民族主义，认为在面对阶级问题与民族问
题时，应首先立足于阶级问题的解决，因为"民族问题和'工人问题'比
较起来，只有从属的意义，这在马克思看来是无可置疑的"②，"人对人
的剥削一消灭，民族对民族的剥削就会随之消灭。民族内部的阶级对立

---

①　Nairn，T.，"The Twilight of the British State," in *New Left Review*，I/101-102，January-April 1977，p. 57.

②　《列宁全集》第 25 卷，265 页，北京，人民出版社，1988。

一消失，民族之间的敌对关系就会随之消失"①。对此，奈恩持不同意
见，他认为阶级划分和阶级斗争固然是重要的，但是在现代社会，民族
并不是阶级的从属，而是社会历史发展的核心。我们知道，"马克思已
经无数次强调过，无产阶级只有解放全人类才能解放自身，只有打碎所
有形式的剥削，才能砸碎自己的锁链"②。阶级解放的前提是主体的解
放，而民族作为人类主体是现代社会的一个最重要的群体单位，其解放
任务的必要性是不言而喻的，而且从目的旨归上来看，民族的解放与阶
级的解放具有根本上的内在一致性。

可见，在关于马克思主义传统理论家对民族问题的分析中，奈恩的
主要发展点在于阶级与民族主义的关系问题，他指出，卢森堡和斯大林
忽略和低估了民族、民族主义在社会历史中的地位和力量，并肯定、发
展了列宁的观点。奈恩认为，民族主义为人民所提供的情感是阶级意识
无法提供的，单纯、片面地把民族主义归结为恶魔似的错误是不正确
的，我们必须看到，民族主义在现代历史发展中并不是阶级斗争的副产
品，把民族局限于阶级的范畴中也是不合时宜的和古怪的，民族主义意
识形态和运动的决定性功能和作用已然在真实的历史中展现出来。

总之，同样作为马克思主义者的奈恩，对以上传统马克思主义理论
家的民族主义观点进行了继承与批判，尽管他们之间有许多"家族"相似
性，如资本主义作为一个世界体系分为核心和外围，先进地区为了自身
利益入侵和粉碎外围不发达地区，人民必须要反抗这种资本主义的发展

---

① 《马克思恩格斯文集》第 2 卷，50 页，北京，人民出版社，2009。

② Taylor, C., "Marxism and Humanism," in *The New Reasoner*, Vol. 2, Autumn 1957, p. 97.

规律以实现社会主义的理想社会等。但是，不同于前人，奈恩从历史唯物主义的民族观出发看待世界现实，认为"民族主义是对资本主义渗透的一种必要反应……成功的民族独立的结果，不是一个独特的民族的胜利，而是现代性所普遍要求的一个民族追求独立的胜利。因此，资本主义不是超越，而是贯穿了一个辩证法，在其中，'资本主义得到传播且粉碎了包围它的古代社会形态'，民族主义抵抗资本主义，进而拥抱现代化进程"①。由此，奈恩把民族主义放在了历史发展的阶段性过程中，批判了卢森堡、斯大林的民族主义思想，发展了列宁的相关思想，辩证地看待民族主义的积极作用，形成了一种新马克思主义的民族主义理论。

二、英国本土民族主义意识的切实熏陶

奈恩对马克思主义采取了一种兼容并蓄、继承发展的态度，在此基础上形成了唯物史观的民族主义理论，马克思主义作为理论内核的重要性是不言而喻的，除此之外，其他思想也对奈恩的理论形成有着重要的奠基作用。作为一名英国学者，奈恩深受本国社会历史、文化的影响，如果说马克思主义是奈恩民族主义思想的骨骼，那么英国本土的民族主义意识就是其理论的血肉，英国本土的传统经验主义、英国新左派的民

---

① Nairn, T., James, P., *Global Matrix*: *Nationalism*, *Globalism and State-Terrorism*, London and Ann Arbor, MI, Pluto Press, 2005, p. 77.

族主义研究思潮，以及英国国内不同民族的民族主义热望共同构成了奈恩的民族主义的理论基点。

(一)源于经验主义的民族主义

尽管奈恩的思想深受葛兰西等马克思主义者的影响，但并不妨碍其思想的经验主义底色。作为近代西方最主要的认识论思潮，经验主义和理性主义共同勾勒了近现代几乎所有理论的基本走向，英国经验主义不仅影响了全世界的思想发展走向，也不自觉地渗透了奈恩的民族主义思想。我们知道，经验主义对事物的认识重点在于方法论的研究，强调通过深入的实验研究后进行理论归纳，相信知识来源于经验，认为理论应该建立在对事物的观察与实践之上，而不是通过直觉与迷信来认识世界，因此，经验主义哲学极大地打击了封建神学和经院哲学，具有唯物主义的性质。

英国经典经验主义学者的研究对象极具民族性和地域性，他们从真实的历史和现实出发，分析当时的社会发展状况。英国本土厚重而独特的经验主义色彩影响了奈恩民族主义理论的研究范式与学术路径。自20世纪60年代以来，在奈恩的民族主义理论建构体系当中，他的研究与论述一直围绕英国自身的社会历史与现实而展开，他对真实的民族国家状况、民族解放运动和民族主义思潮进行分析，并在此基础上建构理论框架，阐述客观结论。

我们知道，从普通民众到精英学者，在解释民族主义时，都更倾向于主张主体层面的心理认同和共鸣。在分析民族主义时，我们如果不考虑民族主体的情感，那么就不能真正把握民族主义的本质，只有在重视社会历史分析的基础上，同时强调对主体意识和情绪的剖释，才能形成一个有机的解释体系。大体来说，奈恩的民族主义思想通过历史与现实的社会经验来分析民族主义的相关问题，这种认识论不仅以真实的主体感受来看待民族主义，还强调探讨民族主义的心理层面。奈恩想要阐释的对象，即民族主义，是客观世界的意识形态和运动，因此需要依靠人对社会事务的经验来实现和完成这种认识，而对民族主义最终的真正认识必须立足于切实的民族主义现象上。可见，英国的传统经验主义自然而然地与奈恩的民族主义研究融合在一起，为他的民族主义理论投射了经验主义的光影。

（二）英国新左派的民族主义研究思潮

英国学者杰拉尔德·纽曼（Gerald Newman）认为，如果将所有意识形态的重要性进行一个比较的话，那么，最强大和影响最为深远的是民族主义。[①] 虽然这一论断略显绝对和偏颇，但是足见民族主义问题在当今世界范围内的重大影响，因为在一个仍旧以民族国家为主要政治单位的世界舞台上，民族主义是认识和预测人类社会发展的一个无法回避的话题。对此，西方学界早就开始了对民族主义的研究阐释，其中，英国新左派也对此有诸多论述，这些民族主义的研究思潮对奈恩的民族主义思想产生了许多影响和启发。

学术界民族主义问题的研究开始于第一次世界大战之后，从那时

[①]　Newman, G., *The Rise of English Nationalism*: *A Cultural History*, 1740-1830, New York, Palgrave Macmillan, 1987, p. 51.

起，民族主义研究便与世界范围内的民族主义浪潮紧密联系在一起了。从全球的角度来看，20 世纪的民族主义出现过三次浪潮：第一次浪潮导致了两次世界大战的爆发；第二次浪潮表现为 20 世纪中期第三世界的反殖民化进程；第三次浪潮为 20 世纪末苏联的解体与东欧国家的建立，造成国际格局的又一次巨大变化。民族主义的研究也相应出现三次高潮。[1] 作为孕育西方文明摇篮的欧洲，既是现代民族主义意识形态与运动产生的土壤，亦是民族主义研究的主要发源地。西欧的民族主义及研究浪潮对奈恩的民族主义思想有着众多启示，著名的民族主义理论家汉斯·科恩、卡尔顿·海斯、埃里·凯杜里、厄内斯特·盖尔纳、埃里克·霍布斯鲍姆、本尼迪克特·安德森等学者在不同程度上影响和推进了奈恩的民族主义研究。

多年来，民族主义一直是西方学者关注的论题，从其吸引力和政治敏感度来看，这一论题吸引了来自哲学、民族学、社会学、历史学、人类学、政治学、经济学等各个领域学者的极大关注，他们的学术成果推动了民族主义的研究，也给奈恩的民族主义研究留下了深刻的印记。在西方学术界，民族主义是一个长盛不衰的研究领域，其关于概念设定和理论演绎的研究与探讨都十分丰富，各种范式、学派纷繁复杂，这些不同语境下的民族主义思想为奈恩的理论架构的建立提供了基础和根基，在奈恩的著述中，我们常常可以看到他对前人理论的分析和对话。可以说，正是在西方民族主义研究的范畴与内涵的前提和基础上，奈恩才能

---

① 罗志平：《民族主义：理论、类型与学者》，63 页，台北，旺文社股份有限公司，2005。

进行自己高屋建瓴的理论解释。

在西方民族主义研究思潮当中，英国新左派也是重要的学派之一，众多学者都对民族主义主题做出了重要的阐释和探讨，除了其中最主要的贡献者汤姆·奈恩之外，埃里克·霍布斯鲍姆、本尼迪克特·安德森、佩里·安德森、特里·伊格尔顿（Terry Eagleton）等人也对民族主义做出过分析和论述，而作为其主要战场的《新左派评论》也刊发了众多民族主义的研究论文，如：

米洛斯拉夫·罗奇（Miroslav Hroch）的《从民族运动到完整的民族》（"From National Movement to the Fully-formed Nation"）、《向小民族学习》（"Learning from Small Nations"）；埃里克·霍布斯鲍姆的《身份政治和左派》（"Identity Politics and the Left"）、《世界之病》（"World Distempers"）；本尼迪克特·安德森的《新世界的混乱》（"The New World Disorder"）、《今天和未来的印尼民族主义》（"Indonesian Nationalism Today and in the Future"）、《西方民族主义和东方民族主义》（"Western Nationalism and Eastern Nationalism"）；佩里·安德森的《民族文化的组成部分》（"Components of the National Culture"）；特里·伊格尔顿的《爱尔兰顽固的民族主义》（"Ireland's Obdurate Nationalisms"）、《民族主义和爱尔兰的情况》（"Nationalism and the Case of Ireland"）；罗宾·布莱克本的《信条与征服》（"Creed and Conquest"）；厄内斯特·盖尔纳的《东欧的民族主义和政治》（"Nationalism and Politics in Eastern Europe"）；布兰卡·马加斯（Branka Magas）的《东欧的民族主义和政治：对盖尔纳的一个回应》（"Nationalism and Politics in Eastern Europe：A Response to Gellner"）；阿拉斯代尔·麦金泰尔

(Alasdair MacIntyre)的《解决了爱尔兰问题的那个人》("The Man Who Solved the Irish Question");斯拉沃热·齐泽克(Slavoj Zizek)的《东欧的基列共和国》("Eastern Europe's Republics of Gilead");尤尔根·哈贝马斯(Jurgen Habermas)的《民族统一和人民主权》("National Unification and Popular Sovereignty")、《欧洲民族国家与全球化的压力》("The European Nation-State and the Pressures of Globalization");爱德华·萨义德(Edward Said)的《身份、否认和暴力》("Identity,Negation and Violence");维克多·基尔南(Victor Kiernan)的《走向社会主义的苏格兰道路?》("A Scottish Road to Socialism?")、《新民族国家》("The New Nation-States");迈克尔·罗伊(Michael Lowy)的《马克思主义者和民族问题》("Marxists and the National Question");雷吉斯·德布雷(Régis Debray)的《马克思主义和民族问题》("Marxism and the National Question");戈帕尔·巴拉克里希南(Gopal Balakrishnan)的《民族的想象》("The National Imagination");斯蒂芬·伯杰(Stefan Berger)的《德国民族主义和左翼》("Nationalism and the Left in Germany");阿钦·瓦纳克(Achin Vanaik)的《对印度社群主义和民族主义的反思》("Reflections on Communalism and Nationalism in India");罗伯特·施瓦兹(Roberto Schwarz)的《巴西文化:消除民族主义》("Brazilian Culture:Nationalism by Elimination");卡舍尔·高尔丁(Cathal Goulding)的《爱尔兰共和军的新战略》("The New Strategy of the IRA");雷内·萨瓦莱塔(Rene Zavaleta)的《玻利维亚:军事民族主义和大众集会》("Bolivia:Military Nationalism and the Popular Assembly");罗纳德·尚米(Ronald Suny)的《不完整的革命:民族运动和苏维埃帝国的崩溃》("Incom-

plete Revolution：National Movements and the Collapse of the Soviet
Empire"）；约翰·豪(John Howe)的《阿尔及利亚民族主义的危机和伊
斯兰整体主义的崛起》("The Crisis of Algerian Nationalism and the Rise
of Islamic Integralism"）；玛丽·卡尔多(Mary Kaldor)的《南斯拉夫和
新民族主义》("Yugoslavia and the New Nationalism"）；迈克尔·比利
希(Michael Billig)的《民族主义和理查德·罗蒂：作为美式和平旗帜的
文本》("Nationalism and Richard Rorty：The Text as a Flag for Pax A-
mericana"）；杰里米·莱斯特(Jeremy Lester)的《对民族主义用药过量：
根纳迪·久加诺夫和俄罗斯联邦共产党》("Overdosing on Nationalism：
Gennadii Zyuganov and the Communist Party of the Russian Federa-
tion"）；布伦丹·奥利里(Brendan O'Leary)的《不列颠—爱尔兰协议的
性质》("The Nature of the British-Irish Agreement"）；凯文·帕斯克
(Kevin Pask)的《美国民族主义的马赛克》("Mosaics of American Na-
tionalism"）、《最近的民族主义：魁北克的情况》("Late Nationalism：
The Case of Quebec"）；王朝华(Wang Chaohua)的《两个民族主义的故
事》("A Tale of Two Nationalisms"）；约翰·休斯(John Hughes)的《民
族之煤》("The Nation's Coal"）；丹尼尔·拉扎尔(Daniel Lazare)的《民
主民族主义的大幻象：对迈克尔·林德的回应》("The Grand Illusion of
Democratic Nationalism：A Reply to Michael Lind"）；肯尼斯·米诺格
(Kenneth Minogue)的《"管理"民族主义》("'Managing' Nationalism"）；
西蒙·布罗姆利(Simon Bromley)、凯文·邦内特(Kevin Bonnett)、鲍
勃·杰索普(Bob Jessop)和汤姆·林(Tom Ling)的《独裁平民主义、两
个民族和撒切尔主义》("Authoritarian Populism，Two Nations，and

Thatcherism")等。

可见，作为西方社会科学研究的重镇，英国新左派对民族主义主题进行了广泛而深入的研究，自 20 世纪 60 年代以来，奈恩与其他英国新左派思想家的民族主义理论相互影响、交叠和论争，不仅推进了彼此的研究，而且进一步促进了世界范围内民族主义主题的分析阐释，实现了对民族主义历史与现实的客观探究与辩证考察。

(三)联合王国中各民族的民族主义热望

众所周知，大不列颠及北爱尔兰联合王国由英格兰、苏格兰、北爱尔兰及威尔士四部分组成，由于民族、历史、政治、文化等诸多原因，不列颠的政治、经济、文化中心一直在英格兰首都伦敦，因此，在英国国内，各个民族的民族主义热望向来存在。毋庸置疑，奈恩的民族主义思想也受到了英国国内各个民族的民族主义意识形态和运动的影响，正如他在书中所写的，"我从来没有隐瞒这样一个事实：即我自己的两难困境和古怪是源于我自己的民族——苏格兰——的情况"①。可见，苏格兰民族身份对于奈恩民族主义研究有巨大影响。

苏格兰在历史上曾是一个独立的国家，邻近的英格兰多次入侵苏格兰，它们之间的冲突不断。17 世纪初，苏格兰的斯图亚特王朝入主英格兰，前者君主成为两个国家共同的君主，两国保持了相对和平的状态。但这两个国家仍各自独立，有自己的政府、议会和法律。直到

---

① Nairn, T. , *Faces of Nationalism: Janus Revisited*, London and New York, Verso, 1997, p. 180.

《1707 年联合法案》出台，苏格兰才与英格兰合并，结束独立状态，与英格兰组成大不列颠联合王国。原来的苏格兰议会被解散，同英格兰议会合并为单一的大不列颠议会。合并后，苏格兰并没有与英格兰完全融合，也没有被英格兰同化。相反，苏格兰人非常注意维护和保持自己的民族特性和传统文化，而且这种意识在当代更加自觉和强烈，这就是苏格兰民族主义。1707 年苏格兰与英格兰合并形成大不列颠后，从中取得了许多经济上的好处，很长时间内苏格兰在政治上是一个比较安定的民族。但苏格兰毕竟曾是一个完全独立的国家，曾拥有自己独立的议会，而要想更好地维持自己的民族特色，为自己争取更多的利益，苏格兰就必须掌握权力来管理本民族的事务。更重要的是，在英国国内，苏格兰的政治、经济诉求总是被忽略和压制，北海油田的利益分配问题更加激发了苏格兰人民的不满。于是，从 20 世纪 60 年代开始，苏格兰民族主义开始在政治上有强烈的诉求，要求建立独立的苏格兰议会和苏格兰国家，从 2014 年的苏格兰独立公投到英国脱欧后苏格兰寻求二次独立公投，都可以看出苏格兰人民民族主义热望的激荡和广泛发展。

　　与苏格兰同样处于联合王国内的爱尔兰人自 19 世纪就掀起了寻求自治直至独立的民族主义运动。公元前 300 年，欧洲大陆移民开始定居爱尔兰岛。432 年，圣帕特里克到此传播基督教及罗马文化。1169 年，爱尔兰遭英国入侵。1171 年，英王亨利二世确立对爱尔兰的统治权。1801 年，成立大不列颠及爱尔兰联合王国。英国政府同爱尔兰于 1921 年签订了《英爱和平条约》，允许爱尔兰南部 26 个郡成立"自由邦"，享有自治权，北部 6 郡(现北爱尔兰)仍归英国。1937 年，爱尔兰宪法宣布

"自由邦"为共和国，但仍留在英联邦内。1948 年，爱尔兰脱离英联邦。1949 年，英国承认爱尔兰独立，但拒绝归还北部 6 郡，大不列颠及北爱尔兰联合王国保持至今。而在爱尔兰独立后，爱尔兰历届政府均把实现南北爱尔兰统一作为既定政策，因此，在爱尔兰、北爱尔兰（阿尔斯特）地区，民族主义的意识形态和运动一直在与资本主义的英国进行抗争。

威尔士同样也存在民族意识和民族主义运动，事实上，和苏格兰人、爱尔兰人一样，有相当大一部分威尔士人认为，他们需要在英国内部捍卫自己的民族属性，甚至是寻求独立。威尔士人注重语言方面的民族复兴，这可以从 18 世纪开始追溯，1789 年，每年一度的威尔士艺术节被制度确定下来，19 世纪初威尔士大部分农村人口讲威尔士语，而随着工业革命及随之而来的大量英格兰移民的涌入和不少威尔士男人到英格兰寻找工作，威尔士语受到了威胁。到 20 世纪初，将近一半的威尔士人讲威尔士语，而到 70 年代初只有五分之一的人讲威尔士语。由于担心威尔士语言的未来，和对英格兰人控制的资本主义政府统治的不满，威尔士人建立起了自己的民族主义政党——方格花呢威尔士党——以建立威尔士自治政府。①

总之，英国的各个民族都有着自身的民族主义诉求和愿景，正是在对苏格兰、爱尔兰和威尔士人民的民族主义历史和现实的研究解读之上，奈恩的民族主义思想才从唯物主义的历史观出发形成自身独具特色

---

① ［英］休·希顿-沃森：《民族与国家——对民族起源与民族主义政治的探讨》，吴洪英、黄群译，46 页，北京，中央民族大学出版社，2009。

的体系建构。

三、法国"五月风暴"的实践影响

回顾奈恩以马克思主义解读世界的发轫,不得不追溯到 20 世纪 60 年代,当时的奈恩风华正茂,他意气风发、才情横溢,对马克思主义满腔热忱,一心想成为一个革命者,并逐渐开始在《新左派评论》等杂志上发表论文,抒发观点。1968 年与安琪楼・夸特罗其合著的《法国 1968: 终结的开始》一书意义重大,这不仅是奈恩的第一本著述,也标志着奈恩理论观点的发轫。他从马克思主义视域出发,初步建构起一种科学、理性、客观、辩证的马克思主义世界观。我们知道,谈起 20 世纪西方的社会运动,就不得不提到 1968 年 5 月那场席卷法国、波澜壮阔的社会运动——"五月风暴"——这场革命不仅深入广泛地撼动了整个法国社会,也给全世界带来了空前的影响。英国作为与法国毗邻的资本主义现代国家,在同一时期,也隔海唱和,弘赛艺术学院的学生静坐抗议运动(The 1968 Sit-in)即其中之一,此时,奈恩正在此教学,他对学生运动十分同情和支持,后也因此被解雇。正是在弘赛艺术学院,汤姆・奈恩第一时间对"五月风暴"做出了客观辩证而又激情洋溢的解读,可以说,对法国"五月风暴"的亲历开启了其以马克思主义解读世界的思想历程。

奈恩从真实的社会状况出发,回答了"'五月风暴'为什么会发生"这一问题,并进行了深刻的历史反思和理论剖析,他以"五月风暴"为切入点，批判西方资本主义的社会结构及政治体制，聚焦现代化的社会经济及社会主义革命，并在此基础上构建起自己独具特色的思想观念。今天距"五月风暴"的发生已过去半个多世纪，但"五月风暴"对世界政治经济领域和学术理论范畴的影响还未淡去，国内外对其的研究探讨仍很兴盛，多年来学者对于这场革命的意义、价值的定性可谓是众说纷纭、莫衷一是。然而，无论如何，在奈恩看来，"五月风暴"是一场极具革命性的社会革命，这场影响深远的革命也形塑了奈恩对马克思主义的社会主义革命的信念。

奈恩对"五月风暴"的解读充满如火山爆发般的热情，洋溢着对未来的希望，他笃信法国的五月事件是一个新世界的前锋，他指出，"五月革命是对一个真正有开创性的历史发展所做的测试以及丈量"[①]。他从"五月风暴"照射下的社会现实、"五月风暴"对传统革命的超越，以及"五月风暴"的基本精神三方面逐步阐释出"五月风暴"是一场深具革命性的社会革命。

首先，奈恩指出，"五月革命所发出的刺眼光芒，让现实社会显现原形"[②]。1968 年的法国正值戴高乐主义官僚政权当政的第十个年头，表面上经济发展迅猛，工业生产欣欣向荣，社会现代化进程进一步加快，然而这些都无法掩饰其资本主义政治体制下积攒多年的、深刻的社会矛盾，资本家为了获取大宗利润，对工人、农民极尽压榨，寡头垄断政治，政治、经济、文化管理因循守旧等问题不断积聚，法国社会危机

---

① ［意］安琪楼·夸特罗其、［英］汤姆·奈仁：《法国 1968：终结的开始》，赵刚译，133—134 页，北京，生活·读书·新知三联书店，2001。汤姆·奈仁又译为汤姆·奈仁。

② 同上书，180 页。

四伏。面对社会的一系列问题，法国的学生首先表达出了他们的不满，并逐渐发展壮大为一场轰轰烈烈的社会革命。而正是在这场革命的刺眼光芒的照射下，法国资本主义社会的现实逐渐显现，人民看清了资本主义的丑陋面目，一系列问题赤裸裸地摆在了台面之上。可以说，"五月革命展现出来'前所未有的辩证冲突'"①，它剥去了资本主义社会的华丽表象，揭示出了其腐朽堕落的本质。基于对资本主义社会现实的辩证分析，奈恩看到，"五月风暴"这场社会运动对自由解放有一种天然的渴求，革命实践正是其核心。

其次，奈恩进一步指出，"就其根本而言，新生的 1968 年五月革命显示出它已经超越了它所属的伟大革命传统的所有主要弱点。……它是一种比过去所有革命过程都要伟大的革命过程的初期表现"②。奈恩认为，"五月风暴"之前的每一个革命几乎都"出了问题"，那些革命在各自的历史时刻都和社会的真正潜力相脱节，它们都在向不可能挑战，其革命主体、对象、生产力、心智、远景等方面都不成熟，因此都会因为各种问题而被迫流产。与之相反，"五月风暴"是第一个没问题的革命的先导，其时，社会生产力与意识形态发展相契合，运动主体与实践阶级相切合，社会现实与革命理想相吻合，因此，"这个崭新的革命将走到所有远景前头，打破所有阻碍，并实现那些我们甚至还没意识到的梦

---

① ［意］安琪楼·夸特罗其、［英］汤姆·奈仁：《法国 1968：终结的开始》，赵刚译，191 页，北京，生活·读书·新知三联书店，2001。

② 同上书，187—188 页。

想"①。在奈恩看来，"五月风暴"是对资本主义种种恶行的反攻，是对抗异化的马克思主义式的实践，是资本主义极致丰饶下走向社会主义理想的试探，它所孕育的是终将震颤资本主义世界的崭新革命。

最后，奈恩基于以上阐释对"五月风暴"给予了高度肯定，他这样写道，"1968 年五月是第一个'新的'法国革命，标志了资本主义的抓攫之力已开始在它的发源地现出了疲态"②。在他看来，法国"五月风暴"这一新的革命已然超越了 1789 年的革命，主要体现为：在革命性质上，是无产阶级革命对资产阶级革命的超越；在革命主体上，是以广大人民为主导的革命对以资产阶级为主导的革命的超越；在革命对象上，是革资本主义之命对革封建主义之命的超越；在革命理念上，是马克思主义的社会主义理想对资本主义民主愿景的超越。资本主义的控制力在发达资本主义地区已经开始松动，人民天性之中的自由要求自己掌控自己的命运，社会革命正朝着社会主义的梦想走去。因为，"五月风暴"的基本精神是"要求解除一切束缚，并指向以真正的社会力量进行社会控制"③，所以，它是一个先导性的运动，一个生机盎然的实践，是一场深具革命性格的社会革命。

1968 年的"五月风暴"不仅早已成为历史（包括思想史）的徽章与历史学的记载对象，而且体现了一种时代精神。④ 虽然"五月风暴"最终在

---

① ［意］安琪楼·夸特罗其、［英］汤姆·奈仁：《法国 1968：终结的开始》，赵刚译，188 页，北京，生活·读书·新知三联书店，2001。

② 同上书，207 页。

③ 同上书，170 页。

④ 于奇智：《五月风暴与哲学沉思》，载《世界哲学》，2009(1)。

戴高乐的"宪政独裁"下失败了，但是，在奈恩看来，社会主义革命的意识形态已然觉醒，尽管其革命愿景是当前西方社会现实能力之所不及，却已然为未来吹响了革命的号角，现实必将向理念靠拢，因此，在这一层面上，"五月风暴"是成功的。可以看出，"五月风暴"这一历史性事件让奈恩进一步构建起了以马克思主义为基础的思想观念，起到了实践意义上的形塑和启动奈恩以马克思主义解读社会状况的作用，为他之后的马克思主义思维范式的民族主义理论的生发奠定了一定基础。

四、两位西方思想巨擘的理论浸染

在奈恩的学术发展中，有两个重要的人物是无论如何都必须谈及的，即意大利共产党的创始人、意大利共产主义运动的主要理论家、当今欧洲公认的 20 世纪最早的社会主义思想家之一安东尼奥·葛兰西和英国著名民族主义理论家厄内斯特·盖尔纳，在奈恩的著述中随处可见他与二者的对话，他们对奈恩的理论形成、构建和发展有着重要的影响。可以说，这两位西方思想巨擘是奈恩民族主义理论的源泉。

(一)安东尼奥·葛兰西的"霸权"与"市民社会"理论

葛兰西对英国新左派的影响十分深远，在 20 世纪 60 年代，奈恩把葛兰西的思想介绍进英国新左派当中，并由此开启了英国新左派内部的葛兰西转向。奈恩和安德森在《新左派评论》上发表的关于英国宪政制度和"工党主义"相关问题的一系列文章就运用了葛兰西的霸权（hegemony，或译为"领导权"）概念。"他们的核心观念，即贵族权力在英国资本主义发展过程中得到了不同寻常的延续，直接受到了《狱中札记》中的一个类似评论的启发。葛兰西的'有机知识分子'观念则对《新左派评论》和伯明翰当代文化研究中心的不同的文化转型方案起到了塑形作用。……正如大卫·福尔加奇所强调的，与意大利之外的其他国家相比，英国马克思主义者在运用葛兰西思想方面做得更深入也更广泛。"①毫无疑问，葛兰西的理论对新左派思想家产生了决定性的影响，同时也给奈恩的思想起步和发展奠定了理论基石，正如塔里客·阿里（Tariq Ali）在《法国1968：终结的开始》的中译本序中写道："不到1968年，他（奈恩）就彻头彻尾地变成一个葛兰西马派，毫无挂碍地运用这一派的语言来诠释当代政治及社会。"②

奈恩对葛兰西的不竭热情体现在他对葛兰西的高度肯定上，他这样写道："直到葛兰西为止，在知识分子中几乎没有任何唯物主义者的理论化的开始（并且不可能更深远地继续进行下去直到20世纪50年代）。"③虽然这一论断亟待考证，但是不难看出奈恩对葛兰西的强烈的个人情感钦佩及对其理论的推崇。在《民族主义的面孔》一书中，奈恩以最直接的话语这样歌颂道："安东尼奥·葛兰西，'马克思主义的亚历西斯·德·托克维尔（Alexis de Tocqueville）'。"④奈恩认为，从启蒙运动

①　张亮编：《英国新左派思想家》，28页，南京，江苏人民出版社，2010。

②　[意]安琪楼·夸特罗其、[英]汤姆·奈仁：《法国1968：终结的开始》，赵刚译，6页，北京，生活·读书·新知三联书店，2001。

③　Nairn, T., *Faces of Nationalism: Janus Revisited*, London and New York, Verso, 1997, p. 38.

④　Ibid., p. 80.

理论家到康德、黑格尔、马克思、恩格斯，以及他们的后继者之中，葛兰西是其中特别重要的一位思想家，因为"在20世纪二三十年代的意大利，在一个明显的左派的和革命的意义上，他恢复了（市民社会）这一观念"①。

"'市民社会'（Civil society）原本是一个自由的概念，主要针对绝对君主制和教会蒙昧主义的威胁。"②奈恩认为，葛兰西恢复了"市民社会"对君主专制和蒙昧主义的反抗和对自由的追求，随着时代的进步与社会的发展，"'市民社会'的哲学政治伦理理念，现在已经成为最流行的和最有影响力的观点。以前的情况不是这样的。不久前，'市民社会'还被认为主要是学者的学术成就，并被那些对工厂起源——苏格兰启蒙运动——感兴趣，或对黑格尔感兴趣，或对马克思主义政治意识形态感兴趣（包括安东尼奥·葛兰西的一生和时代）的人所讨论"③。可见，在20世纪八九十年代，"市民社会"的概念从知识精英走向了大众，从哲学理论扩展到了社会实践当中。

奈恩紧接着指出："葛兰西适当地并有影响力地重新定义了这一观念……他认为一个革命的政治学必须有它自己更广阔的、非国家的、自立的社会视野，以及更深刻的民主社会环境，在这种环境下，资本主义和阶级统治最终可能被超越。'在经济结构和国家关于其立法和高压政治之间站立着市民社会，而且后者必须从根本上改变，在一个具体的意

---

① Nairn，T.，*Faces of Nationalism*：*Janus Revisited*，London and New York，Verso，1997，p. 80.
② Ibid.，p. 80.
③ Ibid.，p. 73.

义上改变而不仅仅在法令书本中'，所以任何新的国家形式将取决于一个真正的社会和文化'霸权'（egemonia），而不是仅仅靠征收和武力。获得一个有效的霸权取决于一个长久而又逐渐的'阵地战'，不同于1917年由布尔什维克承担的引人注目的政治或军事的'运动战'。在西方的环境下，在试图抓住和变换国家当权者之前，社会主义者们必须为霸权做好准备。如果他们没有这样做，他们将冒决定性的失败风险，在20世纪20年代的意大利，失败在一个恶化的民族主义手中，并使葛兰西在监狱中度过余生。"①因此，奈恩把"市民社会"和"霸权"的概念联系在一起对现代社会进行了分析，解释了20世纪20年代意大利恶化的、过度的民族主义，并指出想要实现新的社会形式必须要经历有自立的社会视野和民主的社会环境的市民社会阶段，社会主义者们必须要对霸权主义做好准备，以"阵地战"来获取真正的社会和文化"霸权"。

"市民社会"概念在20世纪六七十年代的恢复，自然吸引了西方一整代新左派思想家和激进分子，他们发现了一个新的图腾，"一个明显的非教条的和反经济主义的先驱……而且其迷人的部分是将葛兰西描述的'市民社会'作为一个范围，这一范围不但是有价值的，而且可能比中央集权下的经济统治的枯燥无味的想法更重要，无论在东方的实践中还是在西方的共产党的愿望里"②。因此，在奈恩看来，"市民社会"这一范畴是极具理论价值和实践意义的，他把市民社会的概念融入民族主义的架构之中，做出了独具特色的研究。

---

① Nairn, T., *Faces of Nationalism: Janus Revisited*, London and New York, Verso, 1997, pp. 80-81.

② Ibid., p. 81.

总之，葛兰西"霸权"和"市民社会"的概念对奈恩的影响十分巨大，众多民族主义研究者都承认奈恩对葛兰西的依赖，他们这样评价道："奈恩像其他葛兰西追随者一样强调霸权文化在资本主义社会的重要性。"①《不列颠的瓦解》是围绕葛兰西的监狱笔记进行的。'南部的问题''有机知识分子'和'常识文化'与英国和苏格兰之间的关系、流亡知识分子和亚文化民族主义的问题都有一个隐式并行。"②

(二)厄内斯特·盖尔纳的"现代主义"的民族主义思想

现代主义思维范式的民族主义理论家厄内斯特·盖尔纳对奈恩民族主义思想的形成有着十分重要的影响。奈恩在其著述中多次提到盖尔纳的民族主义思想，并进行了十分深入的分析研究。

首先，盖尔纳民族主义思想对奈恩的导向性体现在现代主义思维范式的民族主义的整体架构上。与所有现代主义的民族主义理论家一样，盖尔纳认为，民族、民族主义等现象都是现代化的产物。他是如何阐述现代化和民族主义的主旨关系的呢？奈恩指出，盖尔纳所展现出来的是，在现代化之下显著的民族主义，既不是一个巧合，也不是理想主义和蓄意的产物。"跟随盖尔纳，奈恩视民族主义是一种对现代化和工业化的不均衡传播的反应。"③奈恩拒绝和批判了原生主义范式的民族主义

---

① Turner, B. S., "State, Civil Society and National Development: The Scottish Problem," in *Journal of Sociology*, Vol. 20, No. 2, 1984, p. 174.

② Ibid., p. 172.

③ Patterson, H., "Neo-Nationalism and Class," in *Social History*, Vol. 13, No. 3, 1988, p. 343.

理论，他聚焦于社会现实，看到社会经济变化的影响，赋予了现代化和民族主义以新的意义，可以说，奈恩的现代主义理论范式的最基本的来源之一就是盖尔纳，正如奈恩热情洋溢的评价："盖尔纳的'现代化理论'的最大成就就是认识到，发生的一切事情都是现代化的反应，而非仅仅是反抗现代化的表现。"①

其次，奈恩对盖尔纳的民族主义思想的认同体现在民族主义反抗帝国主义特性的解读之中。奈恩明确提出，民族主义具有反帝国主义的特性，而这一观念就来源于盖尔纳，他这样写道："在盖尔纳著名的民族主义文章的结束篇，给出了这种最有说服力的表达。'大体上这似乎是一个仁慈的安排'，盖尔纳认为，因为如果对发展民族主义的反应没有发生，那么帝国主义只会加剧，而'这一在政治上联合的世界可能会变得类似于南非的现状'。"②以及，"盖尔纳尤其强调了民族主义的功能是多么重要，在抵制过度集权和整体发展中。如果没有'碎片化'和'解体'，某种类型的帝国早就会挪用工业化来实现自己的政治目的"③。不难看出，奈恩的民族主义的"反帝国主义"理论正是来源于盖尔纳，恰恰是民族主义这一"仁慈的安排"构成了 19 世纪初到现在的广义的边缘地区第三世界对核心的资本主义发达地区的连续抵抗和抗争，可以说，不发达地区的民族主义斗争为抵制过度集权和帝国主义做出了重要贡献。

---

① Nairn, T., *Faces of Nationalism: Janus Revisited*, London and New York, Verso, 1997, p. 6.

② Nairn, T., *The Break-up of Britain: Crisis and Neo-Nationalism*, London, NLB, 1977, p. 342.

③ Nairn, T., *Faces of Nationalism: Janus Revisited*, London and New York, Verso, 1997, p. 66.

最后，盖尔纳的民族主义思想对社会经济的关注给予了奈恩极大的启发。"科恩和自由主义理论的核心弱点是其对经济学的忽视，其未能将种族政治的崛起放置于发展的一个更实质性的框架内。这一缺失被厄内斯特·盖尔纳、安东尼·史密斯及其他 20 世纪 60—80 年代的学者的重要工作所弥补。"①可见，奈恩认为，在盖尔纳之前的学者忽视了对民族主义的经济学解释，他们并未抓住社会发展的真实现实和本质框架，正是盖尔纳和他的学生史密斯等人对此缺陷进行了弥补，这是难能可贵的。也正是盖尔纳为民族主义理论的经济学补充给奈恩的民族主义研究以社会经济视角的启发，因此，奈恩在盖尔纳对民族主义的经济学弥补的基础上发展出了自己现代主义范式下社会经济视角的民族主义思想。

然而，在对民族主义的具体分析当中，奈恩并不是简单地重复盖尔纳的理论，也有许多对盖尔纳民族主义思想的反思和批判。

一是，奈恩并不认同盖尔纳关于资本主义发展秩序的观点，即工业资本主义作为一个良性秩序逐渐辐射到世界，提供了人们渴望的和最终会获得的经济增长。奈恩反而认为，无限的资本积累的逻辑对其入侵的世界有非常大的影响，并产生了一个世界体系，其特点是深刻的分裂和不平等。这些分裂和不平等最引人注目的表现发生在区域和次区域的民族国家，这通常意味着，最具戏剧性的对抗在于整体的民族主体之间所经历的斗争。民族主义运动是对资本主义不均衡发展的反应，是边缘区域与核心区域对立的表达。

---

① Nairn，T.，*Faces of Nationalism*：*Janus Revisited*，London and New York，Verso，1997，p. 65.

二是，奈恩深入发展了盖尔纳关于现代哲学真正主题的论点。盖尔纳认为，现代哲学的真正主题是工业化，工业化和它持久的余震——"现代化"——确实改变了或者说产生了不可避免的结果。虽然认同这一点，但是奈恩认为，盖尔纳收敛性的概要是不完整的，他讲得不够深入。在奈恩看来，盖尔纳证明了工业化是如何产生现代民族主义政治的，但是却没有继续探讨现代哲学的真正课题是什么，奈恩认为，这一课题不是工业化，而是极其复杂和色彩斑斓的余震——民族主义。

不难看出，奈恩的民族主义思想受到了盖尔纳的极大影响，他不仅认为"民族主义起因于厄内斯特·盖尔纳和他的思想流派所描述的具体的发展关头"①，还十分赞同佩里·安德森的评论，即"盖尔纳和现代派告诉了我们所有关于民族主义所需要知道的东西"②，他满腔热忱地赞颂盖尔纳的《思想和改变》(*Thought and Change*)一书中的"民族主义"一章，称其是"英文中最重要的和有影响力的最新研究"③。

小结

奈恩的民族主义思想是在继承发展前人的理论成果的基础上，以自

---

① Nairn，T.，"Internationalism and the Second Coming," in *Daedalus*，Vol. 122，No. 3，Summer 1993，p. 159.

② Nairn，T.，James，P.，*Global Matrix：Nationalism，Globalism and State-Terrorism*，London and Ann Arbor，MI：Pluto Press，2005，p. 7.

③ James，P.，"National Formation and the 'Rise of the Cultural'：A Critique of Orthodoxy," in *Philosophy of the Social Sciences*，Vol. 19，No. 3，1989，p. 276.

己的深入分析和理性思考而建构起来的，包括四个主要的理论来源，即马克思主义、英国本土的民族主义意识、法国"五月风暴"的革命实践，以及两位西方思想巨擘的相关理论，它们共同构成了奈恩唯物史观的民族主义思想的理论资源。

其中，马克思主义是奈恩民族主义的理论内核。一方面，奈恩继承和发展了马克思主义唯物史观的思想，尤其是肯定了列宁的民族理论；另一方面，他修正和辩护了传统马克思主义"缺失"民族主义理论的历史原因和时代局限，挑战和批判了卢森堡和斯大林的反民族主义理论，并在结合两方面的基础上，生成了一种独具特色的"新马克思主义"的民族主义理论，这不仅对民族主义进行了唯物史观的解读，而且对民族问题的历史与现实做出了科学、理性、辩证、客观的认识。在对奈恩民族主义思想的研究当中，我们必须看到其理论的马克思主义的深刻内涵，这样才能真正理解和把握奈恩的民族主义理论体系。

此外，英国本土的民族主义意识是奈恩民族主义的理论基点。在对世界、不列颠及苏格兰民族问题的社会、历史、经济、政治、文化等方面的考察中，奈恩将理论奠基于经验主义的光影投射之下，从社会真实的实践活动出发来达成理论的有效性和解释力，又注意吸收、学习、借鉴西方和英国新左派的民族主义研究思潮的诸多成果，进而在不列颠王国中各民族的民族主义热望的驱动下发展、完善、运用自己的民族主义研究。

同时，对法国"五月风暴"的亲历和参与开启了奈恩以马克思主义解读世界的思想历程。我们知道，半个世纪过去，这场运动对法国和世界的影响仍然深远，这一运动加速了人们日常生活中的政治参与，从此，工人自治、女权主义、环保主义等社会运动开始蓬勃发展。"1968 年 5 月改变了法国。这与其说是一次'失败的革命',不如说是一次'成功的改良'。"①1968 年,奈恩虽然人在英国,但也参与到了与法国相呼应的英国学生运动当中,并写作了自己的第一本著作来解读这场革命运动,可以说,法国"五月风暴"以实践性的社会革命冲击了奈恩对世界的认识,形塑了其以马克思主义方法论认识世界的思维格局。

最后,两位西方思想巨擘安东尼奥·葛兰西和厄内斯特·盖尔纳是奈恩民族主义的理论源泉。在奈恩的学术理论发展当中,葛兰西和盖尔纳是至关重要的两位思想家,其中,葛兰西对奈恩的学术研究起到了先导性的作用,其"霸权"与"市民社会"理论给青年时期的奈恩以决定性的理论导向,带领奈恩走上了对马克思主义不懈发展的道路;盖尔纳则对奈恩民族主义的理论视域起到了铺垫作用,将奈恩的民族主义研究带到了"现代主义"的思维范式之下。

奈恩以上述理论资源为基础,考察现代社会当中的民族主义意识形态及运动,确定了马克思主义的理论内核,并借鉴英国传统与现代革命实践,吸取葛兰西、盖尔纳的社会解释范式,形成了一种独特的唯物史观的民族主义思想,其理论继承与发展并重,历史与现实兼顾,理论与实践相符,实现了把马克思主义融入民族主义研究的新探索。

---

① 熊培云:《重新发现社会(修订版)》,349 页,北京,新星出版社,2011。

第二章 ｜ 民族主义的内涵

现代主义是奈恩民族主义研究的逻辑基础和理论方法，他在继承马克思主义民族理论传统的基础上，基于历史唯物主义核心思想，分析和界定民族、民族主义及其相关概念，认识其动力机制，勾勒出现代主义思维范式的民族主义理论，其视域没有局限于英国本身，而是放眼全球，阐释了民族主义对人类历史的发展、现代社会的推进，以及民族国家的社会建构的重要作用。

在现代西方社会中，民族主义作为国际主导的意识形态及运动已经存在了至少一个世纪，作为一种复杂的存在和极具争议性的主题，民族主义已然在当代国内外学界引起了诸多论争，出现了一批极具代表性和学术性的学者及流派。其中，以厄内斯特·盖尔纳、汤姆·奈恩、本尼迪克特·安德森、埃里克·霍布斯鲍姆、安东尼·吉登斯(Anthony Giddens)等为代表的现代主义学者长期雄踞主导地位，其根本原因是，他们抓住了现代社会最根本的特征——现代性，他们主张民族国家、民族性、民族主义等都是现代的现象，所有这一切不仅在时间顺序上是新近的，在本质内涵上也是新的。社会结构的现实复杂性和历史客观性使学者们纷纷把对民族主义的考量投向现代性，他们越发意识到生产力的发展、工业的变迁、技术的进步是民族主义意识形态发展和运动的最关键因素。作为一个现代主义的民族主义思想家，奈恩在秉承现代主义理论范式的基础上，着重以马克思主义唯物史观为纲，把民族主义的起源追溯到现代性问题之上，剖释了现代民族主义产生和发展的工业、生产力、资本、政治、经济等因素。马克思曾明确指出："物质生活的生产方式制约着整个社会生活、政治生活和精神生活的过程。"[1]可见，社会共同体的所有状况都取决于生产方式、生产力和工业技术的发展状况，奈恩十分关注工业生产、资本发展、政治经济机制对民族主义的作用，他以真实的社会发展史、生产发展史为基础，对民族主义的内涵做出了唯物史观视域下的深入讨论。

奈恩秉承现代主义思维范式的社会经济视域，不仅认为民族主义是现代的现象，还把民族国家和民族认同都归为现代的现象，他这样写道："大部分我们真正所知的东西均来自现代性本身的故事——即从18世纪到现在之间的这段时间。"[2]奈恩从社会经济视角来解读民族主义，

---

① 《马克思恩格斯选集》第2卷，32页，北京，人民出版社，1995。

② Nairn, T., James, P., *Global Matrix*: *Nationalism*, *Globalism and State-Terrorism*, London and Ann Arbor, MI: Pluto Press, 2005, p. 208.

认定现代性不可避免地造就了民族主义的意识形态和运动，并由此树立起了对民族主义内涵的现代主义解读。英国著名民族主义理论家安东尼·史密斯在他的《民族主义：理论、意识形态、历史》一书中对奈恩民族主义思想的分析解释十分恰当和准确，他指出，奈恩是现代主义范式一派中社会经济形式和视角的民族主义理论家，"在这一视角中，各种民族主义和民族源自新型的经济和社会因素，如工业资本主义、区域不平等和阶级冲突。根据汤姆·奈恩和迈克尔·赫克特的观点，现代国家中不同地区之间、跨国家不同阶级之间相对的贫困与剥夺，不发达的边缘地区与发达的核心地区之间相对的剥夺与被剥夺，以及核心区域的知识精英与由边缘地区新近动员起来的'群众'所支持的边缘精英之间的剥夺与被剥夺唤醒了民族的情感与理想"[①]。

一、民族的诠释

奈恩的民族主义思想是与现代西欧的发展过程与历史构建紧密相关的，民族、民族性、民族国家、民族主义等在人类经历了从封建社会到现代社会的成长阶段之后，最终确立起它们在世界范围内的普遍性和主导性，成为现代社会最具感召力、影响力和认同力的群体性质的、有政治经济组织的意识形态和运动。可以说，时至今日，民族及其相关问题

[①]　[英]安东尼·史密斯：《民族主义：理论、意识形态、历史》，叶江译，52页，上海，上海人民出版社，2011。

已然成为社会发展中的核心。"现时代给民族关系的理论和实践带来了许多新的东西。过去形成的概念，有些已经陈旧而被抛弃，有些则随着生活的要求而向前发展，逐渐完善。阐明民族概念的内容，尽可能确切地给它下一个定义，具有非常重要的意义；否则就不能充分深入地揭示出民族和民族关系发展中许多根本问题的实质。"①在当今众多民族理论中，奈恩以马克思主义为出发点，以历史唯物主义为向度，形成了一种较为客观的、理性的、具有解释力的、能够反映历史发展本质的概念界定。

(一)民族

对于所有人来说，"民族"似乎是一个自明之理，一提到这个词，人们都会有大致的观念和印象，它涉及地域、语言、风俗、文化、历史、经济、政治等诸多方面，但是要给"民族"下一个准确的定义并不那么容易，安东尼·史密斯这样写道，"那么我们将如何来定义'民族'这一概念？这无疑是本领域最成问题和争议最大的术语"②。"民族"(nation)一词源于拉丁语中的动词"nasci"，是"出生"的意思，最初用来指出生在同一地方的人群。民族在英语的语境中所对应的单词是"nation"，但是"nation"一词同时包含"民族"和"国家"两种含义，因此，我们在日常生活和学术研究中总见到对"nation"和"state"两个单词的混淆使用。另

---

① 陈玉瑶、朱伦编：《民族与民族主义：苏联、俄罗斯、东欧学者的观点》，3页，北京，社会科学文献出版社，2013。

② [英]安东尼·史密斯：《民族主义：理论、意识形态、历史》，叶江译，10页，上海，上海人民出版社，2011。

外，在英语的语境中，表示具有相同文化、历史的民族共同体的单词不仅仅有"nation"，在不同情况下还会使用"ethnic""race""people"等单词，这更加剧了对"民族"相关概念的翻译的混乱。加之中文语境下的"民族"，常常与"族裔""种族""族群""国族"等概念交叉，使得民族概念的界定、使用和翻译更加含混，难以厘清。由此足见中英不同语境下"民族"和"nation"语义的复杂性、差异性和主观倾向性，因此在介绍奈恩对民族的理解之前，笔者先列举一些有代表性的阐释：

列宁："民族是社会发展到资产阶级时代的必然产物和必然形式。工人阶级如果不'把自身组织成为民族'，如果不成为'民族的'……就不能巩固、成熟和最终形成。"①

斯大林："民族是人们在历史上形成的一个有共同语言、共同地域、共同经济生活以及表现于共同文化上的共同心理素质的稳定的共同体。"②

厄内斯特·盖尔纳："如果某一类别的人（比如，某个特定的领土上的居民，操某种特定语言的人），根据共同的成员资格而坚定地承认相互之间的权利与义务的时候，他们便成为一个民族。"③

本尼迪克特·安德森：民族"是一种想象的政治共同体——并

---

① 《列宁选集》第 2 卷，441 页，北京，人民出版社，1995。
② 《斯大林全集》第 2 卷，294 页，北京，人民出版社，1953。
③ ［英］厄内斯特·盖尔纳：《民族与民族主义》，韩红译，9 页，北京，中央编译出版社，2002。

且，它是被想象为本质上有限的，同时也享有主权的共同体"①。

安东尼·史密斯：民族是"具有名称，在感知到的祖地上居住，拥有共同的神话、共享的历史和与众不同的公共文化，所有成员拥有共同的法律与习惯的人类共同体"②。

不难看出，虽然这些概念都具有重要的意义和解释力，但是无论是从主观的、突出民族情感的范畴来解释民族，还是从客观的、着重于历史发展的标准来界定民族，学者们都只能把握到"民族"的一部分，学者们并不能就概念的界定达成一致的理解和认同。现代意义上的"民族"从属于政治的、历史的、社会的共同体及其意识形态、价值体系。奈恩基于现代工业社会发展对民族做出论断，对"民族"的定位具有自己独特的、不同于以上定义的阐释。

奈恩运用马克思主义唯物史观的社会经济分析方法，结合现代主义思维范式来解释民族，他指出，"民族是现代化环境下最适合的和占支配地位的身份识别方式，这种民族认同表现出对工业化'天气'行之有效的顺应"③。在他看来，民族是工业化的后果，是一个与政治、经济、科学技术、社会转型等密切相关的范畴，是现代社会共同体中人民大众最重要的身份识别和认同范式。

---

① ［美］本尼迪克特·安德森：《想象的共同体：民族主义的起源与散布》，吴叡人译，6 页，上海，上海人民出版社，2011。

② ［英］安东尼·史密斯：《民族主义：理论、意识形态、历史》，叶江译，13 页，上海，上海人民出版社，2011。

③ Nairn, T., *Faces of Nationalism：Janus Revisited*, London and New York, Verso，1997，p. 4.

奈恩从功能和社会学意义两个角度阐释了民族，他指出，现代社会发展充满了斗争和分离的非理性因素，"如果在这些现代化的斗争中，他们转向过去（象征性地转向'血液'），其本质上是为了保持完整以把他们自己撬入未来。保持完整，或者获得一个新程度的社会和文化凝聚力，是由于工业化而变得必要——甚至（在很多情况下）由于遥远的希望，即工业化前进的影子（而有必要）"①。换句话说，在工业化的背景下，转向"血液"或"民族"就是为了使共同体自身获得新的社会和文化凝聚力，而这一凝聚力保证了群体能够完整地发展并进入未来世界。当人们要求和保证共同体凝聚力的时候，或者在工业化、现代化的社会发展进程要求完整的时候，都要诉诸"民族"这一单位，因为"民族提供了确保这一凝聚力和共同目的的唯一途径"②。可见，民族的功能就是，在现代工业发展中确保群体的完整性和凝聚性。

进而，奈恩从民族分类和民族主权的角度阐释了民族的社会学意义。"人类社会在本质上是由数百个不同的和离散的'民族'组成的，每一个民族都有（或应该有）它自己的印记和民族的灵魂。打个比方说就是，森林的秘密是树木。"③在奈恩看来，民族的存在特征是自身的独特印记和灵魂，而正是纷繁多样的民族构成了我们的现实社会，可以说，是民族的树木共同构成了世界的森林。奈恩进一步阐释了民族分类的重

---

① Nairn，T．，*Faces of Nationalism*：*Janus Revisited*，London and New York，Verso，1997，p. 66.

② Ibid．，p. 66.

③ Nairn，T．，*The Break-up of Britain*：*Crisis and Neo-Nationalism*，London，NLB，1977，p. 332.

要性，他指出："人类的民族分类对于他们本身是一件极好的事情，例如，在欧洲，他们帮助防止形成一个普遍的帝国专制统治。"①奈恩强调民族分类的社会积极作用，并以此得出了这样的结论："民族分类将会被确立为社会组织的一个新的和主导的原则。"②根据奈恩的观点，民族分类在现代社会已然成为最重要的群体组织方式，因为"我们必须拯救我们的民族主权"③。

(二)民族身份认同

在奈恩的写作中常见到对"national identity"的分析，我们知道，"identity"具有"身份"和"认同"两重意蕴，本研究多使用"民族身份认同"来确保译文的完整性。奈恩认为，在近两个世纪的现代世界历史进程中，民族性诉求开始逐渐获得政治支配地位，民族身份认同问题在世界范围内凸显出来。国家的边界划在何处，谁被包括在这一边界中，是什么让人归属于这一边界，变得越发重要。"人们越来越坚定、越来越有组织地在肯定自己的历史、文化、宗教、族类和领土之根。换句话说，就是人们在重新肯定自己的特殊认同。"④自近代工业革命以来，作为世界范围内主导的政治组织形式，民族身份认同使得共同体成员联结

---

① Nairn，T.，*The Break-up of Britain: Crisis and Neo-Nationalism*，London，NLB，1977，p. 336.

② Ibid.，p. 337.

③ Nairn，T.，"British Nationalism and the EEC," in *New Left Review*，I/69，September-October 1971，p. 23.

④ ［西］胡安·诺格：《民族主义与领土》，徐鹤林、朱伦译，27—28 页，北京，中央民族大学出版社，2009。

在一起共同维护、发展民族国家，成为现代民族的核心力量。奈恩把民族身份认同看作是现代民族国家的运行基础，并为建立、巩固和发展现代民族国家提供了最核心的凝聚力。民族身份认同就是要对民族身份进行政治的肯定和保护。

什么是民族身份呢？奈恩指出，"'身份'是一个非常当代的词，关涉令人困惑的和政治的重大意义"①。现代民族"身份"是一个具有政治合法性的概念。"民族性一直都有身份。但现在看来，他们必须拥有它。不再是想当然的，身份必须符合一定的标准。"②在现代共同体的运行和建构过程中，人民必须拥有民族性的身份，这种民族身份是现代社会的一个政治标准，是社会群体位置的信念。寻求身份认同是人民区分自身与其他群体的表现，是证明其独特性和价值性的来源，奈恩写道："民族或人民现在可以被描述为正在寻找……'他们自己的身份'，这些东西使得他们是不同的和有价值的，或者，至少是独特的。"③奈恩认为，国家对民族身份的肯定和保护起着至关重要的作用，"国家通常被认为是现代机构的关键"④，它作为共同体运作的最重要的机构，为身份认同提供了政治保护，是人类多样性存续发展的关键，是民族凝聚力的载体。

如何实现民族身份认同呢？奈恩主张，"'人类的生物多样性，需要

---

① Nairn, T., *Faces of Nationalism: Janus Revisited*, London and New York, Verso, 1997, p. 183.

② Ibid., p. 183.

③ Ibid., p. 183.

④ Ibid., p. 194.

被探索，而不是被否认'。然后，多样性为了生存，需要一些新的政治保护"①。在他看来，应该探索人类的多样性，每一个群体都应当寻求确认自己的身份，而国家这一政治机构对肯定和保护民族身份起到了重要作用。"认同之所以可能，就在于人需要归属感。"②资本主义与国际竞争正在全方位地包围人类社会，民族身份认同正是最适合这一环境的共同体形式，这种正当性和向心性的民族身份认同"能产生强大的心理力量，给个体带来安全感、自豪感、独立意识和自我尊重"③。在当今国际社会中，民族身份为个体提供了安全感，而民族国家又为这种认同提供了政治保护。奈恩这样写道："民族身份保护'自己人'，以集体文化精神的联系来排斥和抵抗异己的力量。对于个体而言，没有民族及国家作为其存在的依托，一个人是无法发展的。"④

民族共同体成员具有合理性和合法性的关键就是民族身份认同，"民族国家认同……在很大程度上正在变为经济全球化条件下各个国家捍卫自身利益的最为重要和有效的武器"⑤。基于唯物史观的科学分析，奈恩看到民族身份认同的重要作用，就像他所写的，"保持完整，或者获得一个新程度的社会和文化凝聚力，是由于工业化而变得必要——甚至（在很多情况下）由于遥远的希望，即工业化前进的影子（而有必要）。

———————————

① Nairn, T., *Faces of Nationalism*: *Janus Revisited*, London and New York, Verso, 1997, p. 121.

② 徐迅：《民族主义》，34 页，北京，东方出版社，2015。

③ 同上书，38 页。

④ 房宁、王炳权：《论民族主义思潮》，22 页，北京，高等教育出版社，2004。

⑤ 翟金秀：《解读西欧后民族主义：传统与后现代语境下的多维视角》，212 页，济南，山东大学出版社，2012。引文有改动。

而民族提供了确保这一凝聚力和共同的目的的唯一途径"①。这种身份认同的凝聚力的内在力量具有深层的社会效用，奈恩感叹道："无论涉及什么情况，'身份'都是一个问题的答案。在一个大的和增长的典型的现代情况下，'你是谁?'必然是一个集体的而非个体的疑问。"②

(三)民族国家

在现代世界的语境中谈社会形态问题，就不得不提到民族国家。民族和国家两者息息相关，其概念互相交错涵盖，尤其是在近一个世纪的历史视野中，民族与国家从未脱离干系。民族与国家是无法分割的，二者在很多情况下是一体的。西方学者之所以对于民族国家(nation-state)的民族学、政治学、社会学、哲学的研究分析经久不衰，就在于民族国家这一政治性组织的不断发展的历史既勾勒了世界图景的基本轮廓，又左右了国际秩序的不断变化。民族国家是现代历史进程中最普遍的政治实体模式，自现代工业文明产生以来，民族国家就成为主体想要形成共同体的最重要的政府形式，它在政治上具有主权合法性，在经济上具有发展合法性，在文化上具有认同合法性。

奈恩把对民族国家的解读放在人类历史发展的场域之中，他认为，正是工业化使得民族得以存续，也正是伴随着工业化，民族与国家这两个紧密联系的范畴逐渐结合成为现代社会中最主要的政治性组织，他写道："在工业化之前这种消失常常发生，文化、民族、传统被时间所湮

---

① Nairn，T.，*Faces of Nationalism*：*Janus Revisited*，London and New York，Verso，1997，p. 66.

② Ibid.，p. 206.

没，足够幸运的话也许会留下令人费解的一砖半瓦。"①工业化作为现代民族国家发展的决定性因素，对于对象世界的统治越来越快、越来越完整，可以说，在现代社会，工业化不仅把一切存在归纳于生产过程之中，而且通过资本主义工业化，以及随之而来的现代化、全球发展把民族国家也划归在这一场域之中。现代民族国家正是资本、工业、科学技术飞速发展的结果，并为其成员提供了一个"归属"，即为民族身份认同、民族意识、民族凝聚力提供了一个合法性的边界。

显然，在对民族国家的分析中，奈恩给予工业发展以重要地位，他十分同情不发达地区的民族解放斗争，批判帝国主义、资本主义、霸权主义、殖民主义在不发达地区的侵略扩张，认为只有通过认识现代工业发展并理解每一个民族国家的历史形成过程与机制，才能解决资本不均衡发展所带来的问题，这体现出解释现代民族国家的工业、技术的理论维度。"与民族国家紧密相连的，是在西方国家中所爆发的工业革命，以及此后大规模进行的成功的工业化和现代经济增长，以及与经济增长相连的史无前例的经济繁荣。"②可以说，民族国家作为政治、经济、文化、科技的外化载体是现代性在人类社会的投影，现代民族国家成型的动力基础就是工业发展。"马克思主义技术哲学是一个开放的体系，它随着技术进步和社会发展的历史进程，不断研究新的问题，不断产生新的思想，使自身的思想内核得以巩固，理论系统逐步得以完善，其时代

①　Nairn, T., *Faces of Nationalism : Janus Revisited*, London and New York, Verso, 1997, p. 5.

②　[德]汉斯-乌尔里希·维勒:《民族主义: 历史、形式、后果》，赵宏译，159—160页，北京，中国法制出版社，2013。

性和现实性也得以展现。"①奈恩将马克思主义技术批判传统嵌入对民族国家的解释框架之中，以唯物史观解读民族国家，着眼其成型的动力基础，指出工业革命对民族国家形成的巨大作用，从而形成了技术批判嵌入民族国家理论母体的新理念。

奈恩以马克思主义经典作家的"不均衡发展"思想为出发点认识民族国家，认为随着现代化从西欧心脏地带向外横扫，工业化将世界分割为不平等的区域，早先开始现代化的区域在工业化不同的时间、程度和深度上冲击后进的区域，民族国家由此产生。他写道，"发展更喜欢更大的有竞争力的实体结构，即民族国家单位"②。也就是说，"在新的模式下，通过发展的压力和限制，民族国家成型了，换句话说，这确保了只有实体超过一定规模的临界值，才有生存的机会，或获得独立"③。可见，资本主义工业改变了一切社会状况，工业发展造就了民族国家的成型、建立。在现代社会的生存层面，民族国家确保了共同体整体和其中所有个体的存续，在现代社会中，民族国家只有保障自己的合法性边界，才能实现民族群体的独立、自主，只有从属于某一特定的民族国家，个体才具有生存的权利和意义。在民族国家的构建上，它应该是一个群体参与、维护、认同民族自决、国家权利的社会实体的创设。作为现代社会当中最具主导性的政治单元，民族国家是政治体制、社会形态

---

① 乔瑞金、师文兵：《从人的解放看马克思主义技术哲学传统的多重意蕴》，载《科学技术哲学研究》，2011(3)。

② Nairn，T.，*Faces of Nationalism：Janus Revisited*，London and New York，Verso，1997，p. 147.

③ Ibid.，p. 144.

论争的首要空间，我们必须认识到，我们生活在一个民族国家的时代。

　　进而，奈恩从人类社会发展的角度给出了他对民族国家的解释和定义。他从历史上的多民族国家（pluri-national state）和超民族国家（supra-national state）着手分析，指出在工业革命和资本主义于世界范围内蔓延之前，共同体必然是"某种多民族国家：不论是加尔通（Galtung）所认为的一种建立在'欧洲沙文主义'之上的超民族国家，还是一个'超民族的'主体管理现有的国家等诸如此类的国家。多民族国家在一般意义上是人类历史的主要产品。沙皇俄国、中华帝国、印度次大陆的各个帝国、古代地中海的帝国、奥斯曼帝国、中欧的哈布斯堡家族统治的国家，等等"①。无疑，在奈恩看来，前资本主义的多民族国家是以帝国的形式存在的，这种"大型多文化的和多语言的'帝国'（这里的帝国不能与那些近代的帝国主义相混淆！）"②是当时大部分社会的主要实体类型。

　　而在工业革命之后，民族国家的状况发生了改变。与对民族领域的其他概念的解读相一致，奈恩对资本主义广泛蔓延下的现代民族国家的分析再次走到了对资本主义的历史分析之上，他这样写道："资本主义入侵世界产生了民族国家。就是说，产生了相对单一文化的、均质的、单一语言的实体，这已成为 20 世纪联合国组织的标准模式。"③这一关键性的阐述不仅给出了他对现代民族国家的定义，同时也指出了现代民族

---

　　①　Nairn，T.，*The Break-up of Britain：Crisis and Neo-Nationalism*，London，NLB，1977，p. 317.

　　②　Ibid.，p. 317.

　　③　Ibid.，p. 317.

国家产生的源头。在奈恩看来，现代意义上的民族国家是"相对单一文化的、均质的、单一语言的实体"，而这一对世界体系具有奠基性作用的实体形式，实则是资本主义入侵世界的最重要产品，并将"最终取代所有其他形式的文化和政治共同体"①。

此外，就其类型和规模而言，奈恩把民族国家进行了划分。从国家实力、国际地位和发展状况进行考量，民族国家能够划分为核心地区的发达民族国家和边缘地区的发展中民族国家；从群体组成部分和是否共享单一历史、文化、语言、价值等方面来分析，民族国家可以划分为单一民族国家和多民族国家，而就真实的社会状况来看，当代民族国家常为多民族国家；从规模和所占地域大小出发，民族国家可以分为大型、中型、小型、微型民族国家，其中，奈恩认为，"中型到大型的民族国家，要能够构建自己的与众不同的政治、经济、文化和行政管理机构，必须管理这一范围，以及建造一支能够捍卫它的军队"②。相对于"大规模"经济，奈恩也热衷于分析"小型"经济，在其《民族主义的面孔》一书的第三部分，他对安道尔（Andorra）③进行了重点分析，并将其描绘为一个财政天堂，认为这种地方的微观市场经济经历了巨大且持续的发展。

---

① Nairn，T.，James，P.，*Global Matrix*：*Nationalism*，*Globalism and State-Terrorism*，London and Ann Arbor，MI：Pluto Press，2005，p.76.

② Nairn，T.，*Faces of Nationalism*：*Janus Revisited*，London and New York，Verso，1997，p.133.

③ 安道尔公国（加泰罗尼亚语：Principat d'Andorra），简称"安道尔"，位于西南欧，是法国和西班牙交界处的内陆国；是世界袖珍国家之一，国土总面积468平方公里，下设7个行政区。

民族国家要保障自身的生存能力，就要在世界民族国家舞台上具有独立行动所需要的充分自主权，需要构建自己与众不同的政治、经济、文化、行政管理机构，以及一支能够捍卫它的军队。无论何种民族国家，都强调要以独立的权利主张和真实的自我管理确立自己在国际上的正式法律地位。只有以积极的民族意识、以实现自身发展而不损害其他共同体为目的的民族国家，才能实现持续的政治稳定和自决、经济进步和自主、文化多样和认同，才能真正实现贸易自由、区域自治和民族国家的持续发展。

(四)民族性

笔者在此讨论的最后一个奈恩所涉及的民族领域的相关术语就是"民族性"（nationality）。与其他民族相关概念相同，对"民族性"这一术语做出一个科学的、普遍认同的定义也比较困难，基本上大部分学者默认它是一种民族的属性，是一个体现民族历史延续性、传承性、差异性的身份认同特征，是具有民族特色的信念。如同奈恩把与民族相关的问题都放置于历史范畴中解释一样，他对民族性的理解亦是从资本主义历史发展的范畴展开的。

奈恩从资本主义的发展规律引出了他对民族性的解释，他写道，"不均衡发展总是会产生中心区域对边缘区域的帝国主义；对于这种优势，这些边缘地区已一个接一个地被迫进入一个非常深刻的矛盾反应中，寻求立即反抗它，并以某种方式接管其重要力量为自己所用。这只能用一种方式实现，即一种高度的'理想主义的'政治和思想动员，基于他们自己的资源经过一番痛苦的行军，即以他们的'民族性'作为基础"①。依照这段论述所言，奈恩认为，首先"民族性"是民族群体与个人与生俱来的一种资源。这种资源有什么样的内容物呢？我们可以从以下的论述中找到答案，"国家被丢进发展的比赛中，没有时间让必要的机构和干部成熟起来。因此，他们被迫用其他方式动员人民。掌管那里的知识分子和士兵需要一个具有丰富肾上腺素的意识形态来实现他们的目标，并在一个西方民族精神的简写形式中发现它。这是基于血液的民族性，人民和国家的英雄的和排外的膜拜，建立在习俗、语言、信仰、肤色、烹饪和其他可用于包装的东西之上"②。可见，民族性是一种具有丰富"肾上腺素"、令人血脉偾张的意识形态，是人民和国家对英雄的崇拜和对外族的排斥，是基于血液的、构建在习俗、语言、信仰、肤色等之上的资源。

此外，民族性也展现出它在对抗资本主义冲击上的重要作用，"（工业化）'天气'本质上是一个十分猛烈的风暴，即从 20 世纪 40 年代核武器创造以来摧毁了社会文化自身。对抗这种状况需要构建一个大规模的、坚固的、文化上有凝聚力的，以及政治上装甲的防波堤；在多数情况下，民族性可以提供以上这些需求，而别的团结的方式却不能"③。可以说，民族性作为一种团结方式为主体提供了政治和文化保护，并确

---

①　Nairn，T.，*The Break-up of Britain：Crisis and Neo-Nationalism*，London，NLB，1977，pp.340-341.

②　Nairn，T.，*Faces of Nationalism：Janus Revisited*，London and New York，Verso，1997，p.59.

③　Ibid.，p.4.

保了群体不被工业化"风暴"所摧毁。

在此基础上，奈恩对民族性与现代社会进行了更进一步的分析，他指出："民族性不在基因中；但是，它在现代世界的结构中，比起在古代更加突出和不可避免。"①可见，民族性是现代世界的结构性需求，其在共同体的体制结构和建构中的作用是显而易见的和无法规避的。"自从巨大的多民族对法国侵略的反抗以来，政治民族性原则已经出现和重新显现了，显然已成为几乎所有新的国家和国际民族聚居地不可避免的形式。"②不难看出，民族性是反抗侵略压迫、追求自由解放必不可少的群体原则，是民族稳定、进步和发展的前提。在人类历史发展中，只要有世界政治经济导致的民族国家间的矛盾冲突，那么民族性政策就一定是群体所采取的主导合法性措施。奈恩进一步分析了民族性与工业现代化的辩证关系，"现代化理论曾注意到并解释了为何工业现代化是民族性政策中不可缺少的条件"③，而且，在人类历史发展的"冲突中——只要世界经济的主要矛盾主导着它——民族性的地位仍将越来越强大"④，就此而言，可以说，民族性离不开工业的现代化，工业的现代化同样离不开民族性政策，两者相互促进、共同发展，以一种互为因果的方式构成了现代社会。

从以上论述中可以看出，对于奈恩来说，民族性是资源，是团结方

① Nairn，T.，*Faces of Nationalism：Janus Revisited*，London and New York，Verso，1997，p. 206.

② Ibid.，p. 28.

③ Ibid.，p. 6.

④ Nairn，T.，*The Break-up of Britain：Crisis and Neo-Nationalism*，London，NLB，1977，p. 355.

式，是现代世界的结构性需求，是群体政策原则，他的理论阐释有助于我们正确认识民族性，也体现出马克思主义解释世界的巨大生命力和创造力。

二、民族主义的界定

一直以来，民族主义都是中外学者关注和探讨的话题，各国思想家、政治家和理论家都在不同学科以多种角度对民族主义进行解读和阐释，学者们各抒己见、众说纷纭，使得民族主义的研究日趋多元化与复杂化。为民族主义下定义是让每一个研究民族领域问题的学者都感到十分棘手却又不得不面对的事情。几乎每位民族主义研究者都尝试给出一个定义，因此，对民族主义的概念界定呈现出一副纷繁芜杂、莫衷一是的图景。在目前的民族主义研究领域，主流的解释范式主要有现代主义（modernism）、原生主义（primordialism）、族群—象征主义（ethno-symbolism）等。作为一位民族主义研究大师，奈恩对民族主义的分析探研是宏大而又深入的，其理论外延和内涵都相当复杂，本研究也致力于完整地呈现出其理论原貌、分析框架和主旨特点，在这一部分，笔者主要介绍不同解释范式对民族主义的界定，以及奈恩在自身所属的现代主义范式中对民族主义的定义，其详细分析在此就不赘述了。

(一)现代主义范式

自 19 世纪末至今，经历长时期对民族主义的研究分析，学界基本上形成了现代主义、原生主义和族群—象征主义三种主要解释范式，其中尤以现代主义为主导并具有广泛的影响，大多数著名的民族主义理论家都归属于这一范式。现代主义的民族主义解释范式将民族主义与现代性相关联，视其为现代世界不可避免的副产品。"民族主义是一个真正的现代现象，它于1800年前后在欧洲第一次出现，这已获得学术共识。"①现代主义范式的民族主义研究学者将民族主义的产生、发展与具体的现代社会发展联系起来，并在此框架下透视民族主义的历史与现实、理论与实践、功能与影响。尽管现代主义的理论家都相信民族主义所固有的现代性本质并共享这一信念，但是他们对民族主义的解读视角仍有许多重大的差别，主要研究视角包括：民族主义的意识形态视角、民族主义的政治运动视角、民族主义的社会文化视角、民族主义的建构主义视角和奈恩所属的民族主义的社会经济视角。

1. 民族主义的意识形态视角

从意识形态视角来界定民族主义是一种常识性的、与现实主体最贴近的理解。"这种视角强调民族主义意识形态的欧洲本源及其现代性，强调民族主义类似宗教的力量，以及它在分裂帝国和在没有出现民族的地方创立民族所起的作用。"②简言之，在这一视角中，民族主义是一种意识形态和政治宗教，主要代表性人物有美国犹太裔著名哲学家、史学家汉斯·科恩，美国著名历史学家、教育家、外交家卡尔顿·海斯，英

① ［英］奥利弗·齐默：《欧洲民族主义，1890—1940》，杨光译，9页，北京，北京大学出版社，2013。

② ［英］安东尼·史密斯：《民族主义：理论、意识形态、历史》，叶江译，52—53页，上海，上海人民出版社，2011。

国犹太裔著名历史学家埃里·凯杜里，以及西班牙赫罗纳大学人文地理学首席教授、加拿大西安大略大学客座教授胡安·诺格（Joan Nogue），他们对民族主义的具体界定如下。

汉斯·科恩认为，"民族主义首先而且最重要的应被认为是一种思想状态……在这一状态中，个人体现为对民族国家的高度忠诚"①。

卡尔顿·海斯认为，"民族主义这个词出现在欧洲之后，大致有四种含义：第一，作为一种历史进程的民族主义，在这一进程中，民族主义成为创建民族国家政治联合体的支持力量；第二，作为一种理论的民族主义，它是提供给实际历史过程的理论、原则和观念；第三，民族主义包含一种政治行动，如特定的政治党派行动；第四，民族主义是一种情感，意指一个民族的成员对本民族国家有着超越于其他的忠诚"②。

埃里·凯杜里认为，"民族主义是 19 世纪初产生于欧洲的一种学说。它自称要为适当的人口单位做出独立地享有一个自己的政府的决定、为在国家中合法地行使权力、为国际社会中的权利组织等，提供一个标准。简言之，该学说认为，人类自然地划分为不同的民族，这些民族由于某些可以证实的特性而被人认识，政府的唯一合法形式是民族自治政府"③。

胡安·诺格认为，"民族主义是一整套意识形态表述，这些表述试

① Khon，H.，*The Idea of Nationalism：A Study in Its Origins and Background*，New York，The Macmillan Company，1944，pp. 10-11.

② Hayes，C. J. H.，*Essays on Nationalism*，New York，The Macmillan Company，1926，p. 6.

③ ［英］埃里·凯杜里：《民族主义》，张明明译，1 页，北京，中央编译出版社，2002。

图使一个共同体被认为是一个整体，它通过一整套象征、价值和传统使一个共同体实现自我认同，并与他者有别。我们甚至可以更进一步把民族主义看作一种政治和文化意识形态，它通过一种广泛的角度和战略追求既定的目标"①。

2. 民族主义的政治运动视角

从政治运动的视角来界定民族主义是一种将国家、政治放在优先位置去理解民族主义的阐释。在这里，他们强调民族主义的政治特性，认为现代国家是民族、民族主义的承载实体，民族主义是国家主权不可避免的伴随物，政治运动和现代国家之间的相互动态作用和交融是民族主义的主要动力，其主要代表人物有英国著名民族主义和种族划分学者约翰·布鲁伊利(John Breuilly)，英国著名社会学家安东尼·吉登斯，德国比勒费尔德大学历史学领域荣休教授汉斯-乌尔里希·维勒(Hans-Ulrich Wehler)，以及英国华威大学社会学高级讲师罗伯特·法恩(Robert Fine)。

约翰·布鲁伊利把"民族主义"这一术语解释为"寻求和行使国家权力的政治运动，并以民族主义的论点证明该行为正当"。这种民族主义的政治学说建立在"三个基本命题"之上：其一，存在"有着明确而特殊的民族"；其二，"民族的利益和价值优先于所有其他利益和价值"；其三，"民族必须尽可能地保持独立"。②

---

① [西]胡安·诺格：《民族主义与领土》，徐鹤林、朱伦译，2 页，北京，中央民族大学出版社，2009。引文有改动。

② Breuilly, J., *Nationalism and the State*, Manchester, Manchester University Press, 1993, p. 2.

安东尼·吉登斯认为，民族主义"指一种心理学的现象，即个人在心理上从属于那些强调政治秩序中的人们所具有的共同性的符号和信仰"[①]。

汉斯-乌尔里希·维勒认为，"民族主义是指某种思想系统、宗旨或世界观，其创造、推进并整合了一个大型的稳固联合体（这个联合体被称作国家），特别是能为现代社会下政治统治提供正当性理由。因此，民族国家与某个尽可能均质的民族共同构成了民族主义的主要问题"[②]。

罗伯特·法恩认为，"民族主义是在法国大革命后期出现的一个现代政治理论。它的基本原则是，支持民族利益或民族认同压倒其他一切利益或认同，并以此作为政治判断的最终依据"[③]。

3. 民族主义的社会文化视角

从社会文化的视角来界定民族主义是一种把民族主义当作工业社会的文化黏合剂的解读。这一解读视角的代表人物为英国捷克裔著名哲学家、社会人类学家厄内斯特·盖尔纳，他认为，"民族主义首先是一条政治原则，它认为政治的和民族的单位应该是重合的。民族主义作为一种情绪或者一种运动，可以用这个原则做最恰当的界定。民族主义情绪是这一原则被违反时唤起的愤怒感，或者是实现这一原则带来的满足感。民族主义运动，是被这种情绪驱动起来的一场运动……简言之，民

---

① ［英］安东尼·吉登斯：《民族-国家与暴力》，胡宗泽、赵力涛译，141 页，北京，生活·读书·新知三联书店，1998。

② ［德］汉斯-乌尔里希·维勒：《民族主义：历史、形式、后果》，赵宏译，11—12 页，北京，中国法制出版社，2013。

③ ［英］爱德华·莫迪默、罗伯特·法恩主编：《人民·民族·国家——族性与民族主义的含义》，刘泓、黄海慧译，178 页，北京，中央民族大学出版社，2009。

族主义是一种关于政治合法性的理论，这种理论要求民族的疆界不应跨越政治的疆界，尤其是在某一个给定的国家中，民族的疆界不应把掌权者与其余的人分隔开来"①。盖尔纳的这一定义颇有结合政治、意识形态两种解释范式之感，但是在具体的民族主义分析中，他则是从社会文化之角度出发指出，"民族主义的自身形象主要关涉民歌、民俗和流行文化等。实际上，正是这些事物人为化时，民族主义才显得重要"②。由此，盖尔纳将民族主义与文化发展相关联，他指出，工业化的社会转型造成了民族主义的产生，民族主义是一种"高级文化"，并由知识分子和学校传播。在他看来，正是以语言为基础的高级文化认同形成了民族和民族主义并使其持续地传播。

4. 民族主义的建构主义视角

从建构主义的视角来界定民族主义是一种强调社会建构特征的解释，认为民族是民族主义所建构出来的，主要代表学者有备受推崇的英国新左派史学家埃里克·霍布斯鲍姆和美国著名学者本尼迪克特·安德森。

埃里克·霍布斯鲍姆从文化建构的概念出发，强调官方政治文化和精英文化，他指出，民族主义在19世纪后半期开始流行，这是大众被邀请参与历史的选举民主时代的开端，这种情况下，民族主义提供了一种前途光明的意识形态手段。他认为，"民族的产生应归于'被创造出来的传统'，这些'传统'是社会工程的产物，也是用来引导新近解放出来

---

① Gellner, E. , *Nations and Nationalism*, Oxford, Basil Blackwell, 1983, p. 1.

② Gellner, E. , *Thought and Change*, Chicago, The University of Chicago Press, 1964, p. 161.

的群众的能量，而为统治精英的利益服务的"①。

本尼迪克特·安德森认为，"当某一自然领土上的居民们开始感到自己在共享同一命运，有着共同的未来，或当他们感到被一种深层的同道关系联系在一起时，民族主义便产生了"②。

5. 民族主义的社会经济视角

从社会经济的视角来界定民族主义是一种把资本主义、经济发展作为侧重点的分析，这一视角认为，民族主义产生于新型的社会经济因素，工业资本主义、不均衡发展和世界政治经济机制唤醒了民族情感，并从中挤压出民族主义，主要代表人物有本研究的主题人物汤姆·奈恩，目前在华盛顿大学任教的社会学家迈克尔·赫克特，以及在波士顿大学任教的政治学、人类学、社会学教授里亚·格林菲尔德。

迈克尔·赫克特以社会经济动力学为民族主义提供了统一解释的时间和空间，他以此解释了为什么民族主义在很大程度上局限于现代历史，为什么它由群体之间的不平等引发，以及为什么它是既包容又排斥的，体现出类型学的民族主义。他认为，民族和民族主义的出现是一个"理性选择"的问题。在民族主义中，民族应当与治理整体相互一致，这是现代的。现代化导致的核心地区对边缘地区的直接统治损害了边缘精英的利益，于是民族主义是边缘精英为了追求独立所采取的理性选择的结果，这也是为什么只有在现代世界才能发现民族主义。所以，"民族

---

① ［英］安东尼·史密斯：《民族主义：理论、意识形态、历史》，叶江译，53 页，上海，上海人民出版社，2011。

② ［英］B. 安德森：《民族主义的现在和未来》，载《天涯》，1999(4)。

主义最好还是定义为意在使民族边界与其治理单元边界相一致的集体行动"①。

里亚·格林菲尔德力求厘清民族主义与现代经济之间的关系，她在《资本主义精神：民族主义与经济增长》(*The Spirit of Capitalism：Nationalism and Economic Growth*)一书中这样写道："我曾经说过，民族主义是资本主义精神的源头。我想现在重新予以表述：资本主义精神就是民族主义。民族主义是现代经济发展背后的伦理动力。经济过程在民族意识出现后不久得以重新定位，如果说现代经济在其诞生之际不像两个世纪以后那样茁壮的话，人们应该记得，婴儿也同样如此，所以这不是将生日与成熟时机相混淆的原因。在多大程度上民族主义促进了现代经济的工业转型并成为工业革命的动机性杠杆，这是另外的问题，不是本书的关注所在。重要的是，当工业革命开始之际，英国经济已经有意识地定位于持续增长，并有能力保持持续增长。"②

我们能够看到，民族主义的概念定义是十分多样的，每一个学者对民族主义的界定都有着各自不同的视角和维度，民族主义可以是思想意识形态、社会组织思潮，也可以是构建国家体系的理念和社会发展的运动。作为以民族主义概念界定现代主义范式的社会经济解释视角的最重要学者，奈恩在自己最著名的《现代双面神》一文中这样写道：

"'民族主义'的词条可能是，在19世纪晚期之前不常使用，尽管如

---

① [美]迈克尔·赫克特：《遏制民族主义》，韩召颖等译，7页，北京，中国人民大学出版社，2012。

② [美]里亚·格林菲尔德：《资本主义精神：民族主义与经济增长》，张京生、刘新义译，66页，上海，上海人民出版社，2009。

此，这个术语的当代意义仍能够追溯到大约 18 世纪 90 年代。从 19 世纪早期开始，它指的是给予民族性、种族遗产、习惯和语言的因素以新的和增强的意义。民族主义的概念作为所有社会发展的一个普遍的必要阶段，对于唯物主义和唯心主义哲学都是普遍的。后来的理论构想一致认为，社会必须经历这一阶段①。这些理论也同意把这一阶段的原因归于有关社会形成中固有的特定的力量或冲动。因此，民族主义是一个内在决定的必需品，例如，一个民族市场经济和一个切实可行的民族资产阶级的建立联系在一起；唯心主义者把其与共同体的内在的精神联系在一起。这两种观点都一致认为，这一阶段的社会演变是一个后续的、更加令人满意的状态，即'国际主义'的必要前提（'无产阶级的'或'社会主义的'国际主义是一种情况，世界精神的更高和谐是另一种情况）。这种情况只是对于那些先发展了健康的民族主义的社会和个人是可实现的。虽然，在这个意义上，温和的、合理的民族主义是被称赞的，但是，超出这些历史限制的极端的或过度的民族主义则被视为是不健康的和危险的。"②

奈恩对民族主义的定义包含了基于民族主义起源的民族情绪和民族情感两方面，更主要的是将其与社会发展相结合，指出民族主义在社会演变中是一个必不可少的重要阶段。奈恩以资本主义发展的普遍规律来把握民族主义，指出"民族主义是世界历史中现代资本主义发展的一个

---

① 参见如恩格斯、利奥波德·冯·兰克、列宁、弗里德里希·迈内克的文本。

② Nairn，T.，*The Break-up of Britain：Crisis and Neo-Nationalism*，London，NLB，1977，p. 333.

关键的、公平的核心特征"①，是资本主义工业化情境下边缘地区对来自先进地区的剥削的一种反应，是"反抗极端不发展这一令人不快的事实的一种动员"②。此外，奈恩还以客观、辩证的眼光看待民族主义，他不把民族主义看作一个褒义词或贬义词，而是结合历史和现实实事求是地解读民族主义，在此基础上区分了温和的、合理的民族主义和极端的、过度的民族主义，这种摒弃了主观偏见的民族主义界定是值得肯定的。我们看到，奈恩坚持运用唯物史观来解释民族主义，他对民族主义做出的概念界定具有重要的解释力和价值。

(二)原生主义范式

尽管现代主义范式一直处于民族主义理论的主导地位，但是仍有许多不同的声音，原生主义就是其中最主要的一种解释范式。原生主义与现代主义相反，认为"民族是'原生的'；它们存在于时间的第一序列，并且是以后一切发展过程的根源"③。这种解释范式强调民族在生物学和历史方面的前现代性，否认民族主义是现代性的产物，带有一种固定不变的本能主义和永存主义的含义。其代表人物有芝加哥大学人类学教授克利弗德·纪尔兹（Clifford Geertz），英国的中世纪史学家艾德里安·黑斯廷斯（Adrian Hastings），英国历史和政治学家休·希顿-沃森，

---

① Nairn，T.，*The Break-up of Britain：Crisis and Neo-Nationalism*，London，NLB，1977，p. 331.

② Nairn，T.，"Scotland and Europe，" in *New Left Review*，I/83，January-February 1974，p. 60.

③ ［英］安东尼·史密斯：《民族主义：理论、意识形态、历史》，叶江译，56 页，上海，上海人民出版社，2011。

华盛顿大学社会学、人类学荣休教授皮埃尔·范登堡(Pierre van den Berghe)，美国社会学家菲利普·戈尔斯基(Philipp Gorski)等。

纪尔兹是原生主义的早期代表人物，他主要从人类学的角度来探讨人的原生依附情感，他写道："所谓原生依附指的是一种'与生俱来的'社会存在事实，如果考虑到文化的因素，精确地说，应是'被认定为一种与生俱来的'直接的关联或主要的亲属关系，除了这些关系之外，与生俱来的'事实'让他们生来就在一个特别的宗教社群内，用独特的语言或方言，遵循着独特的社会习俗。这些血缘、语言、风俗的一致性，被认为是一种难以形容，并有时候具有无法抵抗的强制性。"[1]

艾德里安·黑斯廷斯从根本上批判了民族主义的现代主义理论范式，他认为民族主义早在 19 世纪以前就已经作为有影响力的实态存在于某些地方了，民族和民族主义在前现代时期就已经为人们所知晓和运用了，他写道，"(在英国)某一类的民族主义在 14 世纪同法国的长期战争中就已经显现，在 16 和 17 世纪更是经常出现"[2]。因此，对于他来说，民族主义最适于被理解为一种结合强烈的族裔中心主义情感的、高度自觉的民族认同，表现为宗教意义上所支持的对其他文化共同体的反感。

休·希顿-沃森认为民族是长久的、永存的、持续不断的，其起源可以追溯到中世纪或古代人类社会，"'民族主义'一词有两种基本含义。其一，民族主义是关于民族的特性、利益、权利和责任的理论；其二，

---

[1]　Geertz, C., *The Interpretaion of Cultures*，New York，Basic Books，1973，p. 259.

[2]　Hastings，A.，*The Construction of Nationhood：Ethnicity，Religion and Nationalism*，Cambridge，Cambridge University Press，1997，p. 5.

民族主义是一个有组织的政治运动，旨在进一步加强民族所宣称的目标和利益。如果把'民族主义'一词多余的含义删掉，仅限于这两种含义的话，将大大有助于澄清个人主义和集体主义的界限"①。

皮埃尔·范登堡从社会生物学角度出发，认为"民族、族群和种族都可以被追溯到所有个体的根本基因的再生产冲动，以及群体中所有个体的运动即'祖护亲属'和'包容适应'战略来最大化它们的基因组合。……这些战略是被用来扩展个体的基因组合，使之超越直接的亲属血缘联系以达到更为广泛的族群血缘"②。

菲利普·戈尔斯基认为，民族和民族主义往往同时出现，他特别关注了荷兰的情况，指出"在现代早期……这里有着民族主义的清楚例证"，荷兰的民族主义是在 16 世纪荷兰人反抗西班牙统治的背景下出现的，民族主义明确的政治性标识很早便在荷兰案例中明显形成，至少比在法国及随后其他欧洲国家早一个世纪出现。最后，他将民族主义定义为"任何一系列能造就'民族'或相同范畴的话语或实践"③。

(三)族群—象征主义范式

族群—象征主义范式是现代主义与原生主义的折中，这种理论结合

---

① ［英］休·希顿-沃森：《民族与国家——对民族起源与民族主义政治的探讨》，吴洪英、黄群译，3—4 页，北京，中央民族大学出版社，2009。

② ［英］安东尼·史密斯：《民族主义：理论、意识形态、历史》，叶江译，56 页，上海，上海人民出版社，2011。

③ Gorski, P., "The Mosaic Moment: An Early Modernist Critique of Modernist Theories of Nationalism," in *American Journal of Sociology*，Vol. 105，No. 5，March 2000，pp. 1428-1468.

并发展了上述两种理论，将前现代形式与现代民族主义相联系，认为民族主义与现代民族认同更有力地植根于前现代性，并强调"族群"在民族主义和现代民族认同中的作用，其代表人物有英国著名民族学家安东尼·史密斯，伦敦政治经济学院学者约翰·哈钦森（John Hutchinson），生活在墨尔本的英国作家、哲学家约翰·阿姆斯特朗（John Arm-strong）。

　　安东尼·史密斯是族群—象征主义范式中最为系统和代表性的学者，他主要考察的问题是，民族在历史中的本质和作用。在承认民族主义的意识形态、运动和象征性，以及大多数民族的现在形式都具有现代性的同时，安东尼·史密斯对民族主义之前就存在着民族的可能性及其含义产生了兴趣。总体上，他的方法聚焦于前现代族群纽带和族群本身对后来的民族与民族主义的影响，以及它们在某些个案中成为民族和民族主义基础的方法上。① 他认为，民族主义"是一个群体争取实现和维持自治、统一和认同的意识形态运动，这个群体的某些成员认为他们构成一个实际上的或潜在的'民族'"。② "民族主义者在民族的构建中可以扮演至关重要的角色，不是作为烹饪艺术家或社会工程师，而是作为政治考古学家去重新发现和重新解释共同历史以再生共同体。他们的任务确实是选择性的——他们铭记但也忘却历史——但是为了成功地完成任务，其选择必须符合特定标准。他们的解释必须不仅与民族主义的意识

---

　　① ［英］安东尼·史密斯：《民族主义：理论、意识形态、历史》，叶江译，64 页，上海，上海人民出版社，2011。

　　② Smith，A. D.，*Nationalism*：*Theory*，*Ideology*，*History*，Cambridge，Polity Press，2001，p. 9.

形态要求一致，而且与科学证据、大众共鸣以及特殊的族裔历史模式一致。"①

约翰·哈钦森着力于辨别现代文化的民族主义政治类型，并且发现文化形式的动力，考察前现代的族群复兴和现代的民族主义在以往所起的作用，并考察神话、记忆和象征等前现代文化的保留项目通过制度而被"带入"现代的方法。②

约翰·阿姆斯特朗用现象学的方式来解释民族主义，将族群认同视为不断转换的感知、情绪和态度的群集器，并以文化和象征边界分析法强调，要通过调查长时段中的"神话象征综合体"来理解族群的持久性。③

总体来说，上述现代主义、原生主义、族群—象征主义研究范式基本上涵盖了当代世界民族主义的研究脉络，这三种研究范式并存于学界，常常进行激烈而富有影响力的辩论，影响较大的有盖尔纳与史密斯之间的争论，以及奈恩与霍布斯鲍姆之间的争论。在多种解释范式的发展与交互影响的基础上，不同民族主义理论互相渗透并在思想内核上不断进行修正与调整，形成了以现代主义为主导的、多种范式交融并蓄的民族主义研究的主体环境。总体上，原生主义在理论方面漏洞较大，有些原生主义者甚至没有理论方面的构架，并且几乎不涉及现代社会的发

---

① Smith，A. D.，"Gastronomy or Geology? The Role of Nationalism in the Reconstruction of Nations," in *Nations and Nationalism*，Vol. 1，March 1995，p. 19.

② 转引自［英］安东尼·史密斯：《民族主义：理论、意识形态、历史》，叶江译，64 页，上海，上海人民出版社，2011。

③ 同上书，63—64 页。

展历史；族群—象征主义也存在理论方面的缺陷，它仅仅提供了一种解释方法；而现代主义虽然也有自身的缺陷，但是总体来看，这种解释范式既强于理论构建，又兼顾社会历史现实，展示出强大的解释力和生命力。作为现代主义范式的坚定支持者，奈恩这样写道："关于民族主义更深的辩论一直是在'原生'和'现代'之间。前者认为智人中只是有一些民族，他们通过反对其他趋势，坚持并且（自 1989 年以来）重申他们自己的方面，例如，帝国的或世界性的，或多民族的文化。现代主义派（对此我坚持）认为是完全相反的，其对民族主义的研究主要是关于'主义'。正是这种民族的'主义'，其政治体制的边缘引起了向前的运动（现代性）和问题。但是，这是最近才出现的，并且离不开其他密切相关的现代现象，比如工业发展和民主。"①

三、民族主义的相关概念

作为一个复杂的人类社会、历史发展现象，民族主义总是与各种"主义"相混杂，从某种意义上讲，当今社会在很大程度上歪曲和丑化了"民族主义"的概念，"人们要么认为它是一种集体性自私主义，要么界定它是一种集体性扩张主义"②，将其与种族主义、沙文主义、法西斯

---

① Nairn，T.，*Faces of Nationalism*：*Janus Revisited*，London and New York，Verso，1997，p. 150.

② ［英］休·希顿-沃森：《民族与国家——对民族起源与民族主义政治的探讨》，吴洪英、黄群译，2—3 页，北京，中央民族大学出版社，2009。

主义相等同,指责民族主义造成了战争、侵略、暴力冲突、对外扩张、民族分裂、恐怖主义等极具破坏性的影响,这使得民族主义声名狼藉,与令人肃然起敬的爱国主义形成鲜明对比。然而,这是对民族主义的惯性认知,这种将民族主义"贬义化"和"标签化"的认识偏离了民族主义的实质,与真实的国际政治实际不符,是一种错误的印象。事实上,一般来说,民族主义是中性的,作为一种意识形态的民族主义对普遍大众有着极其深远的影响,正确健康的民族主义可以激发起强烈的民族自豪感、自信心和凝聚力,对民族国家的发展产生积极的作用,而如果对民族主义加以滥用则会造成极端的破坏性后果。这一部分主要从奈恩对民族主义与相关概念的阐释出发,对民族主义与爱国主义、种族主义、沙文主义、分离主义、法西斯主义的关系进行一定的梳理和界定。

(一)民族主义与爱国主义

在现代生活语境中,人们谈到民族主义时总会不自觉地倾向于它是一个贬义词,而提到爱国主义(patriotism)时,人们毋庸置疑地会把它归为褒义词。人们对民族主义与爱国主义的态度总是如此大相径庭,并着力于探讨二者的区别,着墨于把爱国主义描绘为防卫性的公民道德的标准之一,而把民族主义描绘为进攻性的权利欲望。就像当今世界著名政治家,乔治·奥威尔奖、汉娜·阿伦特奖得主迈克尔·伊格纳提夫(Michael Ignatieff,又称叶礼庭)所说:"我们在使用这些词汇时往往会因为自恋而不严谨,为自己的国家骄傲时会使用爱国主义一词,而拿民族主义去责难其他人的邪恶沙文主义,由此认为,美国、英国和法国的人民是爱国主义的,而塞尔维亚、克罗地亚和波斯尼亚的人民则是民族主义的。因为是自己的感情，所以肯定是温和的；而他人的感情，因为是他人的（不是自己的），所以就是邪恶的。"①

　　然而，事实是，"当人们说'我是一位爱国主义者'时，这意味着'你是一个民族主义者'"②，爱国主义在多数情况下是与民族主义相重合的，在情感层面，二者是一致的，都是个人和群体对共同体所表达的忠诚与热爱，都是对自身所属的民族与国家的眷恋与认同，同时也都强调维护自身所属群体的利益和发展。从二者的指向对象来看，爱国主义的热爱对象是祖国，民族主义的认同对象是民族，从这一角度看，两者具有不同的客体对象，然而，我们知道，在当今世界，民族国家是人类社会最主要的共同体形式，现代意义上的民族国家是民族与国家的结合体，无论是单一民族国家还是多民族国家，民族主义与爱国主义总是保持着高度的一致性。尽管在一些多民族国家内部会有民族间的利益冲突，但是从广义的视角上看，国家利益与民族利益两者是统一的。因此，可以说，在情感与实践层面，民族主义与爱国主义两者是统一的。

　　此外，从理论层面上看，爱国主义并不具有民族主义研究的深刻意义和完整性，虽然国内外学者关于民族主义的看法千差万别，但是这正展现出这一领域的复杂性与重要性。学者们对于爱国主义的阐释多在于其情感层面，而对民族主义的分析则不仅仅局限于情感的认同与忠诚，还广泛延伸到政治、经济、文化、历史等各个层面。从这个角度看，爱

---

① ［英］爱德华·莫迪默、罗伯特·法恩主编：《人民·民族·国家——族性与民族主义的含义》，刘泓、黄海慧译，166 页，北京，中央民族大学出版社，2009。

② ［英］休·希顿-沃森：《民族与国家——对民族起源与民族主义政治的探讨》，吴洪英、黄群译，3 页，北京，中央民族大学出版社，2009。

国主义是包含在民族主义的理论内涵当中的。有学者这样写道，"民族主义与爱国主义往往是可以互换的同义词，区别他们确实没有实践的意义"①。但是，笔者认为，民族主义是比爱国主义更宏大、更深刻的范畴，在众多话语中，尤其是在众多学术理论话语中应使用"民族主义"才是恰当的和准确的。

奈恩在对苏格兰民族主义的分析当中，就把爱国主义置于民族主义的语境之中，他写道，"当苏格兰的政治和民族性相遇时，没有什么可以是理所当然的。现代爱国主义在苏格兰没有自然的形象。……因此，整个组织——保守党、工党、民族主义者、反政治者——发现自己向前陷入了'我们是谁'的困境？或者，更意味深长的是，'苏格兰性是什么？'"②，奈恩对苏格兰身份问题的提出正是来自他对苏格兰政治和民族的释论，他所指的苏格兰现代爱国主义就是民族身份与苏格兰性之意象。他接着解释道，"在苏格兰的情况中，提供社会和文化的一个分离的民族结构——用当代的术语说，即一个'身份'——能够保持民族性、一定程度的爱国主义，以及多样的沙文主义"③。不难看出，民族身份是民族性、爱国主义、沙文主义的前提，民族身份的好的、坏的后果都是民族主义历史性、政治性、现代性的内容。

此外，他还引用了这样的表述，"甚至，在没有对其警告可能存在

① 暨爱民：《民族国家的建构——20世纪上半期中国民族主义思潮研究》，44页，北京，社会科学文献出版社，2013。

② Nairn, T., *Faces of Nationalism: Janus Revisited*, London and New York, Verso, 1997, p. 184.

③ Ibid., p. 194.

的副作用的情况下，去建议采用一个民族主义的治疗法。这一副作用就是一个不负责任的行为，[在那里它]混合着致命的沙文主义和极端爱国主义……然而在其表面之下是可恶的暴虐行径、潜在的更加丑陋的蒙昧主义，以及潜伏的仇恨"①。可见，在奈恩看来，民族主义的副作用产生了可怕的沙文主义和极端爱国主义。进而，奈恩在分析沙文主义的起源时写道，"爱国主义变成了沙文主义——原本是一个拿破仑主义、血液崇拜、七年的军事征兵、攻击贝都因人，以及性的疯狂混合物"②。因此，奈恩从拿破仑手下的士兵——尼古拉·沙文（Nicolas Chauvin）——对拿破仑以军事力量征服其他民族的狂热崇拜、自以为优越和鄙视其他民族的故事出发，指出了民族主义之大语境下的沙文主义的产生，反映出狂热、自大、极端、本位的爱国主义会产生沙文主义的恶果。不难看出，奈恩对"爱国主义"一词的使用正是在民族主义的语境下进行的，按主流政治形态来说，在以民族国家为主导的世界，民族主义与爱国主义是具有同一性的，此外，同民族主义一样，爱国主义也有畸变和走向极端的可能。

（二）民族主义与种族主义

在日常生活中，长期存在着把民族主义与种族主义（Racism）不加区分地等同起来的状况，然而，事实上两者有着巨大的差异。民族主义是一个中性的术语，它虽然有畸变的可能，但整体而言是一种中性的寻求

---

① Nairn，T.，*Faces of Nationalism*：*Janus Revisited*，London and New York，Verso，1997，p. 53.

② Ibid.，p. 126.

民族共同体的发展、认同、独立的意识形态及运动；而种族主义则相反，它是一种糟糕的、粗鄙的、落后的、顽固的、保守的狂热，它呈现出盲目排外、妄自尊大、自以为是的情形，并常常伴随着种族隔离、种族歧视、种族屠杀等行为。

奈恩把种族主义界定为伪科学。他指出，近 100 年来，我们现在已知的伪科学的种族主义占用了一部分人类发展历程，并使之成为统治、压迫和毁灭一部分人的正当理由。工业化导致新世界的奴隶制度产生，同时也带来了文化的、民主的和更高的生活标准。在奈恩看来，种族主义与民族主义一样是在工业发展下产生的，它"能为所有的暴行做出辩护。我们不知道道格拉斯·邓恩(Douglas Dunn)描述的皮克特人究竟发生了什么；但是我们很容易想象他们的命运，在 19 世纪或 20 世纪，他们的基因被认为是下等的、有缺陷的、三流的和危险的"[1]。因此，这种歧视其他种族的伪科学与民族主义是有本质上的区别的。

傲慢的种族主义者认为，"有些人类的亚种在生物学和文化上属于低劣种族"[2]。"种族主义一直有一个计划，即关于人类的新上帝，在其之下，其他人都将是奴隶或者是更糟的——坦率地讲，低于人的、一出生就被诅咒的贱民。"[3]这种将人类从一出生就打上等级烙印的信仰是不道德的和泯灭人性的。奈恩进一步分析了种族主义的具体表现，包括种

---

① Nairn，T.，*Faces of Nationalism*：*Janus Revisited*，London and New York，Verso，1997，p. 10.

② [英]休·希顿-沃森：《民族与国家——对民族起源与民族主义政治的探讨》，吴洪英、黄群译，472 页，北京，中央民族大学出版社，2009。

③ Nairn，T.，*Faces of Nationalism*：*Janus Revisited*，London and New York，Verso，1997，p. 117.

族争斗、反犹太主义（anti-semitism）、白人种族主义（white racism）、社会达尔文主义（social Darwinism），以及非洲中心主义（Afrocentrism）。反犹太主义、白人种族主义是广为人知的，并由于生物学和遗传学的发展，现在已经名誉扫地了。奈恩特别论述了非洲中心主义和社会达尔文主义，他指出，非洲中心主义"这种信仰颠覆了白人种族主义……一切好的东西都被认为是来自非洲黑人，而且所有非黑人都被认为是基因上有缺陷的，因为其黑色素的缺乏。……'欧洲人不得不为浅色皮肤付出代价，因为他们需要在阴暗的北方合成维生素 D'"①。这种认为非黑人的人种都有一个根深蒂固的遗传劣势的非洲中心主义与白人种族主义一样，都是对种族差异的伪科学解释和都有以自我为中心的傲慢态度。社会达尔文主义根据自然界食物链现象的"弱肉强食，物竞天择，适者生存"的观点来解释社会现象，强调人种差别和阶级存在的合理性，以及战争的不可避免，并被其拥护者用来为社会不平等、种族主义和帝国主义正名。对此，奈恩指出，社会达尔文主义作为"灾难性的形式"②，几乎全部"都建立在简单的无知上"③，而且在解释人类社会问题时，"社会达尔文主义是更加不值得考虑的"④。

奈恩进一步从人类现代科学的发展出发来讨论种族主义的不科学和无知，他指出，"1950 年联合国教科文组织的种族声明毫不含糊地告诉

---

① Nairn，T.，*Faces of Nationalism*：*Janus Revisited*，London and New York，Verso，1997，p. 113.

② Ibid.，p. 12.

③ Ibid.，p. 13.

④ Ibid.，p. 116.

全球要振作起来：'科学家们已经达成了普遍一致的观念，即所有人都属于同一物种，智人。'人种从今以后是'族群'或'人口'。……现在，没有人被贬低，特别是从心理的角度"①。因此，作为同属智人的人类不应被区别对待。然而，虽然"科学已经达到真正地去理解基因遗传实际上是如何工作的。但是，子科学、伪科学或后科学，可能会继续毒害社会组织"②。从奈恩的论述中可以看出，尽管"种族科学作为一个占主导地位的信仰体系已经过去了"，而且人类目前的科学认知水平已然推翻了种族主义的立论根基，但是"种族主义可能会用一种低调的、分散的和逐渐的形式归来"③，我们仍要警惕种族主义继续荼毒人类社会的认知。种族主义作为一种伪科学不仅会导致社会层面的疯狂、排外和自闭，还会造成主体层面人性的泯灭，其与民族主义有着明显的分野，由此，奈恩阐明了种族主义与民族主义的本质区别。

(三)民族主义与沙文主义

在奈恩的民族主义著述中有许多对沙文主义(Chauvinism)的详细论述，对于他来说，沙文主义与民族主义有着错综复杂的关系，可以说，沙文主义是民族主义走向极端化、非理性化的后果。

沙文主义是什么呢？奈恩的回答是，"这一词汇起源于法国，与大多数现代政治词汇一样，'沙文主义'的理念出现在后拿破仑时代的巴

---

① Nairn, T., *Faces of Nationalism: Janus Revisited*, London and New York, Verso, 1997, p. 117.

② Ibid., p. 116.

③ Ibid., p. 116.

黎，并与当时流行的战时英雄人物农民士兵尼古拉·沙文相关。每一部现代语言字典将其定义为'极端或庸俗的爱国主义'、'仇外心理'，等等，是有其来源的，因此这个特定的人物——或至少从 19 世纪 20 年代到 19 世纪中期，是讽刺式戏剧中的被讽刺对象。但是，在这里重要的是，这个高卢原型在本质上无可争辩的是一个农民。他总是在自己的小农场中，通常有一条木制的腿，一支步枪和一件被授予奖章的制服，并时刻准备行动，而村里的男孩则把君主的可怕故事、贝都因人的抨击和勾引外国人的女人作为谈资。用粗俗直接的方式连接着血液和土壤：在耕作时，他总是发现那些过去为国家牺牲的祖先的遗骸"①。可见，沙文主义来源于拿破仑时代农民士兵尼古拉·沙文对拿破仑的盲目崇拜和鄙视其他国家和民族的狂热情感，它代表了一种非理性的、庸俗的、本位主义的、对其他群体怀有仇恨与恶意的、有偏见的仇外心理和极端爱国主义。

这种盲目与狂热、疯狂与偏执必然会带来不良后果，沙文主义所主张的极端民族情绪强迫人民将"血液"放置在共同体的发展进步与个人的民主权利之前，这必然会造成世界范围内长期的混乱，在奈恩看来，这种混乱就是"冗长的巴尔干化和后苏联混乱，在那里，精神错乱的沙文主义和无法容忍的风险形式共同抑制了进步，举起了太多新的旗帜却导致了'种族清洗'"②。这种极端主义一方面导致了沙文主义控制下共同体的分裂、排斥与自闭；另一方面造成了社会发展的停滞与倒退，"种族清洗"就是沙文主义的最可怕的后果之一。可见，沙文主义带有盲目

---

① Nairn，T.，*Faces of Nationalism*：*Janus Revisited*，London and New York，Verso，1997，pp. 102-103.

② Ibid.，p. 58.

自大的偏见，往往诉诸对其他民族、国家的"清洗"和侵略，而民族主义如果没有走向极端，则多是民族共同体的理性诉求，并表现为被压迫民族的解放斗争与自决自治，两者在内涵与实践上都有着相悖的理想与追求，不能因为民族主义发展当中的某些偏差与过失，就笼统地把民族主义与沙文主义相等同。

在区分民族主义与沙文主义的基础上，奈恩进一步分析了非理性的、反动的种族民族主义（ethnic nationalism），并指出种族民族主义是沙文主义的表现。奈恩并不否认民族主义在与政治和社会力量的结合中所产生的偏差，他将民族主义的负面表现归结为种族民族主义，并将其与沙文主义进行了嫁接。他认为，民族主义在现代历史当中显然有着灾难性的方面，即民族主义意外的偏差或过度。"这些灾难出现于帝国主义及其弊端对民族主义的挪用。大国沙文主义（Great-power chauvinism），或'反动的民族主义'（reactionary nationalism），是一个都市统治阶层的阴谋，它借用了世界的民族解放斗争的思想和情感，并雇佣他们来欺骗无产阶级。遗憾的是，这似乎常常是奏效的。"[①]不难看出，民族主义的偏差与过度是由于帝国主义对其的挪用，是统治阶级对自己的包装，他们以民族解放为幌子欺骗人民大众，实质上却是利用群众的巨大力量来达成自己不可告人的目的，由此，奈恩对民族主义与反动的民族主义做出了区分，并把种族民族主义、大国沙文主义、农民沙文主义等归入反动的民族主义一类。

---

① Nairn, T., *The Break-up of Britain: Crisis and Neo-Nationalism*, London, NLB, 1977, p. 347.

由此，沙文主义必然会面临这样的诘问，即如何消除这种极端的、过度的"主义"呢？奈恩的答案是，"一旦阶级的目的真的是符合人性的，无产阶级就将获得权力，然后沙文主义将不再有任何存在的理由"[①]。所以，克服沙文主义的途径在于，无产阶级获得实际上的社会控制权，而想要无产阶级获得权力，在奈恩看来就是要具有符合人性的阶级目的，然而要达成这一点，我们还有很多路要走。

(四)民族主义与分离主义

在当今国际社会，民族主义与分离主义(Separatism)都在广泛地发生，给世界范围内民族国家的现实状况造成了决定性和颠覆性的影响，因此我们必须要认识和厘清两者的关系。分离主义是什么呢？当代学者普遍在民族问题领域的研究中使用这一术语。从语境上来看，分离主义一词较为中性和客观，与分裂主义有本质上的不同。分离主义指，从现存的主权国家中分离出一部分领土建立自己独立的国家。在奈恩看来，分离主义是民族主义的表现之一，奈恩对分离主义这一术语的使用是在民族主义的语境之下的，并以此分析了世界范围内民族主义指导下的分离主义运动。

作为一个马克思主义者，奈恩虽然在许多方面继承和肯定了列宁的民族主义理论，但是仍有对其理论的发展与挑战，他指出，列宁认为，"分离和自我肯定的过渡时代很快将会结束，国际革命会带给我们一个

---

① Nairn, T., *The Break-up of Britain: Crisis and Neo-Nationalism*, London, NLB, 1977, p. 351.

更好的、自由的、永久的、健康的联盟的时代"①。列宁作为一个传统
马克思主义者，秉持一种对国际主义的理想观念，相信分离与自我的时
代将被一个更美好的、自由的、健康的社会形态所取代。虽然，奈恩相
信，民族主义作为人类社会的一个历史发展阶段，终将进入国际主义的
联合中，但是，他从唯物史观的视域出发，认为列宁低估了民族主义的
力量，也并未看到分离主义广泛而持久的影响。他写道："列宁所鼓励
的正统把其历史的重点放错了地方。它坚决主张，总体上，关系到历史
的普遍运动，民族主义或分离主义的趋势是令人遗憾的失误。'总体
上'，他们不是那种应当总是被欢迎和鼓励的革命运动。"②从这段论述
中可以看出，在民族主义与分离主义的问题上，奈恩与列宁有分歧，从
现代历史发展的事实来看，奈恩的观念更符合世界的现实状况，因为民
族主义与分离主义从 18 世纪晚期至今仍然占据着部分民族国家的政治
意识主要领域。

我们知道，近年来世界各地的分离主义运动不断升温。仅 2014 年
就连续发生了苏格兰独立公投、新弗拉芒联盟党在比利时大选中获胜、
乌克兰克里米亚公投，以及西班牙加泰罗尼亚非正式独立公投，这些引
起了世界各地的高度关注。欧洲这几个国家的公投，不但将其自身长期
的分离主义运动推到高潮，而且也为其他国家的分离运动提供了可借鉴

---

① Nairn, T., *The Break-up of Britain: Crisis and Neo-Nationalism*, London, NLB, 1977, p. 40.

② Ibid., p. 45.

的"样本"。① 作为一个苏格兰人，奈恩一直是苏格兰民族主义的倡导者，他的理论著述也大多围绕此展开。奈恩一直以来都希望以温和、合法、循序渐进的手段来争取苏格兰与不列颠王国的分离和独立。

总之，在奈恩看来，虽然民族主义与分离主义不是重合的概念，但是在他对分离主义的使用中，两者是有一定相关性的，分离主义是民族主义意识形态和运动的一种表现形态，具有政治性特征，广泛地植根于具有民族主义诉求的国家、共同体和群体之中。

(五)民族主义与法西斯主义、纳粹主义

我们知道，尽管鼓吹国家战争、民族侵略与种族仇恨的法西斯主义(Fascism)和纳粹主义(Nazism)运动在 21 世纪已经消失殆尽，但是在 20 世纪三四十年代则不然。在当时的世界环境中，法西斯主义和纳粹主义的意识形态和运动作为资本主义民族国家的潮流，对整个人类的发展构成了巨大的威胁。对于此种极度复杂的历史现象，我们必须做出具体的分析，不能将其直接归因于一个因素——民族主义，而要详尽探讨民族主义与法西斯主义、纳粹主义之间的关系。民族主义对于两者的兴起、发展有什么样的作用？民族主义与它们是各自独立的还是相互涵盖的历史现象？法西斯主义与纳粹主义是不是民族主义转向激进、畸变、非理性的结果？对此，奈恩的答案是肯定的。虽然他十分同情和支持民族主义，但是奈恩并不否认民族主义走向极端和暴力会造成灾难性的后果，可

① 史志钦、赖雪仪：《西欧分离主义的发展趋势前瞻》，载《人民论坛·学术前沿》，2015(8)。

以说，奈恩认为民族主义畸变的非理性后果就是法西斯主义和纳粹主义。

法西斯主义是一种激进的独裁主义的民族主义，在 20 世纪初的欧洲十分显著，受到社团主义、工团主义、独裁主义、极端民族主义、中央集权形式的军国主义、反无政府主义、反自由放任的资本主义和反共产主义政治哲学的影响，它起源于第一次世界大战期间的意大利，并逐渐扩散到其他欧洲国家，表现出一种极右的政治倾向。法西斯主义视野下的民族是单一的有机实体，这一实体通过他们的祖先、"血液"和自然的大众凝聚力把人们联结在一起。法西斯主义认为，民族或种族是高于一切的，如欧洲法西斯运动通常信奉种族主义的概念，认为日耳曼人优于其他人种。历史表明，法西斯主义促进了帝国主义的发展，导致了战争与暴力事件，是一种错误的、非理性的、畸变的意识形态和运动。

纳粹主义是德文"Nationalsozialismus"缩写成"Nazismus"的音译，意译为"民族社会主义"，是第二次世界大战前希特勒等人提出的政治主张，这种意识形态和实践受到泛德意志主义的影响，并与 20 世纪的德国纳粹党及其他极右团体相关。纳粹主义通常被描述为是法西斯主义的一种形式，包含系统的种族主义和反犹主义，它宣扬种族优越论，鼓吹社会达尔文主义，鼓励以战争为手段建立世界霸权。

可见，纳粹主义包含于法西斯主义之中，而非理性的、极端的、狭隘的、畸变的民族主义是这两者的主要基础。"人们普遍认为民族主义对于法西斯主义作为一种意识形态和运动的出现起了极大的作用。"[1]正

---

[1] ［英］奥利弗·齐默：《欧洲民族主义，1890—1940》，杨光译，137 页，北京，北京大学出版社，2013。

如胡安·林茨(Juan Linz)所写："法西斯主义首先是一种民族主义运动，因此，只要是在国家和民族被强烈认同的地方，它都加强了国家的权威，而且超越所有社会团体和利益冲突……由于复杂的历史原因，民族主义在不同社会人们的思想中占据着十分不同的位置，这也许比其他因素能更好地解释法西斯主义的相对力量。"[①]奈恩对法西斯主义、纳粹主义的理解也是如此，他虽然同情民族主义，但是他并不否认民族主义的非理性一面，他指出，民族主义这一术语"适用于，并仍然应用于典型的、20世纪30年代的意大利法西斯主义和日本军事国家的历史、戴高乐将军的职业和性格、阿明将军和伊朗的国王的行为中"[②]。不难看出，民族主义一词包含各种现代非理性的历史。正如对沙文主义的分析一样，奈恩把现代历史中民族主义的畸变、消极、非理性、暴力的法西斯主义和纳粹主义的一面都放置于种族民族主义的类别当中去理解，把两者划归于种族民族主义的范畴进行分析，这种对民族主义畸变的归类具有客观性和辩证性，展现出对民族主义畸变的独特认识视角，这是值得肯定的。

　　奈恩把法西斯主义定义为"一个狭隘的、右翼的和排他主义者的模具"[③]。他指出，意大利是第一个生成强大的、有影响力的法西斯主义运动的国家，进而发展到德国、日本，这三个国家在20世纪上半叶都

---

①　Laqueur，W.，ed.，*Fascism：A Reader's Guide*，Berkeley，University of California Press，1976，p.15.

②　Nairn，T.，*The Break-up of Britain：Crisis and Neo-Nationalism*，London，NLB，1977，p.331.

③　Nairn，T.，*Faces of Nationalism：Janus Revisited*，London and New York，Verso，1997，p.52.

面临着一个永久地处于次发达或半边缘地区的事实或可能，他们对于这种被排除在核心之外的状况十分不满，因而诉诸一个强化的民族主义动员，并结合帝国主义的力量，最终发展为毁灭性的法西斯主义。这种对民族主义意识形态的挪用，是一种欺骗的、滥用的、资本主义的变形。从现代历史的深度去挖掘法西斯主义的内核，其实就是一种畸变的民族主义。

　　在奈恩看来，纳粹主义是法西斯主义的表现形式，而且在很多情况下是等同的概念，他引用佩里·安德森的话语来描述纳粹主义在现代历史中的巨大影响，"20世纪民族主义真正精彩的表现不是捷克斯洛伐克或摩洛哥的独立，而是世界大战和纳粹主义"[1]。足见，民族主义畸变的巨大的灾难性后果。奈恩指出，德国人在希特勒的煽动下从对血统的崇拜，逐渐发展成为对优种的疯狂，纳粹主义由此产生，并烙印上了民族主义的标签。然而，这种发疯了的"纳粹主义事实上可能是遗传帝国主义的一种形式……但其民族主义的起源是不可否认的，而且被所有它的受害者所敏锐地感受到。所以，它的罪恶不可避免地落在这类民族性政策上"[2]。换句话说，在奈恩看来，纳粹主义虽然起源于民族主义，但它其实是帝国主义的后果，可以说，是民族主义替帝国主义背了黑锅，这是需要厘清的。造成纳粹主义和犹太人屠杀的具体原因是什么呢？奈恩在他的《反思民族主义的灾难》一文中以图表(图 2.1)的形式做出了清晰而准确的阐释，他指出，是民族主义、身份认同创伤、传教士

---

① Anderson, P. , *A Zone of Engagement*, London, Verso, 1992, pp. 204-206.

② Nairn, T. , *Faces of Nationalism*: *Janus Revisited*, London and New York, Verso, 1997, p. 60.

式的意识形态、外部威胁、乡村性、一党执政、团结动员和崩溃式的危机共同造成了纳粹主义的可怕后果。

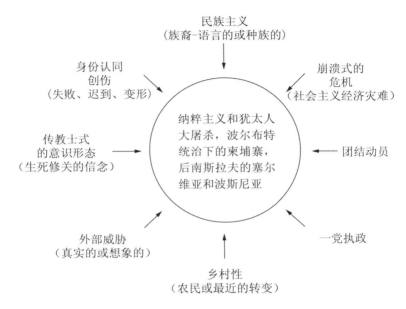

图 2.1 造成纳粹主义的主要因素①

简言之，奈恩认为，"民族主义有两种。主要的、本质上的是健康的民族主义……以及派生的、退化的民族主义……正是这种差异，解释了一些民族主义的'非理性'现象。虽然民族主义的主要动力是进步的，但是它的这些滥用的版本是后退的，而且倾向于鼓励社会和心理的返祖现象，利用无谓的恐惧和偏见，而走向暴力"②。法西斯主义、纳粹主

---

① Nairn，T.，"Reflections on Nationalist Disasters," in *New Left Review*，I/230，July-August 1998，p. 150.

② Nairn，T.，*The Break-up of Britain：Crisis and Neo-Nationalism*，London，NLB，1977，p. 347.

义正是民族主义非理性的、退步的、派生的、畸变的后果。毫无疑问，民族主义与法西斯主义、纳粹主义有着密切的联系，民族主义是促成法西斯主义和纳粹主义运动兴起的因素之一，法西斯主义和纳粹主义利用民族主义的观点赢得大众的支持，并在此基础上诱导民族主义的极端化、非理性化和畸变，但是，为了便于更加清晰地分析和认识，我们应该将民族主义与法西斯主义、纳粹主义分开。

在厘清奈恩对民族主义及相关概念的解释的基础上，我们接下来就可以讨论下一部分的主题，即民族主义是如何起源的？它有什么特征？奈恩的民族主义思想是如何呈现出现代主义的思维范式的？

四、民族主义的动力机制

奈恩从唯物史观的维度出发，认为现代社会民族主义的形成机制非常复杂，"历史本身为变化逐渐创造了真正的、新的条件。正是这些条件，使我们更好地了解历史的命运，并为理论重构准备了一个远比过去更健全的基础方式"①。民族主义的形成与现代世界历史进程息息相关，是社会历史发展下多重因素的产物，具有鲜明的现代主义维度。奈恩以对全球历史的回溯来理解民族主义的动力机制，把现代历史作为一个整体进行民族主义的重新诠释，阐释出民族的构建是一种现代过程，突出

---

① Nairn，T.，*The Break-up of Britain：Crisis and Neo-Nationalism*，London，NLB，1977，p. 360.

了生产方式变革、工业化的世界经济和多元化的国际政治机制下的民族主义是对现代性的反应，它源自新兴的社会经济因素，是传统社会过渡到现代社会的关键，是资本主义不均衡发展和世界政治经济机制的结果。

奈恩谈及民族主义，主要是从 18 世纪法国大革命开始，他指出，"'民族主义'在其最普遍的意义上来讲，是由世界政治经济的某些特性决定的，处在法国的工业革命与现在的时代之间"①。民族主义经历了在世界政治经济历史中孕育、形成、发展的过程，即从法国大革命伊始蔓延到整个人类近现代社会发展当中。在这一过程中，正是日益壮大并逐渐成为社会发展主导的资本主义使得民族主义的出现成为必然，可以说，"民族主义，一个特定的社会政治形式的强迫性的必需品，自然来自这些新的发展条件"②。因此，在资本主义发展的时代中，民族、国家等都被卷入资本的发展中去了，必然会催生近现代民族主义的意识形态和运动。所以奈恩这样写道："资本主义对世界不同社会快速植入的社会历史的成本就是'民族主义'。"③

(一)民族主义的主体背景

1. 工业化

在近两个世纪的世界进程中，民族主义意识形态和运动开始逐渐获得政治支配地位，民族认同、民族自决问题在世界范围内凸显。国家的

---

① Nairn，T.，*The Break-up of Britain：Crisis and Neo-Nationalism*，London，NLB，1977，p. 332.

② Ibid.，p. 334.

③ Ibid.，p. 341.

边界划在何处，谁被包括在这一边界中，是什么让人归属于这一边界之中，变得更加重要。民族主义作为近代工业革命以来世界范围内主导的意识形态和运动，为民族国家提供了政治主权、经济利益、身份认同上的情感力量和组织方式，使共同体成员联结在一起共同维护、发展民族国家。近代的人类社会是工业化的时代，同时也是民族主义产生、兴起、发展、鼎盛的时代，两者在时间与空间上基本重合，因此，要分析研究民族主义就不得不认识了解其工业化的主体背景。

在工业革命的影响下，伴随资本主义体系在世界范围内的广泛确立，奈恩把民族主义产生的主体背景确立在工业化之下，其对民族主义的分析理解一直深受盖尔纳民族主义理论的影响。他写道："一般看法是，民族主义起因于厄内斯特·盖尔纳和他的思想流派所描述的具体的发展关头。它是工业化的伎俩。衣衫褴褛地、不均衡地进入现代性，在那里某些民族领导或主导着其他民族并对他们进行改造（而不仅仅是压制他们），从民族性中挤压出民族主义，并使它成为世界发展的普遍政治气候。民族主义是反映族裔多样性的一面镜子。它是一组杠杆（有时是武器），通过它，民族被驱动到人类事务的新的显著性（因素）中。"[①]作为一种意识形态和运动，民族主义是资本主义工业化下不均衡发展的产物，在此之前的民族、国家、地域都未暴露在这种普遍的政治经济环境下，只有在资本主义扩张、殖民和压迫之下，民族主义的这种反抗性、应激性的意识形态和运动才被从民族性中挤压出来。

---

① Nairn, T., "Internationalism and the Second Coming," in *Daedalus*, Vol. 122, No. 3, Summer 1993, p. 159.

奈恩认为，工业化是民族主义意识形态萌芽的温床。他指出，民族主义"显然来自现代的工业化发展和帝国主义时代"①。在他看来，人类在进入近现代社会之后永远绕不开的一个主题就是工业化，其为资产阶级带来巨大经济财富的同时，也给人民带来了剥削和压迫，苦难的人民为了实现自由、民主、解放，自然会以民族共同体来进行反抗，民族主义意识形态由此萌发。"工业化迫使内部人口从农村转到城市；当然所有这些断言激起了对类似的发展的'竞争'，并伴随着威胁、失败和征服——典型的例子是法国在 19 世纪 70 年代的命运。"②可见，工业化改变了传统社会，这场革命从城市到农村席卷了全球，产生了一系列的经济、政治、文化、历史后果，其中最深刻的后果就是对于发展的激烈竞争，这种竞争使得民族国家分化为工业国家与农业国家、先进的发达国家与贫困的落后国家，而那些先进的发达工业民族国家必定会给贫穷的落后农业民族国家带来压力和威胁、征服和掠夺，民族主义随之而生。19 世纪，先进的工业化国家，如英国、法国、德国，以民族主义来确立、巩固、保护自身的经济优势和工业地位；而后进的农业、殖民地民族国家，即广大的亚非拉地区，则以民族主义的意识形态和运动来进行防御性的反击，以寻求生存和对抗侵略。

资本主义工业化对共同体成员的身份认同有决定性影响，工业化大生产促使社会转型，使得民族逐渐成为最具主导性的共同体组织方式。

---

① Nairn，T.，*Faces of Nationalism：Janus Revisited*，London and New York，Verso，1997，p. 28.

② Nairn，T.，James，P.，*Global Matrix：Nationalism，Globalism and State-Terrorism*，London and Ann Arbor，MI：Pluto Press，2005，p. 102.

"资本主义的趋势'在某种程度上统一了世界上最遥远的地方，资本主义国家通过工业化能够减轻彼此的需要，增加彼此的享受，并促进彼此的工业发展'"①，工业的飞速发展带来了文明程度的提高，"带来了新世界的奴隶制度"②，也带来了一部分人对另一部分人的剥削和压迫，工业化改变了世界的政治体制，使得自尊的民族国家意识到应该拥有自决的身份认同和自治的政治机制。奈恩写道："决定性的身份认同模式是被'迫'或在帮助下显现的，它似乎是自然的决定而非个人的意愿。"③在现代民族国家，正是资本主义工业化为身份认同提供了这一"逼迫"和帮助。在工业社会，工业生产规模越庞大，资本主义市场越发达，身份危机、认同心理越强烈，民族主义意识形态越发能够发挥其在工业秩序中的控制效应。奈恩感叹道："资本主义的'世界市场'，所谓现代政治文化的基质和此后的民族国家碰撞并剧烈震动了农业世界。"④

在这一背景下，民族身份的特殊性展现出它在对抗工业化冲击上的重要作用，民族作为现代社会中人民大众最重要的身份认同范式，逐步走向了国家和社会的中心。"民族是现代化环境下最适合的和占支配地位的身份识别方式；它表现出对工业化'天气'的行之有效的顺应。这一（工业化）'天气'本质上是一个十分猛烈的风暴，即从 20 世纪 40 年代核武器创造以来摧毁了社会文化自身。对抗这种状况需要构建一个大规模

---

① Nairn, T., *Faces of Nationalism: Janus Revisited*, London and New York, Verso, 1997, p. 148.

② Ibid., p. 9.

③ Ibid., p. 4.

④ Ibid., p. 16.

的、坚固的、文化上有凝聚力的，以及政治上装甲的防波堤；在多数情况下，民族性可以提供以上这些需求，而别的团结的方式却不能。"①可见，工业化风暴严重冲击了人类社会的文化与政治，面对此种冲击，人类必须要构建一种团结的共同体来对抗侵略和压迫，而民族主义恰恰可以提供这样一种凝聚力，为共同体提供意识形态上的身份认同。

2. 现代化

随着机器大工业的不断发展，人类翻开了现代化社会的新篇章，进而促进了民族主义意识形态的进一步发展。在奈恩看来，社会经济的发展赋予了现代化和民族主义以新的含义，把它们变成了改革的工具。资本主义工业和农业的出现，改变了中产阶级和工人阶级的社会状况。民族主义是伴随着现代化进程而不断发展的，社会经济的现代化给予了民族主义以生长的养料，使其在世界范围内不断播撒下意识形态的种子。奈恩指出："民族解放和国家地位被描绘成一个途径，像一扇门，罗马的神贾纳斯站在那扇门上注视着过去和未来。在现实中，这一现代性的入口是一个旷日持久的、黑暗的通道，对于世界大多数人来说，它已经占据了 20 世纪的大部分时间。"②从这一表述可以看出，奈恩认为，民族主义是人类在现代性道路上必然要历经的过程，它占据了广泛的现代化时代，并且像古罗马的雅努斯一样既回首过去又展望未来，是现代化过程中双面相的意识形态和运动。

---

① Nairn，T.，*Faces of Nationalism：Janus Revisited*，London and New York，Verso，1997，p. 4.

② Nairn，T.，"The Twilight of the British State," in *New Left Review*，I/101-102，January-April 1977，p. 56.

现代化产生于工业化的发展过程当中，奈恩写道："'现代化'本身永远只是另一个单词——工业化的发展过程，通过这一过程，最后一定会产生更伟大的人和文化的多样性。"①可见，现代化是工业发展的过程，工业社会的现代化生成了更多主体和文化等的多样性，而这种多样性需要一个边界来保护，需要特定的共同的归属感与认同感，由此我们必须要有民族性的意识形态来提供集体以身份，培养共同的忠诚，满足共同体成员道德上和情感上的认同。奈恩写道："有意识的、集体的'身份'……只有在共同的目的和行动出现时，他们的意义才可以是完整的。"②因此，民族身份认同是在共同的意愿和行为下发生的，只有身处公众的目的和行动中，民族身份认同才会是有意义的和整全的。奈恩相信，"科学引领的技术发展可能引发一系列我们称为'现代化'的可能性的变化"③；"社会学的现代化的积极输入，似乎受科学和工业所带来的新的变化的影响"④。科学、技术的工业化变革带来了资本主义现代化的发展，如此，科学技术才会与现代化建立联系，现代化进程才会与民族国家政治制度建立联系，民族身份才会得到认同、肯定和保护，并使得民族主义的意识形态不断形成、发展。奈恩进而写到，"现代性召唤我们出示身份的通行证"⑤，伴随着现代化的深入，民族主义的归属意识越来越清晰，民族国家这一政治共同体承载着人类在多元社会中的存

---

① Nairn，T.，*Faces of Nationalism：Janus Revisited*，London and New York，Verso，1997，p. 164.

② Ibid. ，p. 184.

③ Ibid. ，p. 7.

④ Ibid. ，p. 10.

⑤ Ibid. ，p. 190.

续和发展。奈恩注意到民族主义与现代化的辩证关系，"现代化理论曾注意到并解释了为何工业现代化是民族性政策中必不可少的条件"①。可见，现代化是民族主义意识形态得以指导主体和民族主义运动能够发展壮大的必要条件。

奈恩以真实的历史和物质条件来解释民族主义，他指出："在物质条件下，现代民族主义之谜将自己展现在这些过去的世代面前。"②面对现代社会的民族主义谜题，奈恩以马克思主义唯物史观的基本立场来解释，他给出了这样一个深刻的判断："民族主义为人类社会站在了现代性的通道上。"③换句话说，民族主义是人类通往现代性道路上一个至关重要和不可避免的意识形态及运动，它承载着人类社会走向现代的任务，人类依赖民族主义来面对、应对、反思生产力发展所带来的一系列社会问题。在奈恩看来，"民族主义因此尽可能多的是一个现代性的本地人，像民主和发展的资本主义发动机一样。它就像它们一样离不开发展"④。可见，民族主义是资本主义的发动机，与民主一样离不开现代化的"发展"这一现实状况。

在这个意义上，奈恩进一步谈道："在我看来，最终，他们展示出民族主义离不开工业化和社会经济现代化的过程。它（民族主义）远不是发展的一个非理性障碍，对于大多数社会来说，它是在发展竞赛中唯一

---

① Nairn，T.，*Faces of Nationalism*：*Janus Revisited*，London and New York，Verso，1997，p. 6.

② Ibid.，p. 331.

③ Ibid.，pp. 348-349.

④ Ibid.，p. 66.

切实可行的道路——在这唯一的道路上，他们可以竞争而不被殖民或消灭。如果在这些现代化的斗争中他们转向过去（象征性地转向'血液'），它本质上是为了保持完整以把他们自己撬入未来。保持完整，或者获得一个新的程度上的社会和文化凝聚力，由于工业化而变得必要——甚至（在很多情况下）由于遥远的希望，即工业化前进的影子而（很有必要）。而且民族提供了确保这一凝聚力和共同目的的唯一途径。"①不难看出，奈恩认为，民族主义的意识形态和运动是绝大多数社会共同体寻求发展的必经之路，这条道路具有唯一性和可行性，只有通过民族主义的道路，这些社会才能够实现发展而不被妨碍、殖民或消灭，只有民族主义的意识形态和运动才能够使这些社会保持完整和具有凝聚力。因此，可以说，民族主义是社会经济工业化与现代化的过程，它是现代社会共同体应对和融入资本主义发展的有效途径，对于大多数民族国家共同体来说，只有走民族主义的道路，才能确保其在现代化背景下保障领土完整和政治、经济独立发展。

3. 全球化（本书所说的全球化，专指经济全球化）

生产力的工业化和社会的现代化必然会带来经济的全球化，而经济全球化又促使民族主义意识形态在世界范围内更广泛的传播发展。从20世纪中后期到21世纪初，我们在讨论民族主义时，不能不注意到经济全球化这一世界性的历史发展潮流。众所周知，所谓经济全球化是指世界经济一体化的趋势；而民族主义则是一种民族共同体寻求政治自决

---

① Nairn, T., *Faces of Nationalism*: *Janus Revisited*, London and New York, Verso, 1997, pp. 65-66.

和经济自主、强调民族国家政治和区域边界的情感认同、利益表达、政治效忠、精神和实践运动。两者看似是截然不同、相互对立的社会发展趋势，但有意思的是，全球化的发展并未使民族主义被淡化或抑制，相反，在全球化浪潮风起云涌的时代，民族主义也在强化和发展。可以说，伴随着全球化的逐步推进，民族主义的意识形态和运动也从不同纵深波及世界各地，换句话说，正是全球化浪潮对国际经济的涤荡，刺激了民族意识的觉醒，促进了民族主义的勃兴。作为英国新左派当中最具时代感和最敏锐的民族主义理论家，奈恩面对社会的新发展和新状况，对全球化舞台上的民族主义进行新的探索，得出了新的分析。

在与保罗·詹姆斯（Paul James）合著的《全局矩阵：民族主义、全球主义和国家恐怖主义》一书中，奈恩指出："全球化是高度现代性的最后时刻"[1]；"全球化像自由一样是我们这个时代的主流意识形态之一"[2]。可见，在历史发展进程当中，伴随着工业化和现代化的，是世界范围内广泛激荡的全球化和国际竞争，这种社会进程，是现代社会发展的最新的、最具主导性的概念之一。全球化在 20 世纪 80 年代后逐渐成为最重要和炙手可热的术语，正如奈恩所说的那样，"直到 20 世纪 80 年代，从一个几乎没有人使用的术语，到现在每个人都发现了全球化。正如我们在本书的第一部分所讨论的，在世纪之交，全球化被神话地视为是最新的事物、包罗万象的过程，它本身解释了所有发生在这个星球

---

① Nairn, T., James, P., *Global Matrix*：*Nationalism*，*Globalism and State-Terrorism*，London and Ann Arbor，MI，Pluto Press，2005，p. vii.

② Ibid., p. viii.

上的事情"①。人类社会的发展进程是按照工业化、现代化、全球化这样的路线梯度推进的。这种进程导致了经济全球化是当前现代社会的最重要因素，尤其是 20 世纪晚期之后的世界，这一因素对于当代民族主义的发展必然具有一种决定性的影响，经济全球化正是近三四十年民族主义进一步发展的根源。中国学者罗志平也指出："民族主义研究的困难行进，最大的症结就在于'时代性'。"②因而，人们要研究现代社会民族主义的相关问题，必然要在经济全球化的背景中进行基于新的时代特点的分析。

经济全球化肇始于西方资本主义的蔓延，与民族主义呈现出一种交织叙事、互促发展的特征。对于奈恩来说，民族主义与全球化二者的关系是相辅相成的，民族、民族主义和民族国家的历史发展是伴随着全球化进程而不断推进的。这种伴生性表现在三个层面。一是民族主义与全球化。奈恩指出："民族主义开始于现代国家全球发展的起飞阶段，其支持者和批评者都期待一个新的世界性的和人性化的世界。"③现代国家全球发展改变了世界的社会经济政治状态，人们对世界性和人性化的新社会越来越渴望，而民族主义能够为不同地域和共同体的差异性和多样性提供保护和凝聚力，因此，在全球化启动之初，民族主义就作为伴生物存在了。二是民族国家与经济全球化。他指出，"民族国家和全球化是一起长大的……名为'民族国家'的政治实体的形成是由全球化工业和

① Nairn, T., James, P., *Global Matrix*：*Nationalism*, *Globalism and State-Terrorism*, London and Ann Arbor, MI, Pluto Press, 2005, p. 4.

② 罗志平：《民族主义：理论、类型与学者》，510 页，台北，旺文社股份有限公司，2005。

③ Nairn, T., James, P., *Global Matrix*：*Nationalism*, *Globalism and State-Terrorism*, London and Ann Arbor, MI：Pluto Press, 2005, p. 4.

商业革命架构的"①。全球化工业与商业革命正在全方位地包围人类社会，民族国家正是为了适应全球化的环境而设定边界。在历经第一次世界大战、第二次世界大战之后，这样一个事实越发清楚明显：在全球化与国际竞争的环境中，民族国家对于化解很多后殖民时代的问题是十分重要的，先进的工业民族共同体的政治稳定和经济繁荣必须依赖于民族国家建设的合法性。三是民族性与经济全球化。他写道："在经济全球化的舞台上，民族性政治学的复兴会变得更容易理解。"②可见，在全球化的环境中，民族共同体间的差距越来越明显，等级差别越发凸显，繁荣的发达国家和落后的发展中国家的格局逐步形成，面对这种差距、分化的世界格局，民族性政策必是政治的、经济的选择。奈恩感叹道："在现代经济全球化的风暴中，六千种（或八千种）语言、宗教信仰的冲突、形形色色的人种、发散的和不可调和的风俗习惯才是关键。"③可以看到，在复杂多变的全球化形势中，不同地域共同体之间语言、信仰、族裔、习俗的多样性主导着社会历史发展的方向。

奈恩认为，经济全球化不仅仅意味着资本与文化的流动，还蕴含着人类的解放，他这样写道："一个伟大的解放过程已经被启动，它的名字是'全球化'。"④其主要内容有两项：第一，民主的扩展；第二，共同

---

① Nairn，T.，James，P.，*Global Matrix*：*Nationalism，Globalism and State-Terrorism*，London and Ann Arbor，MI，Pluto Press，2005，p. 5.

② Nairn，T.，*Faces of Nationalism*：*Janus Revisited*，London and New York，Verso，1997，p. 11.

③ Ibid.，p. 8.

④ Nairn，T.，James，P.，*Global Matrix*：*Nationalism，Globalism and State-Terrorism*，London and Ann Arbor，MI，Pluto Press，2005，p. 90.

命运意识的增强。民主和民族是手拉手的。"多样性仍是一个引人注目的结构，而不是一个姿势、一个可选的展示。全球化可能会给它更多的空间，而不是更少。"①人性需要有差异的身份认同，而身份认同又需要边界，如果把边界抹去，结果会是灾难性的。民主政治的目标之一，就是保护共同的身份认同。全球化并不意味着同质化，在新的时代，全球化给予了民族主体更多的空间，而非反之。因此，对于奈恩来说，所谓经济全球化，最根本的就是民主的民族主义的扩展，就是经济全球化过程所引发的民族主义的产生和发展，就是民族、民族主义、民族国家的发展阶段。他写道："历史上，民族、民族主义和民族国家的不同阶段可以被认为是一连串（伴随着全球化进程）的时刻。"②

毋庸讳言，在新的全球化时代，对民族主义的研究必须要结合新的社会特点，面对现代世界的新发展要给出与时俱进的释论。通过分析，奈恩看到了工业化、现代化和全球化是民族主义产生的主要背景。正是伴随着工业化、现代化、全球化的一步步推进，民族主义才得以不断萌芽、形成和发展。

（二）民族主义的运行动力

在分析阐释现实世界历史发展的客观背景之后，奈恩进一步挖掘出工业化、现代化、全球化之下的民族主义形成的运行动力是资本发展的不均衡性。奈恩运用马克思提出的资本主义"不均衡发展"的观点进行解

---

① Nairn，T.，James，P.，*Global Matrix*：*Nationalism*，*Globalism and State-Ter-rorism*，London and Ann Arbor，MI，Pluto Press，2005，p. 53.

② Ibid.，p. 10.

释，马克思认为，实际社会关系本身内部的不均衡发展是应该经常提到而不该忘记的。① 工业革命的巨大变革给世界带来了史无前例的影响，一方面带来了生产力、物质、资本的极大丰富，另一方面也带来了资本的原始积累、殖民扩张、帝国主义侵略。帝国主义作为"发达地区对不发达地区不可抗拒的、变形的冲击，是核心地区对全世界农村的冲击"②。民族主义作为对这一冲击的"抵抗"进而形成，"在本质上是对强制执行的'不发达'困境的一种反应"③。民族主义本身并不是什么邪恶的意识形态，它一方面是民族主体促进社会政治经济工业化、现代化转型发展的产物，另一方面也是对抗资本主义不均衡发展过程的工具。在奈恩看来，民族主义的运行动力就在于资本主义不均衡发展。

1. 资本主义不均衡发展不可避免地造就了民族主义

对于民族主义的产生发展来说，资本主义不均衡发展的主导性和动力性是不容置疑的，这可以从不均衡发展的历史进程和根本作用得到说明。不均衡发展的历史状况是什么样的呢？奈恩指出，"普遍的和长期的不均衡发展的状况是唯一一种资本主义允许的，和唯一一种自 1989 年以来最终明确确立了的进一步演化的矩阵"④。可见，在发达资本主义工业社会中，普遍的和长期的不均衡发展作为一种最具操控性的社会

---

① 《马克思恩格斯选集》第 2 卷，27—28 页，北京，人民出版社，1995。

② Nairn，T.，*The Break-up of Britain：Crisis and Neo-Nationalism*，London，NLB，1977，p. 342.

③ Nairn，T.，"Scotland and Europe," in *New Left Review*，I/83，January-February 1974，p. 69.

④ Nairn，T.，*Faces of Nationalism：Janus Revisited*，London and New York，Verso，1997，p. 66.

状况是资本主义唯一允许其不断发展壮大的社会状态。这种不均衡性在资本主义的纵容和促进之下不断扩张，并在苏联解体之后强化到了前所未有的地步，几乎对所有存在确立起全面的统治，导致发达资本主义社会对技术落后区域进行剥削和压迫，成为东欧剧变之后唯一可以继续演化发展的矩阵。"通过'工业'不幸的入口"①，人类进入了一个异化社会，奈恩把这一异化的根源视为一种应资本主义体制下不均衡发展模式而出现的意识形态。在现代资本主义不均衡发展的状况下，民族主义产生了。

首先，奈恩解释了民族主义为何总是在边缘地区发生。每个民族共同体都有利益共享的积极诉求和美好愿景，每个民族国家都为了尽可能实现自己的民族利益而大力发展科学技术，并对资本的不均衡发展进行反抗和斗争。每个民族共同体都应该拥有自己适合的政治体制，这套政治体制在本质上是为了民族国家的利益而服务。资本主义社会发展的不均衡性主要发生在边缘地区，其不平衡波动形成了边缘地区寻求利益共享的推动力。奈恩写道，"不均衡在边缘发生，寻求找到平衡"②。资本主义带着帝国主义的"镣铐"来到边缘地区，资产阶级在西方列强的帮助下对殖民地进行剥削。面对这样的冲击，被殖民的边缘地区的人们十分无助，他们没有枪炮，没有财富，没有技术与这些帝国主义者抗衡，只能在经济不发达的真实状况下，求助于一种能大量提供团结力量的民族

---

① Nairn，T.，*Faces of Nationalism：Janus Revisited*，London and New York，Verso，1997，p. 5.

② Nairn，T.，*The Break-up of Britain：Crisis and Neo-Nationalism*，London，NLB，1977，p. 337.

不发达地区伴随着民族国家的发展政策有可能会发展成为新的中心发达地区，而发达地区为了维持自身利益会与之产生矛盾，两者在相互影响和斗争之中改变世界局势。因此，不同地域民族国家的发展都是一个辩证法，我们必须要理解、把握及合理利用"不均衡发展"这一辩证关系，在"不均衡发展"的常态下追逐合理、合法的利益共享。在资本主义社会中，人类对工业发展有一种非理性的渴求，利益是这一渴求的内核，然而工业、资本、生产的发展注定是不均衡的，必定会把人们推向民族主义战争和社会演变的边缘。

2. 民族主义是应对现代资本主义不均衡发展的关键

在奈恩对资本主义不均衡发展的分析逻辑中，作为资本主义核心特征的"不均衡发展"反映出现代社会的经济状况和文化内容与民族主义之间有着重要的联系。不均衡发展作为现代资本主义的一个核心特征，不仅不可避免地导致了民族主义意识形态和运动的产生与发展，而且决定了民族主义是现代民族共同体应对不均衡发展最重要的意识形态和运动。奈恩以现代社会的都市与农村为切入点，以核心地区与边缘地区为解释框架，从社会经济、政治、文化角度进一步揭示了民族主义是对抗现代资本主义不均衡发展的关键，深刻说明了民族主义在应对资本主义不均衡发展时的基本立场和核心作用，其理论要点主要体现为以下逻辑进路。

首先，奈恩从"不均衡发展"与"均衡发展"的概念出发，指出"均衡发展"是理想的、修辞的、不真实的概念，在现实的社会环境中，"不均衡发展"才是常态，是真实的社会特质。不均衡发展的概念源自均衡发展的概念，"均衡发展是不均衡发展的反义。这一反义是词语的、不真实的，因为自工业革命以来，人类社会被迫通过的所有真实的'发展'都是不均衡的"①。可见，"不均衡发展"与"均衡发展"在概念上是反义的，两者有着现实与理想、真实与虚幻、实际与修辞的差别，无论人类对均衡发展的渴求是多么强烈，然而社会发展的事实是，在工业革命之后，不均衡发展才是全部社会状况。

对此，奈恩进一步写道，"然而，均衡发展的理念和愿望是如此强大，我们应该从它出发"。就此，奈恩对"均衡发展"的理念做出了解释，他写道："它（均衡发展）接近成为西方或'欧洲中心主义'世界观的神经——这一世界观仍倾向于支配我们思考历史的方式，而且（在其他事情中）对民族主义也是如此。……物质文明和大众文化的一个均衡的和进步的发展想法是欧洲启蒙运动的特征。对于那个时间和地点的精英来说，它自然反映了一个向前的视野。像他们在高文化时代的前辈们一样，他们仍然思考在外部迷雾中文明与'野蛮'对抗的方面。但是，进步的新信念对野蛮人的前景更有利：给以时间和帮助，他们能够迎头赶上。这种救赎被构想为一种既向外又向下的稳定的文化适应的过程，即从中心向外围区域，以及社会学的由上向下，从教化的阶级到服务员和劳动人民的推演。"②在这里，奈恩对"均衡发展"的理念进行了追溯，指出均衡发展是 17、18 世纪西方世界观的核心概念之一，是欧洲启蒙运动的特征，它指导和支配了许多意识形态层面的思考，在当时的社会环境中，均衡、进步地发展物质文明和大众文化的理念是彼时精英阶层提

---

① Nairn, T., *The Break-up of Britain: Crisis and Neo-Nationalism*, London, NLB, 1977, p. 336.

② Ibid., p. 336.

出的最适应现实状况的想法。这种渴求共同进步和均衡发展的新信念，从核心地区向外围地区、从精英阶层向平民阶层在世界范围内推广，是一种由内而外的过程，这一构想给予发展的落后方以鼓舞和希望，让他们认为，假以时日和辅助他们，就能够与发达区域并驾齐驱地均衡发展。

然而，人类历史发展的事实不断打击着均衡发展的理念和渴望。就此，奈恩从康德的解释出发，指出进步的真正矛盾不是民族主义而是资本主义的不均衡发展。他对康德有下面两个分析：一是，对康德民族性因素的解释进行了肯定。奈恩十分认同康德对于民族性因素的肯定，民族分类在欧洲有利于防止形成专制统治和确保中产阶级对贸易的控制，他写道："至于民族性因素，康德把它表达得非常清楚。人类的民族分类在他们本身是一件好事。在欧洲，例如，民族分类帮助防止形成一个普遍的、类东方的帝国专制统治。在未来，它将确保中产阶级的贸易不失去控制。"[1]二是，对康德"商业精神和金钱力量"的解释进行了批判。康德认为，"'商业的精神，与战争不相容，迟早会在每个国家占据上风'，……而且'金钱的力量'（他认为是'最可靠的力量'）将迫使统治阶级明白，要不惜一切代价摆脱他们返祖的冲动并实现和平（《永久和平，一个哲学草图》，1795)"[2]。在康德看来，商业精神终将在每个共同体中实现其统治，是一个与战争相悖的理念，金钱力量则终将使人们进入一个和平的、进步的社会状态中。奈恩认为，事实上恰恰相反，"在现

---

[1] Nairn, T., *The Break-up of Britain: Crisis and Neo-Nationalism*, London, NLB, 1977, p. 336.

[2] Ibid., p. 336.

实中，商业精神和金钱力量，作为他们不断入侵全球的工具，将导致返祖冲动的更新。他们会导致战争的加剧"①。正如我们现在所知道的，历史证明，社会的真正发展与隐含在康德所期望的思想和力量中的发展是完全不同的。资本主义的商业精神和金钱力量并未给人类带来自由和解放，相反，伴随着资本主义在世界范围内的不断传播、发展和扩张，它带来了压迫、战争和倒退的返祖现象。奈恩进而指出，在资本主义的世界环境中，"民族分类将会被确立为社会组织的一个新的和主导的原则，而不是作为障碍越来越不那么重要"②。进步的真正矛盾并不是民族主义的，而是真实的、长久的资本主义的不均衡发展状况。

其次，在分析世界资本主义历史发展的基础上，奈恩指出，资本主义的发达国家和地区不可能让不发达地区进行毫无妨碍的均衡发展和找齐，农村、边缘、外围地区民族共同体的发展与进步必然需要民族主义的形式，这一方式是在资本主义浪潮下求得生存和避免被湮没的唯一方式。"均衡发展的概念是：这种进步可以直截了当地跟随，并且这些机构负责对它进行复制——因此，边缘地区，世界的农村地区，在适当的时间会赶上那些领军者。这一找齐将继续进行，通过在整个外围地区构造一个基本上同质的启蒙阶级，国际的或'世界性的'精英负责扩散的过程。但是，这样稳定的扩散或复制在实际上是不可能的，而且形成这一普遍的阶级也是不可能的。"③可见，均衡发展意味着处于不发达的外

_____

① Nairn, T., *The Break-up of Britain: Crisis and Neo-Nationalism*, London, NLB, 1977, p. 337.

② Ibid., p. 337.

③ Ibid., p. 337.

围、边缘地区可以通过对发达、中心区域的学习、复制，以及构造一个精英阶级而实现找齐，然而，无论如何，这种毫无阻碍的发展和找齐在现代资本主义环境中是不可能实现的，因为发达资本主义国家不可能坐视边缘区域的民族国家迎头赶上。此外，形成一个普遍的国际主义的精英阶级也是无法完成的任务。依据奈恩的分析解释，"'不均衡发展'这一总标题所指的是资本主义增长在世界中不可预见的、敌对的现实。它表明了一个步履蹒跚的、战斗的、不平衡的、不合逻辑的、颠倒的事实，可以说，它不同于理想的、高贵的、向上的和逐步的改进。现代资本主义的发展是由许多西欧国家推动的，而这些西欧国家经历了很长一段历史的积累才具有了这样做的潜力"①。由此，我们可以这样概括不均衡发展的产生及内涵：不均衡发展是现代西欧国家资本主义长期发展所推动的一种社会现实，它具有矛盾性、不平衡性、非理性、倒退性、战争性、侵略性等特质。

在现代社会，发达资本主义国家总是表现出一种尊崇商业精神、启蒙运动和政治经济学的美丽表象，似乎它在世界范围内推行一种进步的、积极的、发展的、自由的意志。然而事实恰恰相反，奈恩对此进行了无情的揭露，他指出，"商业精神应该接替掠夺和诈骗的传统形式。但是，在现实中，这是不可能的"②。这些主要资本主义国家通常有着侵略和压迫的行为，因为"新发展的力量并非在一个仁慈的、无私的、关心人类进步的精英手中。相反，它在英国和法国资产阶级'肮脏的物

---

① Nairn，T.，*The Break-up of Britain：Crisis and Neo-Nationalism*，London，NLB，1977，p. 337.

② Ibid.，p. 338.

质利益'(马克思和恩格斯喜欢说)手中,他们利用启蒙运动和古典政治经济学的概念作为烟幕弹。即便在世界中有着最好的意志(但他们并没有),在某种程度上,进步也不会以这些特定的地方、阶级和利益识别自己。而且,以这种方式,它不会煽动一种新的'帝国主义'"①。实际上,因为资本主义发达国家牢牢掌握着发展进步的科学技术生产力,他们只关心本区域、本阶级的利益,所以他们必然会利用这一强大力量来对其他区域进行进一步的扩张,新一轮的帝国主义由此产生。

奈恩接着分析了外围区域要如何适应资本主义的扩张,或者换句话说,资本主义不均衡发展如何影响和改变了不发达地区。他写道,"在外围地区本身,人们很快就不需要别人来说服自己这样的事实,他们处于资本主义新工业发展的核心领域之外。他们很快认识到,在抽象意义上,进步意味着实际上的权力控制,作为外国人或异乡人,他们不禁会担心和忧虑。在不同于理论的实践中,文化适应的过程更像是外来干扰和控制的一个'浪潮'(用盖尔纳的话来说)。人类的前进首先是英国化或法国化,之前大多数人能够有意识地看到这一改变。后来就是,越来越全球的:'西方化'或'美国化'"②。可见,伴随着资本主义、帝国主义的扩张,外围地区逐渐认识到自身与发达区域的巨大差距,这种处于资本主义新工业发展的核心领域之外的恐慌,以及应对发达国家对他们的干扰和控制,使他们走上了变革的道路,从18、19世纪民族国家的"英国化"或"法国化",到20世纪的"西方化"或"美国化",都是外围地区对

---

① Nairn, T., *The Break-up of Britain: Crisis and Neo-Nationalism*, London, NLB, 1977, p. 338.

② Ibid., p. 338.

资本主义不均衡发展的适应过程。

事实是，"从来没有时间或社会学上的空间给予均衡发展。对于任何这种要发生的渐进的文明进程，与他们有关的新的生产力和新的国家军事力量太过于动态化和不受控制，导致社会突变太过迅速和具有毁灭性。在现代历史中，没有'适当的时候'。一旦巨大的冲击波已经开始其进程，所有时间都是不适当的。对于那些大都市以外的地区（在独特的、不可重复的情况下，事情已经慢慢成熟），问题不是以合理的速度去吸收文化，而是为了避免被淹死"[①]。奈恩看到了社会发展的真正状况，文明进程渐进的均衡发展不具有发生和存在的条件，这种诉求必定会受到动态化和不受控的新的生产力及国家军事力量的阻碍，而在资本主义的这种冲击之下，边缘地区以合理的、符合自身状况的速度来接受、吸收、发展西方科技与文化成为一个不切实际的愿景，为了避免被资本主义不均衡发展的浪潮所淹没，边缘地区只有诉诸民族主义才能得以生存。

最后，奈恩站在世界历史的总体发展进程之上指出这样一个事实：不发达的边缘地区平静地、耐心地实现发展和进步是不具备可能性的，只有民族主义的意识形态和运动才能真正应对资本主义的不均衡发展。"启蒙运动被资产阶级革命带进了更广泛的现实世界，这些革命震碎了他们周围的旧世界。在这些欠发达地区，精英们很快发现，他们中每次只有几个可以平静地并入世界性的技术官僚国家之列。其他大多数只能

[①]　Nairn, T., *The Break-up of Britain: Crisis and Neo-Nationalism*, London, NLB, 1977, p. 338.

发现他们自己被排除在行动之外，而不是被礼貌地邀请加入；践踏他们，而不是教给他们游戏规则；利用他们，而不是将他们作为合作伙伴。他们被告知要耐心等待，情况会在下一代或者是下下一代拉平，这起不到什么安慰作用。这究竟是真的吗？改变的新力量的实际配置将不让英国人更加牢固地负责一个更加非印度化的印度吗？德国人不会更加控制二等斯拉夫人的土地吗？不管真实与否，这一点似乎是学术的。鉴于暴力和快速的行动变化，耐心和时间无论如何都不再成为人类（平衡发展）的可能性。"①奈恩看到，自从启蒙运动开始，资产阶级革命就逐渐改变了全世界的社会状态，所有区域都争先恐后地期望变革为发达的核心国家，然而发展过程并不如他们所愿，资本主义的发达民族国家并不会高尚地帮助他们摆脱落后的状况或耐心地教给他们资本发展的游戏规则，而是对大多数的不发达的边缘地区进行排挤、利用及压迫。"发展只能是不平衡的"②，边缘地区的人民在一次次残酷的事实面前，逐渐认识到平静地过渡到发达状态是不可能的，只有诉诸一种具有强大力量的理念和运动——民族主义——才能够凝聚起边缘地区的人民来对抗不均衡发展和实现社会进步。

(三)民族主义的真正起源

民族主义意识形态和运动的产生、发展离不开工业化、现代化和全

---

① Nairn，T.，*The Break-up of Britain：Crisis and Neo-Nationalism*，London，NLB，1977，pp. 338-339.

② Nairn，T.，*Faces of Nationalism：Janus Revisited*，London and New York，Verso，1997，p. 50.

球化的主体背景，以及资本主义不均衡发展的运行动力，然而，究其根本，这种主体背景和运行动力是源自新型的社会因素下整体的世界政治经济机制（machinery of world political economy），可以说，就民族主义的本质内核来讲，世界政治经济机制才是以上所有主导因素的根源。世界政治经济机制不仅是工业化、现代化、全球化的客观本源，而且是资本主义不均衡发展的支配根基。奈恩认为，虽然民族主义体现出一种工业社会中身份认同的强烈情感，但是其真正的、内在的客观诱因是世界政治经济机制。"资本主义工业社会一天比一天复杂"[①]，民族主义并不是简单地作为资本主义生产力发展的必然伴随物而出现的，而是与这一过程有着更具体、更深刻的关联。现代世界政治经济机制的特性主要表现为自 18 世纪以来历史发展的不均衡性，二者互为表里，可以说，不均衡发展表象下的控制内涵就是世界政治经济机制。事实上，现代社会历史发展中存在的各种物质方面的问题，就是资本主义不均衡发展的事实所导致的，而不均衡发展的事实是世界政治经济机制的表现形式。民族主义在工业主义政治经济机制压力下快速成型及发展，我们能够看到，民族主义的意识形态实际上是过去两个世纪人们对物质追求的客观产物。从这个意义上说，"制定一个民族主义'理论'的任务是理解不均衡发展的破坏机制和矛盾"[②]。正是不均衡发展过程的真实主导内核——世界政治经济机制——产生了民族主义形成的完整历史潜能。所

---

① ［意］安琪楼·夸特罗其、［英］汤姆·奈仁：《法国 1968：终结的开始》，赵刚译，152 页，北京，生活·读书·新知三联书店，2001。

② Nairn，T.，*The Break-up of Britain：Crisis and Neo-Nationalism*，London，NLB，1977，p. 357.

以说，民族主义是政治经济机制的一个合乎逻辑的后果，是"一个社会政治组织的自治方式"①。

民族主义是现代民族国家政治经济机制下技术控制模式的必然结果。现代技术对人类社会的控制模式几乎是无孔不入的，自 18 世纪以来，世界上所有社会都被卷入了现代性转型过程之中。现代化虽然带来了人类社会前所未有的巨大发展，但是随着工业、技术从欧洲核心地带向边缘地带的横扫，世界被划分为不平等的区域，现代化的技术控制模式在不同时空、不同纵深无情地冲击着不发达区域。在这样的环境中，民族主义意识形态和运动的产生变成一种必然，成为民族国家的客观的需要和现实的计划。奈恩这样写道："民族主义在一种意义上只不过是这个语言的一个总标题——现代性的发展演化的语言。"②换句话说，民族主义是现代性发展演化的结果，是"把'主义'注射进入民族的反应"③，是地缘政治环境和社会特定区域的因变量。因此，民族主义政治意识形态产生于"强烈的民族文化差异及快速工业化的痛苦"④之下，工业发展和技术进步作为现代社会的基本特征，让民族国家间的交往和联系变得空前紧密，资本、生产力、科学技术、物质材料、信息观念等在全球化的国际市场中流转，区域自给自足的壁垒被打破，但是却无法打破民族之间的藩篱。"工业化在遥远偏僻的部落爆发，并传播开来，

---

① Nairn, T., *The Break-up of Britain: Crisis and Neo-Nationalism*, London, NLB, 1977, p. 347.

② Nairn, T., *Faces of Nationalism: Janus Revisited*, London and New York, Verso, 1997, p. 170.

③ Ibid., p. 3.

④ Ibid., p. 34.

通过战争和破坏获得最终的伟大的世界统治权。意外事件、不均衡性，以及冲突并非'发展'所固有的，但是他们无疑构建了发展的道路。这就是为什么边缘民族主义是不可避免的。"①可见，在现代社会以技术、工业为分析起点的研究范畴中，民族主义以追求民族利益为目标，主张民族的边界应当与政治的边界一致，这是现代社会技术、工业发展不可避免的归宿，"是现代性无法逃避的一部分"②。在工业时代，民族主义作为一种不可抗拒的力量牢固控制了个体情感，使其在面对资本主义侵略和帝国主义压迫时，能够团结一致反抗不均衡发展的剥削机器。世界政治经济破坏性的机制导致了民族主义的产生，这无疑是近代以来几乎所有战争冲突的诱因，资本主义的民族国家利用民族主义去侵略、破坏别国，落后的不发达民族国家则运用民族主义运动来争取解放和自治，世界政治经济机制对于民族主义的作用由此可见一斑。

从 18 世纪人类社会进入资本主义的发展时期以来，其与生俱来的弊病一直伴随着工业、技术和生产力的发展。资本主义是一种经济模式，是一个全面控制社会发展的体制和秩序。在资本主义不断统治、蔓延全球的状况下，经济、资本"不均衡发展"的弊病逐渐暴露出来，并展现出其对社会政治、经济、文化、历史等各个方面的根本作用和统治地位。奈恩看到了世界政治经济机制中资本主义发展的弊病，并以此为基点解释民族主义的起源，他从"民间传说"和"主体性"两条线索出发，指出这两者并非民族主义的真正起源，而世界政治经济机制才是。

---

①　Nairn，T.，*Faces of Nationalism*：*Janus Revisited*，London and New York，Verso，1997，p. 3.

②　Ibid.，p. 169.

民族主义起源的第一个线索是民俗(folklore)。奈恩指出,民族主义与民俗之间具有必然的联系,民俗暗示出民族主义与"发展"具有自然的联系。普遍的民族主义的民俗在很大程度上是追溯过去的神话,人民希望重建想象中的那个伟大而高贵的民族,并以民歌故事、民间神话、风俗习惯和传统等唤醒民间精神,唤起人民对民族的尊敬、热爱和责任感,创造一个新的民族来确保民族国家的安全和统一。这种民俗尽其所能地挖掘民族主义情感,主张在民俗中寻找他们的过去,从历史中为未来寻找精神和力量,来填补过去和现在之间的鸿沟,这带有想象、虚假的成分。对此,奈恩指出:"民族主义的普遍的民俗并不完全是错的。如果是,它将无法起到神话所具有的作用。另外,如果它是真的,它也同样无法以这种方式运行——就是说,它在这个地方涉及我们的这个意义上来说是真的。它是意识形态。这意味着它是世界普遍接受的一个仍在'民族主义'控制中的'虚假意识'。它是调整和补偿的机制,是贴上'民族主义'标签的历史发展的现实中的一种生活方式。因此,对于这些形式,它最好被视为一组重要的线索。"①可见,在奈恩看来,民族主义的民俗是一种意识形态,只有在特定的时间、地点和情境中才是真实的、正确的,它是民族主义历史发展当中的现实形式,是民族主义起源、产生的重要线索。

民俗存在于19世纪以后发展变化的社会背景当中,民族主义与"发展"的相互联系就在于此,对此,奈恩这样解释道,"这一主要线索是常

---

① Nairn, T., *The Break-up of Britain: Crisis and Neo-Nationalism*, London, NLB, 1977, p. 334.

识所认为的民族主义同发展的概念或社会、经济'增长'之间的有力联系。的确，民族主义（而不是民族性、民族国家和其他前兆）的独特的现代事实以某种方式与此相关。因为它只存在于1800年开始的、普遍加速的、变化的环境中，在这个新的意义上，只有在'发展'的背景下，民族国家地位才获得这一系统的和抽象的意义"[1]。因此，在"发展"及现代及社会经济"增长"的普遍环境下，民俗为民族主义的现代事实提供了客观背景和现实依据，奈恩指出："民俗的观点当然是建议授予它（民族主义）一个自然的状态，并因此是一个'健康'的标签，好像它确实是所有社会的青春期，在这条路上我们必须一路从农村的愚昧行为跋涉到'现代性'、工业化（或诸如此类的东西）。"[2]换句话说，普遍的民俗认为，民族主义是社会健康发展的自然状态，是从愚昧到文明的过渡期。虽然认同民俗与民族主义的起源有着很大的联系，但是奈恩并不认为这是民族主义的真正源头，他这样写道："然而，系统的内涵并非来源于发展这样的事实。……它完全不是这样（虽然人类一直有足够的理由希望是这样）……它不是自然的。"[3]在奈恩看来，民族主义并非自然地来自发展，民俗的线索也并非民族主义的真正根源。

民族主义起源的第二个重要线索是"指向社会和个人的主体性（subjectivity）"[4]。民族主义的意识形态与情感、归属感等具有必然的联系，

---

① Nairn, T., *The Break-up of Britain*: *Crisis and Neo-Nationalism*, London, NLB, 1977, p. 334.

② Ibid., p. 334.

③ Ibid., p. 334.

④ Ibid., pp. 334-335.

奈恩由此出发解释民族主义与主体性之间的联系，他写道："的确，民族主义与典型的内部运动、个人和群体相联系。它们以相似的方式表现并且怀抱非常相似的感觉。所以很容易说（例如），19世纪50年代的意大利民族主义或20世纪70年代的库尔德或厄立特里亚民族主义依赖这些机制并由这些特定的内部机制产生。他们表达了自己人民的本土特性，以一种广泛类似的方式——大概是因为人的灵魂（或者至少是其资产阶级）的需要。"①奈恩并不否认民族主义确实与主体及主体运动相关，但是他接着指出："然而，说任何形式的民族主义确实是这些内部运动的产物，是不正确的。"②为何民族主义不都是主体内部运动的产物呢？对此，奈恩给出的解释是："这是民族主义意识形态本身对我们所希望的经验主义进行阐释的国别谬论的核心。"③他以威尔士民族主义为例，指出："威尔士民族主义，当然，与具体的威尔士人相关，与他们的历史、他们压迫的特殊形式，以及所有其余的事情相关。但是，威尔士民族主义——记录在我们感兴趣的特定术语中的通用的、普遍的必然性——与威尔士无关。它不是一个威尔士的事实，而是一个普遍的发展历史的事实，在一个特定时间，威尔士的土地和人民被迫进入这种方式的历史进程中。之后，'主义'被迫跟随，在现实中从外部强加给他们；虽然这一定造成了这种适应，但还是有必要从内部萌发一般类型的民族

---

① Nairn, T., *The Break-up of Britain: Crisis and Neo-Nationalism*, London, NLB, 1977, p. 335.

② Ibid., p. 335.

③ Ibid., p. 335.

骨干、神话、情绪等。"①奈恩从威尔士民族主义的历史发展事实出发，即威尔士民族主义的产生并不是威尔士民族主体运动的产物，而是一个普遍发展的事实，是"主义"在特定情况下被迫进入威尔士民族而产生的意识形态，这解释了为什么民族主义并不都是主体内部运动的产物，并指出主体性对于民族主义而言只是一个客观事实，而民族主义的真正起源也不在此处，他这样写道："所有民族主义通过社会和个人机制典型剧目的运转而发展，其中许多是高度主观的。但是，戏剧的因果关系不在民族的内部，这条道路有着血液和精神的神话。民族主义的主体性是一个重要的客观事实；但是这一事实，就其本身而言，仅仅传递一个起源的问题。"②因此，在奈恩看来，主体性虽然是民族主义的重要线索，但也并非其真正根源。

在分析民族主义的两个重要线索的基础上，奈恩认为，虽然"民俗"与"主体性"两者与民族主义有着必然的联系，但民族主义真正的起源并不在这两者，而是在世界政治经济机制当中。他这样写道："（民族主义）真正的起源是在其他地方。它不在民间，也不在为了某种完整性或身份的个人压抑的激情上，而是在世界政治经济机制中。然而，它不是在这样的经济发展的过程中——并不是简单地作为工业化和城市化的必然伴随物，它与该过程的更具体的特性相关联。将这些特质归类的最好方法就是，他们代表了自 18 世纪以来历史发展的不均衡。这种不均衡，

---

① 　Nairn，T.，*The Break-up of Britain：Crisis and Neo-Nationalism*，London，NLB，1977，p. 335.

② 　Ibid.，p. 335.

是一个物质事实；有人可能会认为这是关于现代历史最严重的物质事实。"①

不难看出，奈恩认为，民族主义的真正起源不一定体现为民间传说、风俗习惯等民俗方面，也不一定要表达出主体性的情感与认同，但是一定是世界政治经济机制的反应。世界政治经济机制并不是简单的经济发展过程，而是表现出历史发展中复杂多变的不均衡性，这种不均衡性正是现代历史最严重的物质事实。因此，奈恩认为，"这一陈述使我们能够得到一个令人满意和近乎荒谬的结论：最声名狼藉的主观和理想的历史现象实际上是过去两个世纪历史的最残酷和最绝望的物质一方的副产品"②。在这里，民族主义是"最声名狼藉的主观和理想的历史现象"，世界政治经济机制导致的资本主义的不均衡发展是"过去两个世纪历史的最残酷和最绝望的物质一方的副产品"，因此，民族主义实则源自资本主义不均衡发展现象下的世界政治经济机制。

总之，奈恩的民族主义的焦点是对社会经济的思考，他认为，"哲学思考的真正基础是经济发展的复杂问题"③。在现代社会经济领域内，不均衡发展把民族国家间的现实状况带入资本主义的显像之中，使一系列复杂问题与之相联系，并继续影响和支配这些问题的发酵和展现。资本不均衡发展不仅是解释民族主义的工具，还是对民族、民族国家、民族性政策进行哲学思考的手段。奈恩民族主义理论的核心概念是"不均

---

① Nairn, T., *The Break-up of Britain：Crisis and Neo-Nationalism*，London，NLB，1977，p. 335.

② Ibid.，pp. 335-336.

③ Ibid.，p. 358.

衡发展",他站在批判的视域上分析发达资本主义的社会状况,结合严谨的马克思主义政治经济学分析,理性地提供了民族主义思想的初步架构,即在工业化、现代化和全球化的浪潮中,为了克服不均衡发展、追求利益均衡,以及实现民族国家的独立自治,以发展为诉求、以利益共享为目标的意识形态或运动。民族主义是历史发展的结果,是民族主体性的内置,也是共同体发展的决定,我们必须以历史、客观、辩证、发展的眼光去看待它。奈恩对民族主义动力机制的理论分析凸显了唯物史观的方法论和社会经济分析的立场,这是一个深刻的理解,展现出马克思主义对民族主义的重要解释力。

小结

"自文艺复兴以来,人类社会的发展逐渐显现出其现代性特征,作为近现代社会最基本的特质与表现,我们对现代性进行梳理、概括和反思有重要的理论和实践意义。可以说,如果不对现代性有所把握,就无法理解几百年来人类社会的发展进程。"①奈恩把马克思的历史唯物主义应用于对现代社会的民族、民族身份认同、民族国家、民族性、民族主义的产生、发展等的研究当中,形成了现代主义范式下的民族主义思想。这种现代主义思维范式下的民族主义思想强调民族、民族性、民族

① 刘烨:《唯物史观视域中的现代性问题——"第十五届马克思哲学论坛"综述》,载《理论探索》,2015(6)。

认同、民族国家，以及民族主义的现代性特征，奈恩的思想围绕现代社会的发展进程来解释民族主义的内涵，从而打上了鲜明的现代主义烙印。

我们要认识民族主义的内涵，首先要对民族及相关概念有最基本的理解，奈恩对民族、民族身份认同、民族国家、民族性的诠释试图从社会历史发展的角度来理解。他认为，民族是现代化环境下最适合的和占支配地位的身份识别方式。民族身份认同是在被社会发展的工业化逼迫下和帮助下显现的，是自然的决定而非个人的意愿。民族身份为个体提供了安全感，保护自己人，以集体文化精神的联系来排斥和抵抗异己的力量。对于个体而言，没有民族及国家作为其存在的依托，一个人是无法发展的。民族国家单位是一种实体结构，在新的资本主义发展模式的压力和限制之下，民族国家形成了，而只有在这一实体超过一定规模的临界值时，民族国家才有生存的机会，或获得独立。现代意义上的民族国家是"相对单一文化的、均质的、单一语言的实体"，而这一对世界体系具有奠基作用的实体形式，实则是资本主义入侵世界的最重要产品，并将"最终取代所有其他形式的文化和政治共同体"。民族性是现代世界的结构性需求，是反抗侵略压迫、追求自由解放必不可少的群体原则，是民族稳定、进步和发展的前提。

在厘清民族的基本概念之后，我们就可以分析民族主义的基本概念了。我们想要彻底理解现代社会的发展历程，就必须要先阐明民族主义，在走进奈恩的民族主义思想范畴前，首先要对学界的民族主义的相关研究进行一个总体的把握。目前学界对民族主义的解释范式主要有三种：一是现代主义范式，二是原生主义范式，三是族群—象征主义范式。这三种范式是围绕民族和民族主义的起源问题而形成的不同解释范式，其概念争论点在于"民族"起源于何时？我们能否谈及前现代民族？民族主义是不是现代不可避免的产物，抑或可以追溯到更久远的时期？民族与民族主义是何者构建了何者呢？对于这些问题，现代主义范式相信民族主义所固有的现代性本质，认为现代性必然需要民族的形式，并不可避免地造就了民族主义的意识形态和运动。原生主义范式强调民族的血统与基因，认为民族是原生的，其存在于时间的第一序列，并是一切社会发展的起源。族群—象征主义范式则采用折中的解释方式来看待民族主义，并带入了族群的意向来进行解释，认为民族主义和现代民族认同更多地植根于前现代族性，族裔意识和民族意识的前现代形式与现代民族主义之间存在潜在的延续性。这三种范式中，现代主义既强于理论，又兼顾历史，提供的理论方法在学界基本上达成了共识，奈恩作为现代主义范式中的一员，从社会经济的角度来解释民族和民族主义的内涵，这是值得肯定的。

此外，民族主义研究会涉及许多相关概念，包括爱国主义、种族主义、沙文主义、分离主义、法西斯主义、纳粹主义，这些在奈恩的理论著述中也多有涉及，因此，本部分阐明了民族主义与这些概念的联系与区别，以为之后的分析论证奠定基础。在现代社会的主体背景中，奈恩以真实的历史发展为例探讨相关概念的内涵。第一，奈恩把爱国主义放在民族主义的整体语境下看待，认为爱国主义在多数情况下是与民族主义相重合的。我们知道，在以民族国家为主导的国际社会，就现代共同体的构成形式而言，民族与国家基本上是重合的单位。因此，民族主义与爱国主义在情感和实际状况两个层面上基本是一致的，它们都是个人和群体对共同体所表达的忠诚与热爱，都强调维护自身所属群体的利益和发展，都是对自身所属的民族与国家的眷恋与认同。第二，奈恩把种族主义界定为伪科学，这种歧视其他种族的伪科学与民族主义是有本质上的区别的。第三，奈恩并未否认民族主义在与政治和社会力量的结合中所产生的偏差，他将民族主义的负面表现归结为种族民族主义，并将其与沙文主义进行了嫁接。他指出，沙文主义是民族主义的极端化、非理性化的后果。第四，分离主义是民族主义的表现之一，奈恩对分离主义这一术语的使用都处在民族主义的语境之下，并以此分析了世界范围内的民族主义指导下的分离主义运动。第五，虽然奈恩十分同情和支持民族主义，但是奈恩并不否认民族主义走向极端和暴力会造成灾难性的后果。可以说，奈恩认为，民族主义畸变的非理性后果就是法西斯主义和纳粹主义。综上所述，奈恩认为民族主义与种族主义两者是极度不同的两个概念，不能把两者混淆，民族主义是一种科学看待社会历史发展的分析阐释，而种族主义则是伪科学。奈恩把爱国主义、沙文主义、分离主义、法西斯主义、纳粹主义都放在民族主义的视域下进行解释，在他看来，爱国主义是民族主义的情感表现，分离主义是民族主义的社会运动的一种表现，沙文主义、法西斯主义和纳粹主义都是民族主义非理性的、退步的、派生的、畸变的后果，是种族的民族主义。

在完整梳理和归纳民族主义所有相关概念内涵的基础上，我们看到，奈恩从现代主义的社会经济视角出发对民族主义进行了深入研究，在他看来，民族主义产生的主体背景就是工业化、现代化和全球化，伴随着社会的发展，资本主义的不均衡发展凸显出来，并构成了民族主义在世界范围内扩散的运行动力，而构成这一切的最根本因素就是世界政治经济机制。从奈恩对民族主义产生、发展的解释进路中，我们明确看到了他对马克思主义唯物史观的深刻运用，他在看重历史的同时，也聚焦现实；他强调客观环境的影响，也注重主体性的意识；他深刻理解资本主义的社会经济现代化进程，也结合政治、文化等不同社会面相。因此，自 20 世纪 70 年代以来，奈恩的民族主义思想一直屹立于世界各种理论范式之林，对英国、欧洲，乃至整个世界的民族主义研究产生了重要影响，这值得我们对他的理论进行更加深入而系统的探研。

第三章 ｜ 民族主义的特征

　　整体主义是奈恩民族主义理论所展现出的一个基本分析维度，他以民族主义的表现特征——系统的特性、多样的种类、不同的社会形态——为一个有机整体进行理解，从整全的大视角来看待民族主义，而非割裂地或分离地分析这一主题。奈恩以唯物史观作为理解民族主义问题的一般规律，试图以整全的民族主义历史和现实来对其进行把握，他不是单纯地把民族主义拆分成各个不同的现象进行单独的考察，而是观察民族主义的普遍特征和规律，从而建立起不同民族主义的系统联系，认识民族主义的整体特征。

　　唯物主义的社会历史观认为，一切重要历史事件的终极原因和伟大动力是社会的经济发展，生产方式和交换方式的改变推动了历史发展和社会进步。奈恩以此来把握民族主义的社会状况，并把民族主义作为对象进行一般社会发展规律的研究，他着眼于从总体上、全局上研究民族主义意识形态和运动的核心特征，为马克思主义的民族主义研究提供了新的、整全的历史观和方法论的理论基础。

根据奈恩的观点，各种民族主义和民族都是在"现代化"转型过程中产生的，是现代工业化时代的必然社会现象。在现代化之下显现的民族主义，既不是偶然或巧合，也不是理想主义和蓄意的产物。基于现代主义范式下的社会经济视角，奈恩聚焦于社会，看到社会经济变化赋予了现代化和民族主义以新的意义。奈恩的现代主义范式下的民族主义思想实际上指出了社会现实中资本主义政治经济对民族共同体的影响。站在这样的视角之上，奈恩进一步为我们勾勒出了民族主义的核心特征。世界被划分为不同的民族国家，每个民族主体都有自身的发展轨迹及命运前景，作为其中最具有主导性的意识形态和运动，民族主义主张对本民族怀有巨大的情感、认同和忠诚，并以此来保护民族共同体的自由、安全和团结。虽然，不同民族国家或期望构建自己民族国家的地域的民族主义意识形态和运动在不同历史、文化、经济发展背景下有着不同的表现形式、组织方式和特质表征，但是，不论在何时何地，民族主义的普遍性、地域性、两面性、病态性与非理性、反帝性与积极性的普遍发展规律和核心特征总是客观成立的。简单来说，奈恩本着整体主义的逻辑观点，在马克思主义的唯物史观视域下系统地阐释了民族主义的核心特征。

一、普遍性

奈恩认为，民族主义的意识形态和运动在现代人类发展史中具有普遍性。从纵向上看，民族主义普遍渗透交织于近 200 年来社会发展的各个阶段；从横向上看，民族主义又广泛参与到各个民族国家、各个族裔群体的共同体建构当中。作为一种历史潮流，民族主义与现代社会波澜壮阔的历史镜像、与现实实践紧密联系，它不仅普遍存在于现代民族国家当中，还是社会发展的普遍必要阶段，而且在现代世界政治秩序的推进中具有广泛性。

（一）民族主义普遍存在于现代民族国家当中

民族主义的普遍性特征首先体现为它在现代民族国家的普遍存在。民族主义既是复杂的人类历史现象，也是繁复的社会现实状况。奈恩认为，民族主义在现代社会中具有一种普遍性，这种普遍性不仅体现在民族主义的生发具有社会历史发展的必然性，还体现在民族主义在世界整体政治秩序的推进中具有广泛性。一方面，民族主义的发展不仅反映出特定历史时期和阶段的特点，而且渗透在整个人类现代社会的架构和体系之中，可以说，社会发展决定了民族主义的不可缺席，而民族主义又显示出社会发展的方向及特征。另一方面，民族主义作为一个与全部社会状况相关的意识形态和运动，它本身并不是一个独立的体系，而是广泛深入地与世界政治秩序相联系。现代民族国家的政治策略常具有民族主义的一般特征，而民族主义反过来也影响和左右各种社会政治的秩序和走向。

　　民族主义的普遍性还体现在其具有社会历史发展的必然性。现代人类历史发展的每一个脚印都有民族主义的参与，民族主义源自近代资产阶级民族国家，是人类社会生产力发展的后果，因此，只要有资本的流动，民族主义的意识形态和运动就会随之产生。换句话说，普遍的现代性必然会导致民族主义的普遍存在。奈恩认为，"发展必须在某处开始，而非在所有地方发生"①，这些发展中的一大部分是一系列突发事件，而非在发达的中心地区执行全球资本的指示。奈恩接着指出，"从这些偶然的起源迸发出暴风骤雨般的影响，以及更加深远的事件，它们迄今为止构成了'现代性'：民族国家和民族主义的世界"②。可见，在世界范围内与发展相关的突发事件产生了巨大而深刻的社会影响，并构成了现代性的基础，而在奈恩看来，现代性就是民族国家和民族主义的世界。在资本主义的风暴中，族群、语言、宗教、风俗、习惯等的多样性和差异性才是主导社会发展的决定性因素。民族主义的意识形态让民族群体认识到，在现代社会中，自己的民族是优秀的、有价值的和关键的。因此，作为现代性内容的民族主义，在现实世界中必然是普遍存在的和广泛兴起的。

　　在现代民族国家当中，民族主义的普遍存在十分重要，奈恩不止一次地这样重申道："民族主义是现代性的一种普遍的情况。公元 2000 年

----

　　① 　Nairn，T.，*Faces of Nationalism*：*Janus Revisited*，London and New York，Verso，1997，p. 8.

　　② 　Ibid.，p. 8.

更统一的世界来自超越而不是否认人性的多样和好斗的过去。"①可以看出,作为现代性的普遍情况,民族主义确实造成了人类历史上的战争,对此我们不应否认,但是,民族主义更多地表现为整个民族的紧密团结,表现为对民族国家实体的强调和维护,主张在减少内部矛盾的基础上拓展外部的发展空间,以及对人类多样性的保护,只有每个民族国家都有权利自由、自决地掌控自己的民族国家事务,我们才能够进入一个更加统一、联合的 21 世纪。可见,民族主义承认差别,也重视共同利益,作为现代民族国家最普遍的社会黏合剂,民族主义是培育民族精神、铸牢国家意识的时代课题。

(二)民族主义是社会发展的普遍必要阶段

民族主义在社会历史发展中的普遍性还表现为,它是社会发展的必要阶段。奈恩明确写道:"民族主义的概念作为所有社会发展的一个普遍必要阶段,对于唯物主义和唯心主义哲学都是普遍的。后来理论构想的社会必须经历这一阶段。这些理论也同意把这一阶段的发展归因于在相关的社会结构中固有的特定力量或冲动。民族主义因此是一个内在决定的必需品,马克思主义者把其与一个民族的市场经济和一个切实可行的民族资产阶级的创造联系在一起;唯心主义者把其与共同体的内在精神联系在一起,表现为历史发展的普遍特性。"②因此,就社会发展的阶

---

① Nairn,T.,*Faces of Nationalism:Janus Revisited*,London and New York,Verso,1997,p. 21.

② Nairn,T.,*The Break-up of Britain:Crisis and Neo-Nationalism*,London,NLB,1977,p. 333.

段过程而言，民族主义是必不可少的，只有通过民族主义的历史发展阶段，现今社会才能够达到之后的社会形态，无论是走向资本主义的更高级阶段，还是达到无政府主义的乌托邦，抑或是实现社会主义的最终理想，民族主义这一社会阶段都是不容忽视的和不可越过的。无论是唯物主义理论家还是唯心主义理论家，都承认民族主义的这种普遍必然性，它源自现代社会政治经济结构中的民族共同体和个体与生俱来的力量、冲动。但是，秉持不同基本立场的理论家，对于民族主义普遍性的要素解读是不同的，奈恩认为，马克思主义者从唯物史观看民族主义，把它与社会经济的客观状况相联系，认为其产生于民族市场经济和民族资产阶级；唯心主义者则把民族主义与主体的内在精神相联系，认为它是共同体的精神的表现。而无论如何，我们都必须承认，在社会发展的进程当中，民族主义具有普遍性。

在现代社会的发展进程当中，作为世界意识形态最磅礴的主流，民族主义必然具有一种极其巨大的导向作用。奈恩借用约翰·斯图亚特·穆勒（John Stuart Mill）关于社会现实的相关理论对民族主义进行分析，他写道："许多可怕的真相其实可以从穆勒的三个短语中读取，即民族主义的兴起，国际主义的妄想，真正发展的无可救药的（但是也幸运的）不正当性和双刃性。最后，对 1989 年现实的巨大回归。并没有'地位平等'这种东西。作为一种普遍状况，地位平等不是变化的一个普遍气候。也许一些情况比其他情况好一些，并且他们也许会——在很长一段时间内——变得更加均衡。但是，在整体上，他们已是极度的不平等了。这种不平等正是实际发展活生生的核心。"①可见，奈恩认为，20世纪80年代末90年代初的诸多重大事件——东欧剧变、苏联解体——实则是不断兴起的民族主义、当时仍无法企及的国际主义，以及发展的不正当性和双刃性的现实后果。彼时的社会现实是极度不平等的，奈恩指出，当时并不存在地位平等的条件，也许在某时某地会显现出均衡的状况，但是真实社会的不均衡、不平等的普遍环境必然会把社会现实拉回到发展的真正状况之中，而普遍存在的民族主义正是这一现实的反映、表现及中枢。可以看出，作为一个普遍兴起的社会意识形态和运动，民族主义不单单是一种心理现象和情感认同，更是符合社会普遍发展规律的自发产物，伴随着民族主义这一社会发展的普遍必要阶段的生发和推进，人类再也无法退回到封建时代了。

(三)民族主义在现代世界政治秩序推进中具有广泛性

在分析解读民族主义作为社会发展的普遍必要阶段之后，奈恩进一步指出了民族主义在政治秩序推进中的广泛性。在他看来，"民族主义也是世界秩序本身的一个副产品"②，因而民族主义必定是普遍存在的。

世界秩序受到国家实力、国际关系、民族利益、经济体制、军事能力、地域差异、外交政策等多方面条件的影响和制约，在这些纷繁复杂的条件下架构起的世界秩序必然会制造出广泛的民族主义意识形态和运动。关于这点，奈恩回到民族主义的起源进行阐述，他指出，"'主义'

---

① Nairn, T., *Faces of Nationalism: Janus Revisited*, London and New York, Verso, 1997, p. 49.

② Ibid., p. 159.

都不是机械地或直接地起源于它所代表的真实的历史实体。过去和现在无论有没有民族主义，民族都是存在的。只有在特定历史阶段，民族和国家才开始发展'民族主义'，这是民族主义理论的基本论题，一般来说，'民族主义'是从 18 世纪后期开始萌芽的……他们是被伟大的资产阶级革命和帝国强加于世界的"①。可以看出，奈恩认为，民族主义是 18 世纪以后在资产阶级革命及其帝国主义政治下显现的，伴随着资本的发展而席卷全球，民族主义并非直接来自客观的民族实体，而是在世界资本主义、帝国主义秩序的强迫下产生的。在现代历史中，资本主义、帝国主义的世界秩序对人类社会的全面统治势必造成民族主义的普遍兴起和发展。不可否认，民族主义是一个复杂的、多方面的对社会状况普遍变化的回答，"资本主义的国际性引发了民族主义和国际主义的产生，事实上，自拿破仑的法国帝国革命的兴衰以来，这些政治的世界观相互之间就存在着永久的、不稳定的紧张关系"②。

更为普遍的是，在现代社会中，民族主义的意识形态和运动被赋予了一种主导性和支配性，奈恩这样写道："就现实而言，所有我们需要做的是记住现代国际性中占主导地位的政治副产品是民族主义。不是国际主义逻辑上规定的常识，而是民族国家的非逻辑的、杂乱无章的、桀骜不驯的、分裂的、特殊主义的事实。不是增大'更高的统一'而是'巴尔干化'，即一个应当有规则的世界的尖锐的例外。这些例外已经变成了规则。这才是重点。如果我们允许历史唯物主义对我们的理论有哪怕

---

① Nairn，T.，*Faces of Nationalism*：*Janus Revisited*，London and New York，Verso，1997，p. 28.

② Ibid.，p. 28.

一点点的影响，那么我们就无法否认'巴尔干化'是必要的、不可避免的转变这种想法。"①这段论述表明，对于现代社会，民族主义是一个主导性的政治副产品，在当代世界，重要事件并不是整个世界的统一化，而是令人头痛的、分裂的、例外的巴尔干化，而造成世界范围内广泛的巴尔干化的主导就是民族主义的意识形态和运动。奈恩强调，历史唯物主义作为方法论有重要的解释价值，并以此认识到民族主义已然成为世界范围内普遍的重要规则，"作为一种参考框架和社会、政治组织的原则，民族主义无所不在"②，我们必须认清这一点。

二、地域性

从目前的探讨看来，奈恩认为，民族主义在世界历史中是不可抵抗的和不可避免的意识形态和运动，在这样的整体社会环境中，奈恩进一步从不同地域民族主义的产生、发展的角度做出了分析阐释。在他看来，民族主义并不是一种自然现象，而是在资本主义压迫之下从不发达区域的群体当中挤压出来的意识形态和运动，因此，民族主义最先生发于不发达的边缘、外围区域，进而扩展蔓延到中心地区，并成为世界范围内普遍的意识形态和运动。

---

① Nairn，T.，*Faces of Nationalism：Janus Revisited*，London and New York，Verso，1997，p. 27.

② ［土耳其］乌穆特·奥兹基瑞穆里：《当代关于民族主义的争论——批判性参与》，于红译，2页，北京，中国社会科学出版社，2017。

（一）边缘地区的民族主义

我们在探讨民族主义的意识形态和运动时，不可避免地要回答以下问题，即涉及有关民族主义起源的特定历史背景及推动力的问题：民族主义在何时、何地，以何种方式，因何而产生？这一问题的一般答案是，民族主义是欧洲晚近时期伴随着工业革命和资本主义经济发展而出现的，旨在打破神权和封建主义的一种民族认同运动。民族主义成为一种真正的现代现象，大多数民族主义研究的学者都认同它在 1800 年前后在欧洲第一次出现，民族主义是在欧洲何地最先出现的呢？对于这一问题，大部分的学者认为，近代民族国家先后产生于 16 世纪的英国、17 世纪中期的法国、18 世纪下半叶的俄国、18 世纪晚期的美国，以及18 与 19 世纪之交的德国。在这个历史序列的演进之中，民族主义和民族本身都经历了一番重大的变化，也就是说，民族主义是工业化之下，在它的原发地——英国——形成发展起来的，它是一场处于既定的历史疆域内的全体人民把国家主权从皇室、贵族手里夺归大众所有的运动。然而，不同于这一"民族主义产生于欧洲核心工业化地区"的观念，奈恩认为民族主义最先生发于边缘（periphery）区域。

在奈恩的分析中，他把资本主义作为一个世界体系分为"核心"和"边缘"两部分，正是两者之间的矛盾和世界政治经济机制下的广泛的不平衡发展催生了民族主义。上一章笔者已经完整分析过奈恩对民族主义产生的相关背景及动力机制的解读，在此就不做赘述了。民族主义为何最先生发于边缘、外围区域呢？奈恩写道："民族主义运动是对这些不平等现象的反映和对这些对立的表达。它的产生是为了统一和煽动资本主义的边缘或半边缘地的人民对抗核心地区的人民，从更实质性的、强有力的核心国家中刺激民族主义的反应。"①就此而言，正是工业革命和世界政治经济机制的特质决定了边缘、外围地区民族主义的必然生发，而边缘民族主义正是不均衡发展的最直接后果，核心区域的民族主义是被这些边缘和半边缘地区人民的反抗所激发出来的，因此它在时间顺序上迟于边缘民族主义。

奈恩看到了民族主义是由社会经济的普遍发展促成的，资本主义工业化进程触发了"核心"和"边缘"之间的紧张关系，产生了一系列地区的差异性震动，核心地区成为优先考虑的问题，相比之下，边缘地区不仅仅成为附属、次级区域，还沦为被剥削、被压迫、被掠夺的地方，而这一趋势并没有随着核心区域实现了发达和现代化而停止，反而愈演愈烈，核心地区的民族国家逐步变成帝国主义、资本主义的列强。奈恩观察到，这个社会发展过程所引发的关键的意识形态及运动就是民族主义。边缘地区能够自由发展的时间和空间被帝国主义挤压了，区域间的相互影响更加紧密了，认同、身份、情感不仅没有失去其重要性，反而增加了自身在经济、政治、文化领域中的影响，这是因为，在普遍联系的社会环境中，竞争变得极为残酷，人们比过去任何时候都更加注意自己所属的群体、国家和民族。为了更好地参与世界范围内的竞争与发展，不被先进地区的民族国家所入侵和粉碎，边缘地区的民族国家被迫使用最易调动各自民族国家的资源——民族性——来进行反抗，民族主

---

① Nairn, T., James, P., *Global Matrix*: *Nationalism*, *Globalism and State-Terrorism*, London and Ann Arbor, MI, Pluto Press, 2005, p. 76.

义由此在边缘地区最先产生。奈恩以此分析了为什么边缘地区的民族主义不可避免地在时间序列上是第一性的，体现出其民族主义理论地域性的最重要方面，以及与其他民族主义理论家关于民族主义最先生发地的根本分歧。

(二)核心地区的民族主义

接下来，奈恩分析阐释了核心地区民族主义的产生和发展。前面我们已经探讨过边缘地区民族主义产生的不可避免性，表明边缘地区民族主义是所有民族主义意识形态和运动的生发点。在奈恩看来，"核心地区的民族主义与边缘地区民族主义一样是不可避免的，而且可能会更有效"①。在他看来，核心地区的民族主义是在边缘地区民族主义的发展、影响、冲击下产生的，是一种因果性的存在。发达资本主义国家看到了民族主义的巨大力量，并借用这一力量，欺骗大众情感，以实现自身利益扩张和资本积累的丑恶目的。核心地区的发达国家和经济体"接管"了他们本来并不需要的民族主义学说，这些具有丰富人力、物质资源的社会，为了保证自身永久处于世界核心地位和保持资本主义以邻为壑而得的丰饶，把人们对不发达的痛苦、恐惧及民族情感认同结合起来，有效地动员和灌输他们的人民大众，锻造出一种比边缘地区的民族主义更具效力的民族主义。

19 世纪末以来，资本主义的主要民族国家先后进入了以垄断、侵

---

① Nairn，T.，*The Break-up of Britain：Crisis and Neo-Nationalism*，London，NLB，1977，p. 345.

略、战争为主要手段的帝国主义时期，在当时，势力范围已被瓜分完毕，资本主义政治经济不均衡发展的普遍作用要求后发展的资本主义国家重新瓜分世界，再次分配区域霸权，而老牌帝国主义国家又不愿放弃主导权和利益，加之被殖民地区的民族主义解放运动的兴起，使得各资本主义国家政客开始鼓动自己国家的民族主义情绪，他们利用民族主义的巨大导向性作用，表面上倡导民族身份、民族认同和民族利益，暗地里却进行着帝国主义的勾当，主张本民族的优越性，并以强权和战争的方式为本民族的发展开辟道路，导致了一系列的种族民族主义，包括德意志的泛日耳曼主义、俄罗斯的泛斯拉夫主义、不列颠的殖民主义、法国的民族复仇主义、日本的军国主义、美国的新殖民主义等，而正是世界范围内各个核心地区的资本主义的民族主义甚嚣尘上，加之偶发的"萨拉热窝事件""德国闪击波兰"，使得第一次世界大战和第二次世界大战一触即发。在奈恩看来，自民族主义在边缘地区产生之后，伴随其不断地向核心地区发展，民族主义最终被资本主义核心地区所利用，成为帝国主义扩张的武器，"换句话说，政治民族主义已经脱离了外围地区来到了中心地区"①。

资本主义的帝国主义国家为了自身利益无所不用其极，导致世界被划分为压迫民族和被压迫民族，同时导致了民族主义的蜕变和异化。民族主义不是一种自然现象，它最先生发于不发达的边缘地区，是边缘地区的民族主体反抗经济极端不发展的一种动员，是他们实现民族解放、

---

① Nairn, T., James, P., *Global Matrix*: *Nationalism*, *Globalism and State-Terrorism*, London and Ann Arbor, MI: Pluto Press, 2005, p. 91.

民主、自由的前提，然而，随着资本主义对其加以利用和滥用，民族主义与资产阶级的贪婪相结合，成为种族的民族主义，具有了沙文主义、法西斯主义的特征。从民族主义的地域转变所带来的性质转变当中可以看出，在认识民族主义时，我们要具体区分其历史、地域等客观条件。无论如何，民族主义普遍存在于世界的边缘与核心区域，这种普遍存在的地域性特征，"使得民族主义成为一种世界规则，一种先进的工业化国家的标准，以及那些觉醒中的国家的标准"[①]。

三、两面性

"双刃剑"在我国的民族主义讨论中是经常出现的，奈恩对民族主义的理解与此有异曲同工之妙。他通过整体的辩证分析理解近现代历史，结合关于"贾纳斯"(Janus)及"哲基尔医生和海德先生"(Dr. Jekyll and Mr. Hyde)的形象比喻，阐释民族主义生而具有的两面性的特点，由此来证明民族主义的历史合理性。

(一)现代贾纳斯

奈恩始终全面而辩证地看待民族主义，这点最初清晰地表现在他在1975 年撰写的《现代贾纳斯》一文中。贾纳斯是古罗马的两面神，他站

---

① Nairn, T., *The Break-up of Britain*: *Crisis and Neo-Nationalism*, London, NLB, 1977, p. 343.

在门槛上，一面望向未来，一面回望过去。贾纳斯作为一个十分形象的意象表现出奈恩对民族主义的看法，即民族主义生而具有两面性。"民族主义是现代性的一个现象，在边缘地区和中心地区有着不同的表现剧目。就像贾纳斯一样，它具有现代性进步和退步的两方面。"[①]这一双关性的基本态度，既不是简单的反对，也不是简单的赞成，而是致力于理解它的前因后果。"民族主义既是原因又是结果，既是民主的又是极权主义的，而且并列于人类发展与人性之中。"[②]他指出，民族主义具有一种普遍的含混不清的性质，它站在人类通往现代性的通道上，有着平民主义、政治自决与经济自主的诉求。对于奈恩来说，任何民族主义都具有两面性。奈恩并不佯称所有的民族主义都是完全合乎道德的，而是认为它最终都具有同样的矛盾本质。这就和汉斯·科恩对好的民族主义与坏的民族主义的区分有根本差异了。他这样感叹道："民族主义的大多数形式都有一种巨大的含糊、矛盾的心理。"[③]

民族主义能够引发强烈且巨大的忠诚，这种忠诚是一种对身份的认同和对边界的捍卫，人们为了保护祖国的尊严和发展甚至可以放弃生命。这一令人肃然起敬的民族共同体信念，主要体现为现代世界历史进程中的民族解放斗争，如第一次世界大战后亚非的民族解放运动、第二次世界大战的反法西斯斗争、第二次世界大战后亚非拉国家的民族独立

---

① Tiryakian, E. A., "Book Review: Faces of Nationalism: Janus Revisited by Tom Nairn," in *Social Forces*, Vol. 78, No. 1, 1999, p. 385.

② Lantis, J. S., "Book Review: Faces of Nationalism: Janus Revisited by Tom Nairn," in *The Journal of Politics*, Vol. 62, No. 4, 2000, p. 1231.

③ Nairn, T., *The Break-up of Britain: Crisis and Neo-Nationalism*, London, NLB, 1977, p. 339.

运动等。基于这种积极的、具有历史延续性的民族性认同而建立起的民族共同体，无疑是大众意志的表达，我们有义务继续维护和珍惜祖先呕心沥血为我们建立起的民族国家。这种以民族自由、解放意志为主导的民族主义是一种社会正义的框架，是民族主义积极的一面。但是，一旦对民族主义的运用超出一定的伦理道德范畴，对其加以滥用，民族主义就会从争取合法利益的诉求变为资本主义的强取豪夺，成为沙文主义、法西斯主义。[①] 民族主义的内在困境实际上正是民族主义两面性的特质所决定的，"关键是，最基本的比较分析显示，所有民族主义都既是健康的又是病态的。进步与退步两者从一开就刻在其基因密码中。这是关于它的一个结构性的事实。而且这一事实没有例外，在这个意义上说，民族主义在本质上是矛盾的，是一个准确的（而非修辞的）表述"[②]。

　　奈恩将民族主义的这种两面属性比喻为"贾纳斯"，这种"双面神"特质一方面引发了为祸甚烈的民族侵略，另一方面也带来了启蒙运动的民主理想。19 世纪的学者并不嫌恶民族主义，它与自由主义是能够相提并论的，自由主义者追求个人自由，民族主义者追求民族解放，两者在最终诉求上是相通的。而随着资本主义、帝国主义的发展，进入 20 世纪以后，民族主义几乎等同于战争，根据迈克尔·布朗（Michael E. Brown）的研究，目前全世界超过 35 个地区的武装冲突都和民族主义有关。因此，许多学者、政治家都对民族主义唯恐避之不及。然而，民族

---

　　① 刘烨：《汤姆·奈恩：基于唯物史观的民族主义研究》，载《世界民族》，2016(6)。

　　② Nairn，T.，*The Break-up of Britain：Crisis and Neo-Nationalism*，London，NLB，1977，pp. 347-348.

主义的健康与病态、进步与退步、积极与消极具有共生的特性，它同时具有健全的一面和残破的一面，我们不能简单地把它分为好的或坏的民族主义。如果纯粹地把民族主义以"好与坏"进行区分将会陷入二元论的窠臼，这种简单又粗暴的区分，其道德批判意味太重，并不符合学术研究的精神。

(二)哲基尔医生和海德先生

作为现代社会与政治变迁的自然发展的产物，民族主义表现出其与生俱来的两面性，而这种两面性体现出固有的矛盾性。奈恩 20 世纪 70 年代最著名的文章《现代贾纳斯》，就是为了呼应他这一关于民族主义的双关性的观念而作的，"民族主义的实质本身总是道德的、政治的、人性的模棱两可"[1]。《现代贾纳斯》一文出版 20 年后，奈恩在自己的《民族主义的面孔》一书中进一步论述了这一两面性的特征，他不仅仍使用"贾纳斯"来形容民族主义的双面性特征，还使用"哲基尔医生和海德先生"来进一步加深民族主义两面性特质中的矛盾状况。

"哲基尔医生和海德先生"是 19 世纪英国伟大小说家罗伯特·路易斯·史蒂文森(Robert Louis Stevenson)的代表作《化身博士》(*Strange Case of Dr Jekyll and Mr Hyde*)一书中的主人公，善良的哲基尔医生是一位温文尔雅的大善人，邪恶的海德先生则是四处作恶的恶魔，然而，他们却是具有善恶双重人格的同一个人。奈恩以此形象来描述民族

---

① Nairn, T., *The Break-up of Britain: Crisis and Neo-Nationalism*, London, NLB, 1977, p. 348.

主义的内在矛盾，他写道："通常在大多数哲基尔医生中都有一个海德先生，就像绝大多数海德先生里也有哲基尔医生一样。所有这一切都反映出他们在现代世界观中有潜在的联系，在现代世界观的大厦中他们占据着不同的楼层。"①可见，作为一个过程、一样工具，当落后的民族国家运用民族主义意识形态和运动来使民族共同体恢复骄傲和自尊时，它显现出积极、健康、建设性的一面。但是，当帝国主义、资本主义国家运用民族主义来进行征战、侵略和沙文主义压迫时，它就是一种威胁，是一种非理性的社会病态。

安东尼·吉登斯也看到了民族主义的两面性，"一方面，它引发为祸甚烈的民族性侵略，另一方面它也引发启蒙的民主理想"②。不难看出，作为社会发展过程产物的民族主义是一个辩证存在的、具有矛盾性的意识形态和运动。此外，霍勒斯·戴维斯（Horace B. Davis）曾把民族主义比喻为一个锤子，当锤子用于杀人时它无疑是一件凶器，用于盖房子时它就是一件建筑用具。民族主义本身不是非理性的，但它很可能被非理性地运用。"作为反抗民族压迫的运动它是正义的；作为侵略的手段，它是有悖于道德的。"③这恰恰体现出民族主义的巨大的矛盾性特质。民族主义不同面向的矛盾性起源于现代化的根本困境，它迫使共同体、个人一个接一个地渴望进步，这种强制使得人们无处可逃，在过去

---

①　Nairn，T.，*Faces of Nationalism：Janus Revisited*，London and New York，Verso，1997，p. 41.

②　[英]安东尼·吉登斯：《民族-国家与暴力》，胡宗泽、赵力涛译，262 页，北京，生活·读书·新知三联书店，1998.

③　Davis，H.，*Toward a Marxist Theory of Nationalism*，New York and London，Monthly Review Press，1978，p. 31.

的二百年里，它几乎无处不在，并导致了一个更深层的后果，即现代帝国主义政体，这一政体被注入了来自工业化核心地带的更大的科学技术力量，它在权力和野心方面是无限的，并期望拥有世界帝国之霸权。正是在这种社会环境下，民族主义矛盾的两面性逐渐显露，并成为世界范围内既被人追捧又遭人唾弃的意识形态及运动。

奈恩从世界历史出发认识民族主义的两面性，他写道："一方面，民族主义是一件好的东西，是一股在现代历史中的道德和政治上的积极力量。它是较弱的、欠发达国家努力摆脱外来压迫的意识形态。从希腊和拉丁美洲的独立战争时期到最近印度支那的斗争，它似乎在这个意义上是进步的方面。但另一方面，我们知道这个术语十分适用于，并仍然应用于典型的，20世纪30年代的意大利法西斯主义和日本军事国家的历史、戴高乐将军的职业和性格、阿明将军和伊朗国王的行为中。"①奈恩从唯物史观的角度剖析了民族主义的两面性特征，无论是作为边缘、外围、不发达地区的民族国家的解放斗争，还是20世纪的沙文主义、法西斯主义的压迫，都只是民族主义暧昧本性的某一方面的凸显。

奈恩紧接着指出，"民族主义理论的任务——不同于一个为了忍受矛盾的策略——必须接受这一两难的境地。必须把这一现象视为一个整体，在某种程度上克服这些'正面的'和'负面的'方面。只有以这种方式，我们才有希望摆脱以它的一个说教为主的观点，并且崛起……我不

①　Nairn，T.，*The Break-up of Britain*：*Crisis and Neo-Nationalism*，London，NLB，1977，p. 331.

会说一个'科学的'观点，因为这个词一直遭受如此多的意识形态的滥用，但是，这至少是它的一个更好的、更独立的历史的观点。为了做到这一点，我们有必要定位这一现象于一个大的、解释性框架中，一个可以理解这些矛盾的构架中"①。换句话说，只有把民族主义视为一个整体并认识到其两面性本质，我们才能够克服片面的、固定不变的、旧的民族主义的二元论，形成一个真正科学的、整全的、历史的民族主义理论。由此，奈恩必须要回答这个可以理解民族主义矛盾的框架是什么呢？他的答案是："在这里，真正有效用的参考性的唯一框架是把世界历史当作一个整体。只有历史发展的一般过程（至少），自 18 世纪以来，我们可以在这样一个巨大而复杂的问题上给出需要的核心内容。"②换句话说，正是民族主义的两面性使得我们在解释民族主义时必须要以历史唯物主义来进行阐释，这样才能真正把握这一复杂而庞大的历史与现实问题，形成一个对民族主义的整体分析。

通过辩证、整全的分析理解，奈恩得出了民族主义生而具有两面性的特点这一结论。他认为，民族主义的实质总是道德的、政治的、人性的模棱两可。这就是为什么对这一现象的研究仅从道德的角度出发来建构总是失败，无论他们是赞扬它还是指责它。许多学者只简单地抓住民族主义这一事物的一面或另一面，而不承认有一个共同的头颅连接着他们。民族主义为人类社会而站在现代性的道路上，因为人类被迫要通过现代性的狭窄通道，民族主义的一张面孔必须绝望地回望过去，为了

---

① Nairn, T., *The Break-up of Britain*: *Crisis and Neo-Nationalism*, London, NLB, 1977, p. 332.

② Ibid., p. 332.

"痛苦的"发展聚集力量；另一张面孔要坚定地凝视未来，为了追寻更美好的世界创造条件。因此，我们必须抓住"附着在民族主义上的双重内在性质"①，并鼓励民族主义主要的、进步的、积极的、健康的一面，抵制那些派生的、衰退的、非理性的一面。

四、病态性与非理性

在认识到民族主义所内置的两面性的基础上，奈恩进一步详细分析了其病态性与非理性的一面，以及反帝性与积极性的另一面。我们知道，奈恩关于民族主义两面性的阐释并不是简单地将民族主义区分为"好"与"坏"，或者划界出绝对意义上的"光明"与"黑暗"，而是辩证地看到了民族主义的矛盾本质，因此，我们不可以将民族主义思想归类为理论上的"二元论"，或者演绎为方法论上的"二分法"。尽管如此，我们必须承认，"二分法"是一种很好用的工具，可以借用二元划分的方法来方便地、清晰地解读奈恩的理论，即从价值判断的角度分类解析民族主义的两个不同面相。首先是奈恩所分析的民族主义两面性特征所呈现出的病态性与非理性的唯物史观解释。

(一)民族主义是现代历史发展中的病态

奈恩不止一次地把民族主义比喻为人类社会发展当中的"幼稚病"

---

① Nairn, T., *The Break-up of Britain: Crisis and Neo-Nationalism*, London, NLB, 1977, p. 333.

(infantilism)、"神经衰弱症"(neurosis)、"痴呆症"(dementia)、"青春期"(adolescence)等，所有这些词汇，一言以蔽之，即民族主义是一种病态(pathology)。

在现代社会，工业发展和技术进步极大地影响和推动了社会的发展，然而无所不在的技术、工业又加速了贫富分化、人的异化、区域战争等一系列社会问题，"工业社会是唯一依赖持续和永恒的增长、依赖连续不断的改进而生存的社会"①，其建立在资本不断积累之上的生产体制注定了工业社会必定会迎来狂暴的变化，尖锐而又客观的社会差异和不均衡使得民族共同体的自主、自决受到了前所未有的威胁。作为现代工业时代的一种意识形态及运动，民族主义在"现代化"转型过程中产生，它要求政治的边界和民族的边界应该是一致的。虽然对民族主义充满了同情，奈恩仍一针见血地指出，民族主义是工业发展、技术进步之殇，是现代民族国家发展中的病态，是社会还未达到完全成熟之前所得的幼稚病。

民族主义是现代历史发展中的病态。人类社会自始至终都行走于寻求工业发展和技术进步的道路之上，民族国家是社会构成的最基本体系，人们为了满足对物质财富的渴望和精神层面的认同，民族主义意识形态应运而生。民族主义作为牵涉到政治体制、经济制度、科学技术发展和社会转型的一大问题，是全体人类都难逃其外的意识形态。然而，虽然民族主义的独立运动对于实现民族解放和社会主义十分重要，但

---

① ［英］厄内斯特·盖尔纳：《民族与民族主义》，韩红译，30 页，北京，中央编译出版社，2002。

是，现代资本主义国家流行的民族主义具有幼稚的一面。奈恩对民族主义的解读恰恰与爱因斯坦的著名论断，即"民族主义是一种幼稚病，是人类的麻风病"①不谋而合，他以鲜明的整体主义的逻辑进路分析出民族主义病态的本质特性。

虽然民族主义的原则是为了让民族共同体拥有自己的政治居所，维护自身的发展和利益，保持民族文化的多样性和独特性，寻求民族国家的自由解放，然而，民族主义事实上往往并非如此理性，它有着诱发利己主义、沙文主义和种族主义的可能。近代以来，民族主义主导的运动贯穿于整个世界近现代史。一方面，民族主义引发了积极的民族解放运动，从18世纪的法国大革命，到19世纪北美独立战争、亚洲革命风暴，再到20世纪第一次世界大战后亚非的民族解放运动、30年代亚非人民反法西斯的斗争、第二次世界大战后初期亚非国家的民族独立运动、20世纪60—90年代亚非拉民族解放运动等，都是民族主义意识形态作用下产生的解放运动，是对帝国主义、资本主义的反抗。另一方面，走向极端的民族主义也导致了殖民、侵略、剥削、压迫和战争，其中规模最大、最惨烈的一场战争就是德意日发动的法西斯战争。奈恩指出："'民族主义'是现代历史发展中的病态。如同'神经衰弱'之于个人一样地不可避免；它既带有与神经衰弱极类似的本质上的暧昧性，也同样有着退化成痴呆症的内在可能性——这个退化的可能性根源于世界上大多数地区所共同面临的无助的两难困境（这种痴呆症等于是社会的幼

---

① Viereck, G. S., "What Life Means to Einstein: An Interview by George Sylvester Viereck," in *The Saturday Evening Post*, 26 October 1929, p. 117.

稚病），并且，在多数情况下是无药可医的。"①可见，民族主义有着与生俱来的病态，这一现代历史发展中的病态不仅体现为民族主义病态的不可避免，还表现为民族主义的不可医治。

奈恩没有武断地说民族主义的形式是好的或是不好的，他对此进行了这样的比喻，"民族主义的巨大家庭不能被分为黑猫和白猫，以及少数混血儿。整个家族都是斑点的，没有例外。'非理性'的形式（偏见、敏感、集体以自我为中心、侵略，等等）把它们中的很多都着色了"②。可见，在奈恩的理论进路中，他认为，所有民族主义都被非理性因素着色了，所有民族主义都是"斑点的"，抑或是"病态的"。这种社会的幼稚病是几乎所有现代共同体都要面临的问题，民族主义是社会系统尚未完全成熟的过程，它根据社会自身的内在逻辑去演进，也依照政治共同体的利益需求而滋生，其发展具有多样的可能性和不确定性。工业发展、技术进步作为人的现实活动，促进了资本主义生产力的巨大飞跃、物质财富的极大积累，进而显露其对人与社会的异化本性，成为引发民族主义这一社会幼稚病的元诱因。

纵然民族主义是一种病态，是工业和资本异化之殇的对象性存在，人类也不得不承认这一幼稚病是无法避免的社会发展过程，要实现整个人类共同的理想，必然要经过民族主义这一阶段。奈恩把社会发展的本质与民族主义密切联系起来，认为生产力的不断发展、科学技术的不断创新促使资本主义政治经济体系的不断改良、发展和扩张，在社会的这

---

① Nairn, T. , *The Break-up of Britain*：*Crisis and Neo-Nationalism*，London，NLB，1977，p. 359.

② Ibid. , p. 348.

一急速发展阶段，民族主义的意识形态必然会产生，因为它是工业和社会状况的结果，是历史和文化的产物。"极端的困难和矛盾，崩溃的前景或永远被关在通道处——类似这样的情况，当然，对于个人来说可能会导致疯狂，而对于一个社会来说则可能会导致民族主义的痴呆症。我们知道，工业化的压力巨大，工业力量的种类很多、强度很大，而且这些挑战未加限制地进入更有意识的活动中，因此，在一般意义上，在现代历史中，非理性的出现并不令人惊讶。"①民族主义的病态危机，在社会本质层面上，具有一种现实必然性。就这一点而言，这种社会的幼稚病已成为民族国家发展的一个组成部分，意味着人类必须给予这一发展阶段以时间和空间。奈恩对这种必然性感叹道："民族主义是一个内在决定的社会必需品，一个'生长的阶段'，位于传统的或'封建的'社会和未来之间，在那个未来中，民族性的因素将变得不那么重要（或者至少在人类历史上不那么麻烦）。令人遗憾的是，它是一个发展的阶段，会时而走错路和变得疯狂。这是神秘的。青春期是如何成为一种致命的疾病的呢？"②

(二)战争是民族主义的非理性剧目

对此，奈恩的答案是，民族主义的幼稚病或青春期的这种错路与疯狂、含糊与矛盾、病态与衰退的致命表现就是由其非理性特征所引起的区域间的暴力冲突。奈恩从唯物史观的视域出发，揭示出不均衡发展与

---

① Nairn, T., *The Break-up of Britain: Crisis and Neo-Nationalism*, London, NLB, 1977, p. 349.

② Ibid., p. 333.

极端民族主义战争两者潜在的关系。虽然民族主义在一定程度上是一种渴望前进的努力，它表现为对帝国压迫的反抗，是被压迫群体坚持政治自决和经济自主的一种运动，然而，民族主义的意识形态和运动常常会因其固有的病态而走上激进、暴力和毁灭性的弯路，即其"非理性"的一面。

奈恩从现代工业社会的整体设定出发，在社会发展和文明进步的意义上，对这一无法回避的历史力量和社会病态进行解读，客观辩证地分析出蕴含在其基因密码之中的非理性因素。"民族主义是一个伞状概念，它承认民族性在现代发展中的系统性。工业化的一般过程始终呈现出更多重要的民族性因素，而非反之。"[①]可见，在工业发展和社会进步的过程中，工业化已然成为民族国家产生的根源，也成为民族主义产生的关键，尤其是在资本主义工业社会的历史环境下，它甚至是引发民族共同体间矛盾、冲突的核心因素。"事实上，迄今为止，现代国际性的占绝对统治地位的政治副产品，即民族主义，不是国际主义逻辑上规定的常识，而是民族国家不合逻辑的、不整洁的、难以治愈的、崩解性的、特殊性的真相。"[②]因此，民族主义，作为一个长时间以来一直困扰着人类社会的问题，就像一把达摩克利斯之剑，悬在每一个共同体的头上，而造成这一问题的原因就是其整体面相当中非理性的一面。

民族主义非理性特征的最直接表现就是战争。虽然战争的产生是一

---

① Nairn, T., *Faces of Nationalism : Janus Revisited*, London and New York, Verso, 1997, p. 48.

② Nairn, T., "Internationalism and the Second Coming," in *Daedalus*, Vol. 122, No. 3, Summer 1993, p. 158.

种非常复杂的历史与现实现象，不能将其归因于单一的因素，但是它与民族主义的关系是十分值得探讨的，可以说，民族主义意识形态和运动对于战争的发生有着极大的诱发作用，现代世界中，大多数战争正是民族主义转向非理性的激进的结果。奈恩从唯物史观的整体角度来分析民族主义的非理性特征，结合对资本主义发展规律的认识，指出："'不均衡发展'是对'战争'的一个礼貌的学术表达。这一过程指的是战争，（人们可能称之为）'发展的战争'，自从伟大的资产阶级革命爆发以来，一直通过斗争解决问题。……在多数时间，自然地，这一斗争以社会经济的或外交的术语来进行。但是，这一本质上矛盾的过程一直倾向于真正的战争。而且我们都知道，它是历史事实中最简单的事件，从普法战争至今，现代战争已经演变成一种以前无法想象的类型和规模的军事冲突。替代 19 世纪 40 年代人们所预测的社会革命，世界大战出现了；替代国内冲突，帝国主义和民族主义屠杀出现了；作为这些战争的副产品，社会革命出现了——与民族主义主题交织在一起，与马克思主义的普遍主义所设想的完全不同。"①这说明，自资产阶级革命发生以来，几乎所有社会发展的矛盾最终都会诉诸战争，这种斗争方式就是民族主义的后果。在奈恩看来，正是战争造成了人类历史发展当中的重要拐点，换句话说，军事冲突影响和决定了当前的世界格局，无论是世界大战还是帝国主义，抑或民族主义屠杀，都与民族主义的非理性特征相关。

---

① Nairn, T. , *The Break-up of Britain: Crisis and Neo-Nationalism* , London, NLB, 1977, p. 345.

"在这个战争的世界中"①，奈恩继续分析、阐释了民族主义的"非理性"问题。他指出，关于"民族主义的民间传说有一个简单的答案，关于现代历史的更显著的灾难性的方面是，他们代表意外的偏差或过度。……这些灾难出现于帝国主义及其弊端对民族主义的挪用"②。可见，现代历史的灾难源于帝国主义对民族主义的挪用，民族主义的非理性因素引起了其自身的偏差和过度，最终造成了战争的苦难。由此，奈恩再次回到了民族主义的病态性特质，他总结道："所以，民族主义有两种。一种是主要的、本质上是健康的民族主义，我们所赞同的在印度和莫桑比克；以及另一种派生的、退化的民族主义，我们所反对的，例如，美国的工人阶级、戴高乐主义、智利军政府等。正是这种差异，解释了一些民族主义的'非理性'现象。虽然民族主义的主要动力是进步的，但是它的这些滥用的版本是退化的，而且它倾向于鼓励社会和心理的返祖现象，利用无谓的恐惧和偏见，并因此使其人民走向暴力。"③奈恩指出了现实世界当中民族主义的两面，即主要的、本质上是健康的民族主义和派生的、退化的民族主义，并由此解释了民族主义的非理性特征是战争和暴力的根源。

虽然奈恩把民族主义的两面区分开来，但并不认为存在着纯粹好的或坏的民族主义，抑或是完全健康的或病态的民族主义，他如此解释道："承认这些政治的和道德的区别是合理的，……区别并不意味着两

① Nairn, T., *The Break-up of Britain: Crisis and Neo-Nationalism*, London, NLB, 1977, p. 345.

② Ibid., p. 347.

③ Ibid., p. 347.

种民族主义的存在，一个健康和一个病态。关键是，作为最基本的比较分析显示，所有民族主义都既是健康的又是病态的。进步与退步两者从一开始就刻在其基因密码中。"①奈恩以此分析了民族主义病态的非理性剧目——战争，并呼应了现代民族主义的两面性特征，这样他就可以更加具体而深入地分析民族主义不同地区暴力冲突的历史了。

(三)种族民族主义的暴力冲突问题

民族主义具有暴力的"非理性"特征，尽管这一特征并不是所有民族主义的主要面相，但是，一旦走向民族暴力，它势必会造成严重的后果。奈恩认为，"虽然民族主义的主要动力是进步的，但是其滥用版本是退步的，而且它倾向于鼓励社会和心理的返祖现象，利用无谓的恐惧和偏见，并因此走向暴力"②。因此，对民族主义的滥用会导致非理性的暴力。这恰恰与马克思的民族理论相契合，"民族的意志，正如个人的意志一样，不能超越理性规律的范围。非理性的民族根本谈不上有什么合乎理性的国家组织"③。这一论述表明，民族意志不能超越一定的范畴，民族主义这一意识形态作为民族意志的一部分更加不得滥用，否则就会造成非理性的民族主义暴力。

那么，民族主义与非理性暴力之间的关系究竟是怎样的呢？为何苏格兰民族主义历史中少有暴力发生，而在未实现现代化的地区却时有惨

---

① Nairn，T.，*The Break-up of Britain：Crisis and Neo-Nationalism*，London，NLB，1977，pp. 347-348.

② Ibid.，p. 347.

③ 《马克思恩格斯全集》第 1 卷，316 页，北京，人民出版社，1956.

绝人寰的暴力冲突发生呢？对此，奈恩在民族主义与种族民族主义之间做出了区分，认为后者激发暴力，而不是前者。苏格兰民族主义发生在生产力十分发达的现代化地域，是苏格兰民族对不列颠帝国主义和资本主义的反抗，苏格兰民族希望借由和平的手段，以一种与时俱进、解放而又革命的民族主义来实现苏格兰民族的自决与自治。与此相反，种族民族主义在本质上是沙文主义的一个变形，表现出不合理的、过分的、盲目的、危险的、极端的民族情感。奈恩主要以农民沙文主义和大国沙文主义的民族主义两者为例，分析了种族民族主义的非理性特征。他指出，在以农业为主导的生产力不发达地区，民族主义的滥用会导致农民沙文主义，如 20 世纪 70 年代柬埔寨的红色高棉杀戮；而在已经实现工业化和现代化的区域，民族主义的滥用则会导致种族主义、军国主义、法西斯主义、纳粹主义，如德意日三国的法西斯战争。

奈恩将民族主义的非理性病态归结为"种族民族主义"（Ethnic Nationalism，也译为"族裔民族主义"），这种"鲜血与土地"的民族主义形式充满越轨行为和暴力冲突。种族民族主义极具沙文主义和排他主义的信念，它以传统的亲属和身份关系把民族中的人民凝聚在一起，主张自身民族优于其他民族，表现为对本民族语言、文化和血统的自负，是一种非自由主义的、仇视其他民族的情绪。由此，奈恩解释了有关民族主义的种族灭绝方面的问题，他认为，这里的问题不是民族主义本身，而是种族的民族主义，尤其是在那些民族主义被用来动员生活在"现代化"威胁之下的农民地域。

1. 农民沙文主义的民族主义——柬埔寨(1975—1979)

在对种族民族主义的分析中，奈恩首先对农民沙文主义（Peasant

Chauvinism)的民族主义进行了解释，他认为，"第一阶段，主流民族性政治不可避免地异常依恋农村性。在大多数情况下，贾纳斯没有其他地方来安放他的意识形态的目光"①。因此，民族主义的普遍状况是，它必须首先依赖于农村地区，作为民族主义意识形态和运动产生后的第一阶段，它与现代化的发达地区相对立，必然要以农村为依托，并由此向外辐射。在 20 世纪，广泛的边缘地区的民族主义运动都是为了生存、自由和解放而斗争，然而，一旦超出了某些限度或被极端思想所控制，该民族主义就会转变为农民沙文主义的民族主义。

农民沙文主义的民族主义发生在农业主导的地区，在那些地区，民族冲突往往比较激烈，奈恩以红色高棉（Khmer Rouge）为例，解读了农民沙文主义的民族主义的恶果。20 世纪 70 年代的柬埔寨基本没有工业，红色高棉运动动员起农民，试图重新塑造一个民族，对外与越南进行战争，对内则对异质民族进行清洗，完全中止了城市化并且强行重组农业社会，最终造成了毁灭性的后果。究其原因，红色高棉的民族主义并不是现代化的结果，而是"农民沙文主义"的结果。农民沙文主义的民族主义在本质上是农民阶级的变形。奈恩指出，那些民族主义冲突最强的地区，往往也是农业主导的地区。那些被用来动员生活在现代化威胁之下的农民所处地域的民族主义思想和运动最容易失控，最易造成现代历史中巨大的灾难性后果。他也以此解释了柬埔寨和卢旺达的大屠杀。

---

① Nairn，T.，*Faces of Nationalism*：*Janus Revisited*，London and New York，Verso，1997，p. 72.

在奈恩看来，作为种族民族主义主要表现之一的农民沙文主义，"本质上是农民阶级的一个变形，至少在理想的条件下，蜕变成为一个民族"①。农民阶级的这种变形是在现代化因素下被迫发生的，正是长期的和大规模的社会发展历程促使农民阶级进行"重构"，"农民阶级可以'重构'，在根本上是一种杠杆形式，是一种帮助建立现代民族的手段"②。而这种"重构"如果没有知识分子进行引导，常常会走向极端与暴力，"一个最具揭露性的事情发生在1975年和1979年之间的柬埔寨。在那里进行的一个重要的历史尝试，确实扭转了整个过程——完全中止了城市化，并且强行重组农民社会使其成为一种不同的国家，本·基尔南（Ben Kiernan）在他的新研究中称之为'契约农业国家'。每个人都听说过伴随着这种尝试的恐怖，然而，却对这一事件本身仍是一知半解的。……但是，在更长远的回顾中，如此彻底地从本·基尔南的新书《波尔布特政权》（*The Pol Pot Regime*）中吐露这一事件，我们可以看到这一曲解的不足之处。其他坐标是更重要的。更准确地说，1975—1975年的柬埔寨是民族主义发展的一个偏差。因此，从1996年的观点来看，它显得完全不同：作为今天许多'问题'的一个非凡的先驱。……它充分体现了在一个明确的族裔的或种族的民族主义的模板（ethnic or racial-nationalist template）上，权力的行使会多么具有毁灭性"③。

在对柬埔寨的农民沙文主义的民族主义的阐释中，奈恩主要结合了

---

① Nairn, T., *Faces of Nationalism*: *Janus Revisited*, London and New York, Verso, 1997, p. 91.

② Ibid., p. 91.

③ Ibid., p. 92.

耶鲁大学国际和区域研究教授、种族灭绝研究项目主任和历史学家本·基尔南对红色高棉的分析。奈恩指出，20 世纪 70 年代的波尔布特政权所造成的恐怖后果，是民族主义走向极端、非理性的偏差事件，桑洛沙（Saloth Sar）的错误在于完全中止了柬埔寨的城市化进程，并强行重组农民社会成为一种单一的民族国家，红色高棉所推行的中央控制下的"清洗"政策必然会带来毁灭性的后果。"波尔布特的革命目标是，建立一个纯血统的和几乎完全自给自足的、乡村的高棉民族国家。"①

进而，奈恩开始分析农民阶级在集权下是如何变为沙文主义的。对此，奈恩从波尔布特的红色高棉政权入手进行阐释，波尔布特向民主柬埔寨国歌致敬道："我们的国歌，清楚地表明了人民斗争的本质。正如你们所知道的，国歌不是诗人创作的。其实质是我们全体人民的血。这血的召唤已经被包含进了国歌。"②不难看出，波尔布特打着人民斗争的幌子为自己的方针进行掩饰，他的"全体人民"不是生活在 1975 年以前柬埔寨的每个人，而是所谓的"真正的高棉人"，他认为，"金边和旧政权充满了叛徒和无耻之徒，以及外国人。必须摆脱这些虚假的高棉人"③。波尔布特利用民族主义来欺骗和控制柬埔寨的农民，让单纯而又善良的农民认为"他们承担着民族灵魂的血的负担"④。此外，他还打压和抹黑知识分子阶层，认为，"大学毕业生知道任何有关真正的自然

---

① Nairn, T., *Faces of Nationalism*: *Janus Revisited*, London and New York, Verso, 1997, p. 92.

② Ibid., p. 95.

③ Ibid., p. 95.

④ Ibid., p. 95.

科学的事情吗？答案是否定的，他们完成的每件事都是根据国外的书籍和标准进行的，因此，是无用的。相比之下，我们在农村地区的孩子一直都有很有用的知识。他们会告诉你哪头牛是驯服的，哪头牛是易激动的。他们可以从其两侧骑上一头水牛。实际上他们是自然界的大师，[而且]只有这才应该被称为自然科学，因为它与国家的实际紧密联系，与民族主义思想、生产、国家建设和防御相联系"①。由此，波尔布特从根本上抑制了知识分子对农民阶级的正确引导，彻底地把柬埔寨带上了极端的种族民族主义的毁灭性道路。

波尔布特在充分利用和调动柬埔寨的农民阶级之后，完全终止了其现代化的进程，认为"真正的高棉人必须重新教育他们堕落的表兄弟'国家'……因此，不是把农民部队放到城市，而是把城市清空为农村。如果艰苦的劳动会提高粮食产量并使柬埔寨自给自足，或实现'真正的独立'，那么外国的强迫观念和自私的个人主义会被一个多产的政权打败。这将迅速带来'一个干净的社会制度，一个新的社会声音，干净的没有腐败、贪污、挪用公款、流氓、卖淫、赌博、酗酒或任何一种危险的游戏'"②。农民沙文主义的民族主义火焰被煽动起来，变成疯狂的激情，波尔布特认为，通过治理和指导，真正创造一个典型的农村社会主义国家是有可能的。他幻想在现代历史上这是第一次，完全的自给自足可能是可实现的。这完全背离马克思主义的社会发展理念，最终造成了空前

---

① Jackson, K. D., *Cambodia*, 1975-1978: *Rendezvous with Death*, Princeton, Princeton University Press, 1989, pp. 74-75.

② Nairn, T., *Faces of Nationalism*: *Janus Revisited*, London and New York, Verso, 1997, p. 96.

的血腥和残忍。

对此，奈恩分析道："在由此产生的柬埔寨狂潮中，民族纯洁是一个关键主题。另一个主题则是他称为的'集中控制的斗争'，或'红色高棉政权中心为了自上而下的统治而做的不断斗争'。然而，事实上，两个主题是相互隐含的。立体典型的、简单的农民自己并不能计划和组织新的霸权，也不能决定谁是不相容的因素，以及对他们做什么。这是政党的任务。"①这看似是解放的斗争，实则是红色高棉政权疯狂地进行种族清洗和遏制其他政治力量的行径，农民并不知道这些，他们单纯地相信波尔布特所讲的"以土壤耕种者（即农民）的名义"所进行的革命斗争，支持"真正的"高棉主义革命而不是背叛它。在民主柬埔寨，安卡（Angkar）把民族主义转变为专制主义最具可塑性的工具，这就是为什么独裁者要利用虚构的亲属关系来引导乡村地区的种族民族主义。

而为何红色高棉能够如此轻易地欺骗和利用农民的力量呢？奈恩的答案是："农民的运动最容易发生在'被战争摧毁的国家，因为他们经历了传统的领导和社会秩序的崩溃'。"②我们知道，在越南战争的最后几年，美国长期轰炸柬埔寨，这是波尔布特崛起的最重要的一个因素，"1969 年到 1973 年，美国 B-52 轰炸机对柬埔寨农村执行了地毯式的轰炸。越南军队越来越多地利用本是中立的柬埔寨，它被美国空军力量追捕和侵扰。很自然地，结果是大屠杀中的大多数是柬埔寨人"③。红色

---

① Nairn, T., *Faces of Nationalism: Janus Revisited*, London and New York, Verso, 1997, p. 96.

② Ibid., p. 98.

③ Ibid., p. 98.

高棉利用 B-52 轰炸机攻击造成的破坏作为他们宣传运动的主题，他们告诉人们，是朗诺(Lon Nol)政府要求空袭的，并要为无辜村民的苦难负责。因此，停止对"国家的大规模破坏"的唯一方法是击败朗诺和停止轰炸。该方法成功地招募了一批年轻人，而且该方法对于难民和受 B-52 轰炸机攻击的地区十分有效。奈恩引用了这样一段描述："当大炸弹和炮火来临时，普通人有时真的会拉在裤子里。他们的头脑就是吓呆了，他们会无声地游荡三四天。受惊吓的、半疯的人们愿意相信他们被告知的任何事情，这就是为什么红色高棉可以那么容易地赢得人心。"①

　　红色高棉由此开始以"意志的胜利"来操控农民，他们灌输给柬埔寨人民一种疯狂的想法，即任何真正的高棉人相当于 30 个软弱的越南人。民主柬埔寨使部分高棉人认为自己是完全有能力入侵其邻国并"收回"湄公河下游地区的。这种逻辑无疑是自杀。柬埔寨不同地区的人们逐渐开始意识到，红色高棉践踏了革命旗帜，它所做的与其所宣扬的截然相反。这些开始清醒的人通常会被当场击毙，或送到吐斯廉(Tuol Sleng)。但是，安卡和军队都被进一步削弱了，更多的人认识到了这些错误，他们开始打破它，并最终导致了波尔布特政权的消亡。对此，奈恩诉诸基尔南的解释："农民起初积极地支持红色高棉接管这个国家，但是随后却大失所望，尤其是当他们意识到家庭生活本身受到威胁时。……波尔布特的乡村乌托邦真正的目标是结束农村生活。……对暴力和死亡，基尔南判定农民是有罪的，但是情有可原的境遇是，起初他们必须让他们

---

① Nairn，T.，*Faces of Nationalism*：*Janus Revisited*，London and New York，Verso，1997，p. 99.

进来反对城市居民，尤其是受过教育的人，但后来被迫对自己的作为进行忏悔。"①奈恩紧接着评价道："柬埔寨版本明显的是他（盖尔纳）经常描述的主流模式的一种病理转移。"②可见，柬埔寨的农民沙文主义是民族主义病理的极端表现，它通过再现乡村、血液和土壤的主要因素，形成暴力性的后果。

因此，在以农业为主导的不发达区域，对民族主义的运用必须要以知识分子所引领的正确的、健康的民族认同为先导，使其向健康积极的方向发展，而不是落入沙文主义的漩涡当中。"'沙文主义'的真实故事表明，现代化需要通过像一个巨大水渠一样的通道，其中有许多代的斗争，试图解决农村的过去和城市工业的未来两者间的矛盾。"③由此，我们可以得出这样的结论，只有在边缘地区解决农业与工业之间发展的矛盾，并给予农民阶级以正确的引导，才有可能在根本上避免和消解农民沙文主义的民族主义。

2. 大国沙文主义的民族主义——德国、意大利、日本

在对种族民族主义的阐释中，除了农民沙文主义的民族主义，奈恩还着重分析了大国沙文主义（Great Nation Chauvinism）的民族主义。种族民族主义的暴力冲突不仅是贫穷、边缘的农业国家的不幸事件，同时也牵扯到那些富有的、中心的工业化国家。因为，"一旦民族国家被意识形态化为'民族主义'并成为世界政治的新气象——新接受的政治人性

---

① Nairn，T.，*Faces of Nationalism*：*Janus Revisited*，London and New York，Verso，1997，p. 101.

② Ibid.，p. 101.

③ Ibid.，p. 104.

的真相——的核心领域，他们自己也必将成为民族主义的"①。所以，核心地区的民族主义也是不可避免的，而其畸变就是大国沙文主义。

与农民沙文主义不同，大国沙文主义一般发生在已经实现工业化和现代化的区域。鉴于奈恩认为民族主义是不均衡发展的反应，不均衡发展是资本主义所固有的，而资本主义是现代场景的一个固定部分，我们必须看到，大国沙文主义的民族主义不是民族壁垒的分解，而是大国野心的一个借口，尽管英、法、美、德、意、日等核心国家一直宣称，他们向全世界推行的是民主与解放，并极力否认其侵略性和破坏性，但是历史不曾说谎：核心资本主义国家的民族主义是"大国沙文主义，或'反动的民族主义'，是一个都市统治阶层的阴谋，它借用了世界民族解放斗争的思想和情感，并雇佣他们来欺骗无产阶级。遗憾的是，这似乎常常是奏效的"②。奈恩的这段论述与马克思的论断不谋而合，"资产阶级的沙文主义只不过是一种虚假的装饰，它给资产阶级种种无理性要求穿上一件民族的外衣"③。

奈恩经由种族民族主义当中的大国沙文主义的表现解释了 20 世纪德意日的法西斯主义战争。作为一种现代历史现象，学界对于法西斯主义的本质与起因一直存在着持久的争论与分歧。较之一般的理论，奈恩对此的分析更加注重历史唯物主义视域下的社会经济视角的阐释，他指

---

① Nairn，T.，*The Break-up of Britain：Crisis and Neo-Nationalism*，London，NLB，1977，p. 344.

② Ibid.，p. 347.

③ 中国社会科学院民族研究所编：《马克思恩格斯论民族问题》（上），479 页，北京，民族出版社，1987。

出："19 世纪，随着边缘地区追赶上核心区域，'由上而下的革命'使得德国、意大利和日本的超高速的工业化成为可能，面对这种状况，英国和法国发展出自己的'民族主义'就不那么令人惊讶了。这导致了创始人成员和暴发户之间的斗争，在那里，大国民族主义被从新的观念和情感中锻造出来。自然地，与边缘地区相比，被锻造的民族主义具有更丰富的效力，一个简单的原因是，这些社会具有丰富的人力和物质资源去这样做。"[1]从历史的角度来看，德意日三国确实通过政治改革和重组实现了自身的经济发展，因此，这三国作为工业化的后起之秀必然会与老牌强国进行斗争，在斗争中，民族主义作为最有效力的意识形态和运动，自然而然成为每个工业化民族国家都要使用的手段。

奈恩进一步分析了德意日三国是如何利用民族主义来动员自己的人民的，这种比边缘地区更具效力的民族主义"在一定程度上结合这两个因素：'不发达'的痛苦经历与恐惧，和现代社会经济机构，这两者的结合使他们能够有效地动员和灌输他们的人民大众"[2]。也就是说，曾经相对落后的经济和对此的恐惧，以及现代社会经济机构，共同构成了德意日三国利用民族主义的理由。那么是什么因素让德国、意大利和日本组合在一起成为 1939—1945 年的轴心国呢？奈恩指出，这三个社会都有一个相对（与英法比较）"落后"的经验，他们不是处于真正的边缘地区，而是半边缘地区。对于这种突然被剥夺和虚弱的困境，这三个国家以特别强烈的、补偿性的意识形态机制作应对，即民族主义的信念和情

---

① Nairn, T., *The Break-up of Britain: Crisis and Neo-Nationalism*, London, NLB, 1977, p. 344.

② Ibid., pp. 345-346.

感，在此基础上，它们以实质性的民族国家权力实现高速工业化和国家强制性的社会严格控制。"这样，这些社会就能够以前所未有的力量去实现'民族主义'的意识形态。……20 世纪上半叶，这三个国家都面对这样一个事实，或者直接的可能性，即瓦解。对于他们来说，这意味着贬谪：永久地限制在二流水平、半边缘的位置，被排除在核心地区的'日不落之地'之外。物质的与道德的失败，内部崩溃的威胁，或者（在他们看来）继续或再度被核心帝国主义力量所侵略——这些因素，促使他们进入一个更加强化的民族主义动员的形式中。"①毫不奇怪，此时，强大的大国沙文主义的民族主义意识形态出现了，并被迅速地挪用于帝国主义的真正资源之上，最终造成了法西斯主义的可怕后果。

就目前奈恩对法西斯主义的分析来看，我们可以得出这样的认识：尽管民族主义并不必然是种族主义的或非理性的，但是作为"一个如此千变万化的现象"②，民族主义在资产阶级民族国家的权利滥用中表现出崇尚暴力和美化自身族裔的特点，并最终发展为大国沙文主义的种族民族主义。正是种族民族主义表现出的对族裔统一和种族纯洁的执迷，在法西斯主义的暴力历史中发挥了决定性的作用。虽然十分同情民族主义，但是奈恩仍理性、客观地分析了民族主义走向极端、非理性、病态的法西斯主义面相，因为"用足够的历史深度去看，法西斯主义更多地告诉了我们民族主义的东西，而非任何其他事件"③。

---

① Nairn, T., *The Break-up of Britain: Crisis and Neo-Nationalism*, London, NLB, 1977, p. 346.

② Ibid., p. 347.

③ Ibid., p. 347.

通过以上分析可以看出，奈恩从民族主义的两面性入手，不仅区分了民族主义与种族民族主义的差异，还洞悉了民族主义病态性、非理性特征所带来的不同政治经济区域的暴力问题。他这样写道："温和的、合理的民族主义是被称赞的，但是，一个超出这些历史限制的极端的或过度的民族主义则被视为是不健康的和危险的。"①因此，我们在采取民族主义意识形态及运动以实现自由和解放时，应该仔细分辨其中的各种因素究竟是平民主义的诉求还是沙文主义的阴谋，是谋求发展的斗争还是帝国侵略的暴力，是民族的解放还是资本的侵蚀，以避免退化为沙文主义的种族民族主义。

五、反帝性与积极性

像卢森堡、斯大林、凯杜里一样坚定不移地批评民族主义的人会愤然认为，民族主义是一种"罪恶、愤怒和道德激情"②，这种无情的谴责通过世界范围内许多政治评论家宣传开来，而大众也总是趋于急于为区域间的暴力冲突找到一个源头，因而会毫不反抗、不假思索地接受这种观念。然而，简单地把民族主义视为罪恶的源头和战争的罪魁祸首显然是错误的，尽管它有着非理性的病态面相，但是民族主义作为一种意识

---

① Nairn，T.，*The Break-up of Britain：Crisis and Neo-Nationalism*，London，NLB，1977，p. 333.

② Kedourie，E.，ed.，*Nationalism in Asia and Africa*，London，Weidenfeld and Nicolson，1971，p. 2.

形态和运动还具有反帝国主义的特性和积极性。

作为一个对民族主义充满同情的马克思主义者，奈恩把民族主义比喻为双面神贾纳斯，这恰恰体现出他对民族主义的分析极具客观性、辩证性、理性和科学性，而在民族主义的双面相中，奈恩更加肯定了其积极的、反帝性的面相，他在《民族主义的面孔》一书中写道："15 年前我写了一些关于'现代贾纳斯'的东西，把民族主义比喻为双头罗马神，他在向前看的时候也不住地向后看。从那时起，整个世界变得越来越像他。但是，有一个重要的区别。我认为，总的来说，在奇怪面容中其向前看的一面可能比 1977 年更加突出。也许是因为今天向前看的观点比那时更加开放和令人鼓舞。"①可见，在任何情况下，我们都不能仅仅看到民族主义非理性的、狭隘的、仇恨的和暴力性的一面，还要注意到它健康的、建构性的、反帝国主义的、积极的一面，而在奈恩看来，民族主义那美好的一面在现在变得更加重要和占主导地位。由此出发，奈恩阐释了民族主义的反帝性与积极性。

（一）民族主义是对帝国主义压迫的反抗

奈恩并不怀疑民族主义的某些非理性特点，他认为，只有在极端的环境中才能让其病态全面爆发。在理论构建中，奈恩更强调民族主义的积极作用，他从发展中的、边缘的、外围的民族国家出发，分析民族主义在这些区域的影响，得出了民族主义的"反帝国主义理论"（The Anti-

---

① Nairn，T.，"Demonising Nationalism," in *London Review of Books*，Vol. 15，No. 4，25 February 1993，p. 6.

Imperialist Theory)①，"它主要强调边缘地区斗争的连续波次，从19世纪初到现在的广义的第三世界的反叛"②。在这些区域，民族主义意识形态和运动可以使新的民族国家政权合法，有助于维持政治稳定，对有分裂倾向的人民进行管理，推动政治体制改革，促进广泛的社会变革和现代化进程，更不用说在民族国家政治自决和经济自主上面的功用了。

奈恩的反帝国主义理论同样展现了唯物史观的分析视角，对于边缘地区民族主义斗争的连续波次，他"是在一个高度积极的道德观念中看待这一现象的。那里可能有畸变和过激行为，但是民族主义主要伴随的是进步的天使。这种观点最有说服力地表达在盖尔纳著名的民族主义文章的结束篇。'大体上这似乎是一个仁慈的安排'，他认为，因为如果对发展民族主义的反应没有发生，那么帝国主义只会加剧"③。换句话说，民族主义的发生抑制了帝国主义的蔓延，在奈恩的民族主义思想特征中，"反帝国主义理论优于关于恶魔的冲动和压抑不住的返祖现象的故事"④，他将民族主义与历史发展的更广泛的历史和现实联系起来，指出民族主义结合了理论意识与强大的实践、政治冲动，而团结的冲动与对不发展的斗争仍然是世界上民族主义的主要来源和目的。

纵观世界范围内的民族主义的历史和现实，奈恩发现，"反帝国主义的理论释放了不均衡发展的真正逻辑，因为它放开了过程的整体

---

① Nairn，T.，*The Break-up of Britain：Crisis and Neo-Nationalism*，London，NLB，1977，p. 341.

② Ibid.，p. 342.

③ Ibid.，pp. 341-342.

④ Ibid.，p. 342.

性。……核心驱动力一直是全部矛盾运动的主要动力。换句话说，这是发达对不发达地区的不可抗拒的、变形的冲击，是核心领域对全世界农村的冲击。民族主义'抵抗'这一冲击，这是真的，并取得了一些成功"[①]。可见，就全世界的不发达边缘地区而言，民族主义的确是抵抗帝国主义冲击的手段和力量，它在社会发展中是一个内在逻辑，并由此促进了世界范围内民族国家的整体斗争。

从狭义的具体事件上讲，从19世纪北美独立战争、亚洲革命风暴，到20世纪第一次世界大战后的亚非民族解放运动、30年代亚非人民反法西斯的斗争，再到第二次世界大战后初期亚非国家的民族独立运动和20世纪60—90年代亚非拉民族解放运动等，都是矛头直指帝国主义和资本主义侵略、压迫的革命运动，世界范围内的边缘地区，在民族主义意识形态和运动的指导下，在近两个世纪内经历了一个史诗式的转变。过往相对隔绝的、独立的外围、边缘地区在不断受到资本主义国家的冲击和压迫下，旧的观念逐渐被全新的民族主义、自由民主的思想所取代，从而成为真正意义上的反帝国主义的民族解放运动。

从广义的一般特性上说，奈恩这样总结道："民族主义的产生显然是边缘国家的一种补偿性的反应。其对理想的强化符合现实物质的缺乏性质，即现代性的经济和社会机构。那些发展的武器现在正在运用这一效果，被英国、法国运用，以及被后来取得它们的其他地区运用。正是这些武器的缺乏及能得到它们的绝望，使民族主义的补偿性意识形态的

---

① Nairn，T.，*The Break-up of Britain：Crisis and Neo-Nationalism*，London，NLB，1977，p. 342.

武器具有了一种必要性,理想的发动机被迫走出了落后或从属状态。"①
可见,民族主义意识形态指导和促进了世界不发达地区的反帝国主义
运动。

因此,作为世界历史发展所展示的最基本图景,民族主义意识形态
和运动总是通过边缘地区的人民思考和认识到自身的困境而产生,在帝
国主义、资本主义主导的时代,当这些边缘地区努力重新整理自己以面
对来自资本的威胁时,民族主义的言论和学说在被压迫地区不断重新制
定和补充,通过边缘地区的不懈斗争,真实的、反帝国主义的民族主义
意识形态和力量变得无所不在。

(二)民族主义是一次真正的觉醒

历史是人类共同体的集体记忆,民族主义的反帝国主义特性通过各
种历史事实展示出自身的积极性。奈恩认为,民族主义是一种渴望前进
的努力,在被现代工业社会定位为落后、边缘和外围之后,被压迫群体
必然会诉诸对帝国压迫的反抗,这种坚持政治自决和经济自主的运动,
是为了民族国家的生存和繁荣而斗争的。奈恩写道,"所有种类的民族
主义都因外部的伤害、威胁、侮辱、被冒犯的骄傲和攻击而成长"②,
并"通过民族主义唤醒逝去的东西,重点是这是其第一次真正的觉

---

① Nairn, T., *The Break-up of Britain: Crisis and Neo-Nationalism*, London,
NLB, 1977, p. 343.

② Nairn, T., "British Nationalism and the EEC," in *New Left Review*, I/69, Sep-
tember-October 1971, p. 20.

醒"①。对奈恩有重要影响的捷克史学家米洛斯拉夫·罗奇指出，现今的民族主义或族群认同，是"一种替代品，在一个碎裂社会里替代原先的凝聚作用。当社会崩倒时，民族便取而代之，扮演人民的终极保镖"②。可见，将民族主义政治仅仅描述为秘密阴谋、恐怖主义，或虚无主义、极权主义是一种误导，它本身有着巨大的人道化与文明开化的作用，民族主义是不发达地区人民大众的觉醒，是自治、解放、自由意识的萌芽。

民族主义鼓动人心的方面在于，通过反抗，被压迫和被侵略的民族能够看到自由、解放的希望，在历经漫长而又艰苦卓绝的斗争之后，这些民族能够最终推翻帝国主义的压迫和实现民族国家的自治。民族主义的诉求是历史过程中一定逻辑的产物，是对"自由、领土自治、民族性本身权利"的追求，"民族和民族主义是世界历史的资产阶级时代的一个方面。在这个时代，它具有（或在多数情况下，不得不具有）两种正当理由作为历史的动力。首先，作为逃离封建的或其他原始体系的一个必要手段，民族主义不可能是经济和社会进步的一个障碍。在这个意义上说，民族主义是现代社会形成的先决条件，而整个资产阶级文明一直在这样一个重要的先决条件的模具中浇铸；并且直到现在才开始打破它。其次——主要在 20 世纪——民族主义一直作为一个类似的工具，为了让非欧洲社会从另一个体系中逃脱，这一体系对非欧洲社会构成了一个

---

① Nairn，T.，*Faces of Nationalism*：*Janus Revisited*，London and New York，Verso，1997，p. 4.

② ［英］埃里克·霍布斯鲍姆：《民族与民族主义》，李金梅译，167 页，上海，上海人民出版社，2006。

同样难以逾越的发展障碍,即西方帝国主义。在这里没必要尝试去讨论这些问题的复杂性。但是,可以肯定的是,很显然,在这两种情况下,民族主义有一个双重积极的作用:在外部,是一种扫除陈旧的或掠夺的社会形态的手段;而在内部,是一种为促进社会经济发展而动员民众的手段"①。可见,民族主义在现代历史上占据了一个重要的位置,民族主义是作为封建主义和帝国主义的矫正机而出现的,表达出对自由的渴望、对发展的追求和对自身权利的认同。是什么样的理由使得民族主义具有这样的积极性呢?奈恩已然告诉了我们:一是外部发展与反抗的手段,二是内部动员和觉醒的方法。因此,不论是反抗帝国主义的民族解放战争,还是通过民族国家的构建而填补的政治民主、经济发展和文化认同都要归功于民族主义。

具体而言,帝国主义的时代必然会造成有的民族成为"大民族"或"压迫民族",有的民族成为"小民族"或"被压迫民族",两者的斗争经久难息。在这一情况下,民族主义对本民族利益的维护和排外的倾向使得凌驾于众多民族的帝国主义模式很难形成,且就算形成了也难以为继。因此,民族主义对帝国主义有着强大的破坏力和反抗性,从历史发展的过程当中,我们不禁会认识到,"帝国终究是要解体的,古往今来,帝国解体的重要动因之一就是民族主义"②。在帝国主义肆意妄为的现代社会,反抗并颠覆其秩序的社会力量除了无产阶级外,就是广大的殖民

---

① Nairn,T.,"The Three Dreams of Scottish Nationalism," in *New Left Review*, I/49,May-June 1968,p. 12.

② 郝时远:《重读斯大林民族定义——读书笔记之三:苏联多民族国家模式中的国家与民族》,载《世界民族》,2003(6)。

地、半殖民地的民族主义意识形态和声势浩大的民族解放运动。帝国主义的政治经济制度保护资本主义的利益，掠夺压迫弱小民族，由这种政治产生的战争就是帝国主义战争，因此，反对民族压迫的群众运动便是反帝国主义的民族解放战争，是真正的革命。民族主义的反帝性与积极性由此可见一斑。正如列宁所写的："社会革命的发生只能是指一个时代，其间既有各先进国家无产阶级同资产阶级的国内战争，又有不发达的、落后的和被压迫的民族所掀起的一系列民主的、革命的运动，其中包括民族解放运动。"①正是广大民族国家反抗帝国主义、资本主义的意识逐步觉醒，并在无产阶级社会主义革命和民族主义解放斗争的呼应之下，最终形成了推倒"帝国大厦"的强大力量。

(三)公民民族主义的温和演变

人类文明在现代社会的生存、延续与发展依赖于对两个真理的认同：一是既不可能有绝对的国家主权，也不可能消灭民族属性；二是民族与国家之间必须保持平衡，民族国家内部的阶级利益和阶级合作更应保持均衡。只有这样，破坏性的、极端的种族民族主义才可能避免。②对此，奈恩着重论述了公民民族主义在当今世界的具体状况。与种族民族主义相反，公民民族主义普遍来说是相对温和的。伊格纳提夫指出，公民民族主义认为，民族应由认同民族政治教义的所有人组成，不必管种族、肤色、信念、性别、语言或族裔关系如何。这种民族主义之所以

---

① 《列宁全集》第28卷，153页，北京，人民出版社，1990。

② ［英］休·希顿-沃森：《民族与国家——对民族起源与民族主义政治的探讨》，吴洪英、黄群译，632—633页，北京，中央民族大学出版社，2009。

称为公民的，是因为他们所设想的民族是一个所有公民权利平等的共同体，因为一种爱国主义的依附心理，加上共同遵守的政治仪典与价值观而团结在一起。① 罗伯特·法恩也指出："'温和民族主义'是当代社会理论的主题。它以'公民民族主义'、'民族认同'、'宪法爱国主义'，甚至是以'后民族主义'的名目出现。它向世界标榜自己是开明、宽容、反省、包容和以权力为基础的。它以认识到民族—国家存在的必要性及异质性，即民族—国家包含融合的各色人等而骄傲。"②可见，公民民族主义原则，是一种社会契约论，其中的成员人人都是自由平等的，这是自由派民主政治的基本信条，"社会契约论"被认为是西方社会的重要特质，在所有民族主义类型中，公民民族主义最受西方人珍惜。它欢迎在国家整体框架下的多样性，西方人认为，"民主政治"与"公民民族主义"几乎可以画上等号，公民民族主义多数是温和而民主的。

奈恩分析了从"市民社会"（Civil Society）到"公民民族主义"（Civic Nationalism）的发展演变。③ 什么是市民社会呢？奈恩认为，"市民社会"作为一个政治伦理理念，已经从学术圈的讨论扩展到最流行和最有

---

① Ignatieff, M., *Blood and Belonging*: *Journeys into the New Nationalism*, Toronto, Penguin Canada, 2006, pp. 3-4.

② ［英］爱德华·莫迪默、罗伯特·法恩主编：《人民·民族·国家——族性与民族主义的含义》，刘泓、黄海慧译，173 页，北京，中央民族大学出版社，2009。引文有改动。

③ Civil 与 Civic 两个单词属同源，都既可翻译为"市民的"，又可翻译为"公民的"，但是在具体的使用当中，civil society 常常译为"市民社会"，而 civic nationalism 常常译为"公民民族主义"，因此，在本研究中"市民"与"公民"并无区别，只是在具体术语的使用中采用了习惯性的翻译。

影响力的群众当中去了。他指出，市民社会是一种"过渡性的意识形态"①，从本质上看是现代社会政治反应性的观念，市民的集体意志是决定民族政治形式的依据，国家之构建也取决于市民的政治行为。一个"市民社会"秩序"有以下观念：'正直'、隐私、个人和团体或少数人的权利、主动性和创造性的自由，等等"，且"取决于长期民族认同的一个适当的公民形式。后者也被称为'民族主义'"②。换句话说，公民民族主义是长时间内民族认同下的一个公民形式，具有更加理性的特点。市民社会概念下的民族国家的具体历史可以在英国、法国、美国等民族国家看到。因此，较种族民族主义，公民民族主义更加理性，基于市民社会发展而提出的公民民族主义主要植根于普遍主权的自由民主国家，它对内尊重个人权利和公民社团的联盟，对外发展与其他民族的友好合作关系，既有自由契约主义的冷静与理智，又有对民族文化认同的感性与情感。从这一观点来看，公民民族主义完全不同于基于单纯的族裔性、血统、语言等的种族民族主义，而是建立在现代主权国家之上，简言之就是，"种族民族主义认为应由民族来界定国家，而公民民族主义认为应由国家来界定民族"③。

接下来，奈恩就要回答公民民族主义是如何在市民社会中产生的。对此，奈恩诉诸对苏格兰民族主义的分析。我们知道，"市民社会"是指

---

① Nairn，T.，*Faces of Nationalism*：*Janus Revisited*，London and New York，Verso，1997，p.73.

② Ibid.，p.87.

③ ［英］爱德华·莫迪默、罗伯特·法恩主编：《人民·民族·国家——族性与民族主义的含义》，刘泓、黄海慧译，176页，北京，中央民族大学出版社，2009。

一个国家或政治共同体内的一种介于"国家"和"个人"之间的广阔领域。它由相对独立存在的各种组织和团体构成，是国家权力体制外自发形成的一种自治社会，是衡量一个社会组织化、制度化的基本标志，具有独立性、制度性的特点。奈恩指出，苏格兰就是一个典型的"市民社会"，"至少在大不列颠王国的框架中，它本身就是一个历史的偶然，一个边缘的'市民社会'的兴盛，而没有国家地位和独立的政治身份"①。可见，苏格兰民族的历史和社会总是在大不列颠王国的整体中，他们既缺乏国家地位，又无政治身份，处于整体当中的边缘，并以这种"沉默的方式"存在于大不列颠王国当中。"然而，沉默的方式不可能永远持续。……在苏格兰人中产生了对解放的渴望。"②反抗大不列颠王国的苏格兰民族主义萌芽了。20世纪60年代，在苏格兰萌芽的政治民族主义就是一种公民民族主义。

那么，为何公民民族主义少有暴力事件发生呢？他们是使用何种手段进行斗争的呢？奈恩认为，公民民族主义主要生发于已经实现了工业化发展的较为先进的地区，在这里，经济与政治主要以现代化的城市为核心，而不以农业为主导，因此，公民民族主义在自由主义的市民权利理论之上产生了，它扬弃了种族民族主义以血统和乡村为基础的民族成员身份认同，主张以高度发达的理性和公民权利来追求独立自治，因此，公民民族主义一定是自由主义的，具有自由、平等、宽容、和平等民主社会的基本要素，而其手段也常是温和的和非暴力的。

---

① Nairn，T.，*Faces of Nationalism*：*Janus Revisited*，London and New York，Verso，1997，p. 88.

② Ibid.，p. 88.

纵观世界历史，诉诸暴力的统一和独立屡见不鲜，而采取和平手段的公投则是近代"市民社会"民主思潮下的产物。国际上借由公投而独立的国家有南苏丹脱离苏丹、黑山共和国脱离塞尔维亚、东帝汶脱离印度尼西亚等，而公投后选择留在大国之内的有美国的波多黎各、加拿大的魁北克，以及大不列颠的苏格兰（尽管其在寻求二次独立公投）。这些以公投来解决国内民族主义诉求的历史事件是现代社会当中应该被提倡的，它们没有极端与暴力，抹去了杀戮与战争，在笔者看来，它们是人类在解决民族问题上的一种进步。

小结

奈恩的民族主义思想总体而言是基于对社会历史与现实的分析和思考的，他为世界范围内广泛发生的民族主义现象提供了一种整体主义的分析策略。在这一章，笔者主要归纳总结了奈恩对民族主义特征的分析。民族主义所涉及的范围十分广阔，它所具有的本质特征也是多重的和多维度的，在奈恩的分析阐释中，民族主义主要有三个方面的重要特征，分别是普遍性、地域性、两面性，其中两面性又内含了病态性与非理性、反帝性与积极性两方面，展示出民族主义的复杂性与理解的困难性。可以说，奈恩的这种整体主义的分析视域相对于其他单纯地支持或反对民族主义意识形态和运动的观念更加科学与理性，是一种兼顾概念与实践、主体与客体、历史与现实、过去与未来的理论视野，基本上做到了既不冤枉民族主义，也不给民族主义戴高帽。

　　无论是学者还是普通人，都会承认民族主义的普遍性特征，民族主义常被看作和解释成一种毋庸置疑的、现代民族国家都必然存在的现象。民族认同、民族问题、民族年等是一切民族国家的基本内容，民族主义作为一种自然现象和普遍需求注定要在人类社会的发展当中占据举足轻重的地位。在奈恩的分析当中，民族主义的意识形态及运动普遍存在于现代民族国家当中，其立论的基础是，民族主义深深扎根于地域空间中的政治、经济和文化当中，并以此建立起历史学和政治经济学视域下的现代民族国家。因此，在现代社会发展当中，民族主义是一个无法跨越的普遍必要阶段，无论是发展中国家还是发达国家，无论是边缘地区还是核心地区，无论是被压迫民族还是压迫民族，都会为了自己的发展而普遍诉诸这一意识形态及运动。因为，对于所有民族主义的研究学者没有分歧的就是，民族主义在现代世界政治秩序的推进中具有广泛性。从这一方面来说，正是民族主义促成了现代世界局势的形成，自从民族主义萌发以来，其意识形态和运动的传播不止一次地决定和改变了世界历史的发展、政治秩序的走向和经济前景的趋势。实际上，这正展现了民族主义普遍性的巨大导向作用。

　　民族主义的地域性特征从民族主义的普遍发展来看，在不同的地域和环境中逐渐呈现出边缘地区的民族主义和核心地区的民族主义的分化。边缘地区的民族主义作为一种原发性的心理现象和政治现象，更具有对资本主义的反抗和同化的戒惧，其中心术语就是经济文化的自由、政治权利的自治与民族事务的自决，因此，在多数情况下，这里的民族主义是受人尊重的和健康积极的。在看到边缘民族主义的巨大作用之后，核心地区也认识到应该发展出自己的民族主义意识形态来巩固自身的优势，并利用民族主义来进一步加强资本的扩张和侵略，因此，资本主义的民族主义是非理性的、极端的和滥用的。

由此，奈恩引出了他最广为人知的"双面神"理论，即民族主义的两面性特征。他反对将民族主义分成"好"与"坏"，认为这种分类法并无太大意义。所有民族主义在奈恩看来都潜藏着进步与退步的种子，他以"贾纳斯"和"哲基尔医生和海德先生"来比喻民族主义，借此指出民族主义始终充满道德与政治的暧昧本质，民族主义替人类站在通往现代性的道路之上，既回望过去，又望向未来。民族主义具有鲜明的两面性，其破坏性与革命性是并存的。民族主义狭隘的、反动的一面不利于人类的发展，而积极的、反帝国主义的一面则对旧秩序具有极大的破坏力。因此，我们在认识和分析民族主义时，仅对其进行批判或仅对其大加赞扬都是片面而又失真的。

进而，奈恩分析了民族主义两种面相当中的病态性与非理性。他指出，民族主义是现代历史发展中的病态。民族主义转向极端、偏激和非理性的疯狂势必会带来战争的剧目。糟糕的种族民族主义导致了成千上万无辜的人们在屠杀、战乱中死去和被强制驱离。毫无疑问，民族主义是 20 世纪战争的重要原因。而在民族主义所引发的战争中，既有法西斯主义、沙文主义的反动战争和侵略压迫，又有世界范围内广泛的反帝国主义斗争和民族解放运动，这就是民族主义的另外一个面相，即积极的、反抗帝国主义和资本主义的一面。通过对资本主义不均衡的发展规律和世界政治经济机制的唯物史观分析，奈恩指出，民族主义是被压迫、被侵略的边缘地区的人民对帝国主义压迫的反抗，因此这是一次真正的觉醒。20 世纪以来，亚非拉地区广泛而又深入的民族解放斗争遍制了帝国主义的势头和资本主义的急速发展，这种因民族认同热情而建、因民族耻辱而发、因民族政治经济被压抑而生的民族主义具有极强的爆炸性力量，对现代世界格局的塑造和型构意义很大。

诚然，民族主义是很复杂而又难以把握的现象，却不是完全没有规则可循。汤姆·奈恩以自身唯物主义的历史观、整体主义的方法论抓住了民族主义的主要特征，为我们展现出了民族主义的全貌。他以整体的视角和深邃的目光看待民族主义，将民族主义的完整特性尽显于他的思考之中，同时也将民族主义的历史与现实的表现剧目置于整个社会系统中进行考察，探究民族主义的本质与特点。奈恩始终在世界的整体背景中审视民族主义，从不同时空、不同地域、不同展现形式、不同影响后果的民族主义实际状况出发展开思考，而不囿于一时一地，不仅注重主导民族主义特性的宏观因素，也深入民族国家发展进程中的诸多细节；不仅站在民族问题之外省察民族主义，也不忘时刻回归民族主义的真实现状；可以说，奈恩从整体主义的分析视域给予了人们关于民族主义核心特征的正确认识，而且也改变了人们绝对地支持或反对民族主义的态度，这体现出马克思主义辩证法的光辉。

第四章 ┃ 民族主义的主体意识

    作为一个马克思主义的民族主义理论家，奈恩坚定秉承了马克思主义的人民观。马克思主义的人民观作为一个历史范畴，主要体现了马克思的人民群众思想，这一思想贯穿了奈恩民族主义理论的核心，他以马克思的人民群众观解读人类历史，强调人民群众的主体地位。我们知道，马克思在对历史的研究中发现了人民群众的作用，认为"历史的活动和思想就是'群众'的思想和活动"，"历史活动是群众的活动，随着历史活动的深入，必将是群众队伍的扩大"①。可见，历史是由人民群众创造的，人的主体部分是人民群众，人民群众是历史的主人，是和历史发展的决定性

---

① 《马克思恩格斯文集》第 1 卷，286—287 页，北京，人民出版社，2009。

力量相关的范畴。在此基础上，奈恩继承、发展和扩展了马克思主义的人民观，他科学地解释了人民群众在民族主义意识形态和运动当中的作用和地位，通过辩证、客观、理性的分析，巧妙地把马克思主义人民观与民族主义相融合来解释民族主义的主体意识，形成了一种具有平民主义理论立场的民族主义思想。

一、从历史到现实：民族主义是人民大众作为主体的共识

在马克思主义的视域下，人民群众是历史的创造者和社会变革的决定性力量，《神圣家族》中这样写道："历史什么事情也没有做，它'并不拥有任何无穷尽的丰富性'，它并'没有在任何战斗中作战'！创造这一切、拥有这一切并为这一切而斗争的，不是'历史'，而正是人，现实的、活生生的人。"①奈恩继承与坚持了马克思主义的人民观，并将对人民群众巨大力量的笃信和恪守放在对民族主义的分析当中。人民大众是奈恩民族主义理论构建和解析当中重要的理论基础和主体向度。他从历史到现实的分析路径出发，对民族主义的人民大众主体进行了阐释，在马克思主义唯物史观和人民观的基础上，指出民族主义是人民大众作为主体的共识。

（一）民族主义是民族主体意识的彰显

奈恩对马克思主义的继承、坚持与信奉，不仅体现在他始终如一地

---

① 《马克思恩格斯全集》第 2 卷，118 页，北京，人民出版社，1957。

对历史唯物主义的坚守和对资本主义发展规律的运用上，更体现在他对人民群众的巨大力量一如既往的笃信和恪守中。他把人民大众看成民族主义的核心力量、中枢主体和斗争武器，民族主义的这种主体特性，一方面是民族国家历史发展的客观产物，另一方面是推动现代人类社会向前发展的工具。其重要作用和价值是关于历史认知和现实实践的问题，因此，我们有必要对奈恩民族主义理论当中的主体意识进行深入探究和考量。

从对奈恩民族主义理论的主体特性进行分析肇始，我们需要考察和界定的第一个问题是，民族主义主体性的根源何在？在前面的章节中，我们已经分析过民族主义是一个内在决定的社会必需品。普遍的观念是，"民族主义是一种社会力量，或社会运动，它必然产生于处于工业化阵痛的社会之中"①。奈恩也共享了这一观念，他认为，民族主义的真正根源在于工业革命之后资本主义世界政治经济机制的发展及其不均衡的本质。而这种发展的不均衡和工业化的阵痛必然会投射到社会主体之上。因此，对于民族主义的产生及发展来说，人民大众作为主体的主导性和本源性是不容置疑的，这可以从不均衡发展的历史进程和根本作用得到说明。在资本主义飞速发展的时代，民族主义是一种能够牢固控制个体情感的巨大力量，它能够最快、最有效地动员社会主体反抗不均衡发展的剥削机器，与资本主义侵略和帝国主义压迫做斗争。可以说，世界资本主义政治经济破坏性的机制导致了民族主义必

---

① ［英］埃里·凯杜里：《民族主义》，张明明译，140 页，北京，中央编译出版社，2002。

然是一种内在决定性的社会必需品，而这种必需品必然要诉诸人民大众作为其承载物，因此，民族主义的主体性既是历史发展的必然，又是现实实践的需求。

接下来，我们需要回答和分析的第二个问题是，在世界政治经济机制中，人民大众作为主体对民族主义有什么样的作用？或为何民族主义总是必然地具有主体性的特质呢？奈恩认为，民族主义是人民大众应对现代资本主义不均衡发展的关键。不均衡发展作为现代资本主义政治经济机制的一个核心特征，不仅不可避免地导致了民族主义意识形态和运动的产生与发展，而且决定了民族主义是人民大众应对不均衡发展的最重要的意识形态和运动。奈恩以核心地区与边缘地区为解释框架，从社会经济、政治、文化因素进一步揭示了人民大众作为民族主义的中枢载体必然会发挥其抵抗现代资本主义不均衡发展的主体性作用。因为民族主义不仅仅是外围地区的人民大众对资本主义不均衡发展的一个适应过程，还是所有地区人民情感、利益的载体。正如奈恩所写的："不论是贵族，还是平民、蛮荒人民都学着寻求自己的权益。这种需求表现为不单单是个人，还有集体的条件……对于那些无知的平民百姓是很明显的，发展中的强加一方自然是集体主义的，意味着在实践中巴黎特性（Parisian moeurs）、自由贸易主义（Manchestertum）、日耳曼唯灵主义（Aryan-Teutonic spiritualism）、莫斯科共产主义（Muscovite communism）等的成功。因此反抗或非正统的动员需要沿着有效的路线建立等效的同一性。这在大多数情况下是由民族性提供的，这种民族性现在正在建立、重新构建或'探索'一个实际的或潜在的民族。"①由此，奈恩指出了所有地区人民大众的重要作用，这种主体性不仅仅包括底层人民，也包括上层贵族，因此民族主义是全体人民都必然会诉诸的意识形态及运动。在人类社会的现代化进程中，人民大众作为主体从个人到集体都要为了自身的权益，以民族性的主体来探寻和构建自己的民族国家。

　　第三个问题是，民族主义的主体性是如何从历史的发展中崛起的呢？换句话说，现代大众民族主体的兴起进程是什么样的呢？对此，奈恩基于民族情感、民族认同和民族归属感的阐释，分析了人民主体如何适应资本主义的扩张过程，并仍延续了其一贯的从外围到中心的分析路径。他写道："民族主义是这样一种努力，即被一个接一个'落后的'文化和人民占用现代性的权力和利益供他们自己使用的努力。被重新定义为落后之后，他们渴望前进。"②可见，外围、边缘地区的人民大众必然会利用自身的主体力量追求发展，进行反抗剥削的民族主义斗争，"群众的民族主义在一定程度上是很好的，在某些特定的条件下、在对抗外来的压迫中，等等"③。而在边缘地区，在民族主体的民族主义意识形态和运动的不断扩张与发展下，中心地区的人民主体也意识到民族主义的重要作用，进而发展了符合自身主体特征的民族主义意识形态及运动。

　　很明显，通过对以上三个问题的分析阐释，我们可以得出这样的结

---

①　Nairn，T.，*Faces of Nationalism*：*Janus Revisited*，London and New York，Verso，1997，pp. 3-4.

②　Ibid.，p. 71.

③　Ibid.，p. 351.

论：民族主义作为民族主体意识的彰显，其根源就在于资本主义不均衡发展之下的世界政治经济机制，在这一大背景中，人民大众对于民族主义有着极其重要的作用，人民大众不仅是民族主义的主体和载体，还是边缘不发达地区反抗帝国主义剥削压迫、寻求发展解放的核心力量，因此，民族主义总是必然地"指向社会和个人的主体性"①。由此，奈恩解释了民族主义与人民大众作为主体的必然联系，让我们再次回头看奈恩的这句表述："的确，民族主义是与典型的内部运动、个人和群体相联系。这些以相似的方式表现并且怀抱非常相似的感觉。……他们表达了人民的本土特性，以一种广泛类似的方式——大概是因为人的灵魂需要。"②可见，民族主义确实与主体及主体运动相关，民族主义不仅彰显了人民的主体性需求，也表达了民族性的特质。奈恩承认，民族主义与主体性的联系是不可忽视的，主体性对于民族主义而言是一个客观事实，民族主义正是民族主体意识的彰显。

(二)民族主义为社会主体提供了新的承载物

我们知道，民族认同将个人与世界秩序联结在一起，对这一方面的认识必须转向真实的民族主义的发展历史。19世纪末 20世纪初，欧洲历史的一个突出特征就是民族主义转变为一种大众现象，在 19 世纪的最后 30 年，伴随民族的文化特性、历史主义的发展和政治自决、经济自主等观念，民族主义概念开始广泛引发大众的共鸣和激情，并成为现

---

① Nairn, T., *The Break-up of Britain: Crisis and Neo-Nationalism*, London, NLB, 1977, pp. 334-335.

② Ibid., p. 335.

代政治领域中重要的动员力量。因为在这一时期，民族成为大众共同体的重要形式，影响了之后 100 多年的世界历史与人类生活。大体来说，奈恩在分析民族主义的主体性的基础上，进一步对民族主义与社会主体两者的相互作用与联系进行了阐释，他从身份认同着手，以历史与现实的真实状况为例，分析了民族主体与国家政治的关系，指出民族主义为社会主体提供了一个共同命运的概念，将人民大众引入政治生活之中，并为文化提供了新的容身之所。

首先，民族主义为社会主体提供了一个共同命运的概念。我们知道，广泛的"不平衡发展"是现代社会的基本特征，在这种大环境中，边缘地区的人民对自己在经济、政治、文化等多方面的落后表示强烈不满，核心地区的人民则希望保持自己的领先地位，且惧怕落入被剥削、被压迫的境地，因此都在寻找一个最有效的团结方式和身份认同，而民族主义恰恰可以为社会主体提供这一需求。奈恩认为，民族主义"相当于社会的特定内部需求，而且也相当于某些个人的、心理的需求。它给民族和个人提供了一个重要的商品——'身份'，一个与这一切相联系的独特的、容易辨认的主体性。每当我们谈论民族主义时，我们通常发现，自己总是谈论'感情'、'本能'、对'归属感'假定的欲望和渴望，等等。这种心理显然是关于民族主义的一个重要事实"[1]。从这段论述可以看出，民族是现代社会主体最重要的身份认同范式，从心理层面看，民族主义是社会主体的内在本能和潜在情感，在这种情况下，社会主体

---

[1] Nairn, T., *The Break-up of Britain：Crisis and Neo-Nationalism*，London，NLB，1977，pp. 333-334.

意识到必须要有一个身份，这一身份能够提供一种社会关系，在这种社会关系当中，主体可以和"自己人"隶属同一个共同体中，而不是同"局外人"绑在一起，也意味着不论"我们"认识与否、相互之间的分歧有多深、发展的挫折有多大，"我们"都要彼此关照，生活在一起并发展"我们"所归属的民族国家。因此，这样一种建立在忠诚和集体身份基础上的共同命运的概念，让同一民族国家的人民个体之间相互信任和心存善意，培养了人民的民族主义精神，是人民对某一特定共同体的道德的和情感的认同。

其次，民族主义将人民大众引入政治生活之中。按照约翰·布鲁伊利的说法，我们将民族主义主要视为在"掌控国家"的斗争中可利用的"政治意识形态"①，那么接下来的问题是，在民族主义流行的国家或地域，民族主体与政治制度的建立和行使有什么样的关系和作用呢？奈恩的回答是，民族主义使得"政治也改变了其特性，它变成一个非精英的大多数人都关心的事；'代表'成为或者说假装成为平等主义者，直到现代民主政体得以确立。'主义'是一种效力，这种效力必定会大规模的实现"②。也就是说，民族主义的主体性特性改变了社会政治的原本参与者，让政治从一个"精英""代表"关注的事务，扩展到广大的人民群众当中去，因此，可以说民族主义扩展了参与政治的主体，让更多的人民参与到政治生活当中，这种赋予人民大众以政治权利的行为正是民族主义

①　Breuilly，J.，*Nationalism and the State*，Manchester，Manchester University Press，1993，p. 1.

②　Nairn，T.，*Faces of Nationalism：Janus Revisited*，London and New York，Verso，1997，p. 2.

的伟大作用。奈恩接着写道："物质文明和大众文化的一个均衡的和进步的发展想法……对于那个时间和地点的精英，它自然反映了一个向前的视野……进步的新信念对野蛮人的前景更有利：给以时间和帮助，他们能够迎头赶上。这种救赎被构想为一种既向外又向下的稳定的文化适应的过程。即从中心向外围区域，以及社会学的由上向下，从教化的人民到劳动人民。"①可见，人民大众在逐渐地觉醒，他们相信，假以时日能够达成进步与文明，而这种想法从上至下扩展到了人民大众当中，并让人民主体开始行使"用政治行动改变自己生活的权力"②。

最后，民族主义为文化提供了新的容身之所。民族主义的身份认同不一定体现为非常明确的政治诉求，但一定内含强烈的文化认同感，民族身份认同不是姓甚名谁，不关注职业、性别、阶级，而更加关注民族文化的含义。文化危机带来迷茫、消沉，乃至失去身份认同，不仅是一个民族衰微、败落的征兆，更加孕育着国家、族群的危机。因此，对于现代民族国家来说，建立和维持民族文化认同是十分重要的。作为社会主体的人不仅需要吃喝，需要安全感和自由，更加需要归属于某一群体的认同感。正如赫尔德（Johann Gottfried Herder）所说："乡愁是一种最高贵的痛苦感。"③假如社会主体没有了归属感，没有了特定的文化认同，那么他们就没有了习俗、生活方式和共同的记忆。这是十分可怕

① Nairn，T.，*The Break-up of Britain：Crisis and Neo-Nationalism*，London，NLB，1977，p. 336.

② Nairn，T.，*Faces of Nationalism：Janus Revisited*，London and New York，Verso，1997，p. 116.

③ ［美］本尼迪克特·安德森：《想象的共同体：民族主义的起源与散布》，吴叡人译，导读14页，上海，上海人民出版社，2011。

的。而现代资本主义的扩张给原本相互隔绝、独立的民族带来了同化与侵略，它摧毁地域上的乡土状况，入侵精神上的自留地，使得民族主体必须以民族主义来抵抗它。

奈恩指出："有时决定性的身份认同模式是被'迫'或在帮助下显现的，它似乎是自然的决定而非个人的意愿。不可否认，此'自然'非彼自然，是在现代化的新情况下加了引号的自然，一种传播的、遗传的、重新审视的自然。虽然如此，传播的确定因素（'民族性'，重置的过去）仍是这一过程的中心……瓦尔特·本雅明（Walter Benjamin）在他的著名的关于保罗·克利（Paul Klee）的名画《新天使》（Angelus Novus）的文章中写道，惊骇的历史天使似乎是在注视着现代性的一堆堆残骸，'想要留下来，唤醒死者，并把破碎的拼成完整的'。但是通过民族主义唤醒逝去的东西，重点是这是其第一次真正的觉醒。这些逝去的人和事纠缠着所有文化并把他们安放到另一个世界中。民族主义给文化提供了新的容身之所。通过这个机构过去不再是'远古的'：它主动加入了当下并赢得了一个未来。这是第一次意味深长地规划未来的前景。"①依照奈恩的解释，资本主义世界从来不缺乏经济的急速更新、政治的剧烈变革，如果民族的共同历史经验与主体间的纽带尚不够强大，不足以抵抗外部的侵袭和支撑内部的认同感觉，那么自身传统的生活模式就会遭到冲击，失去文化认同的农民、小业主、知识分子和各个领域中的专业人员必须要重新夺得文化的领导权，找到新的容身之所，民族主义在这时恰如其分

---

① Nairn，T.，*Faces of Nationalism：Janus Revisited*，London and New York，Verso，1997，p. 4.

地出现了，它无论是作为象征还是现实都是最能够重组文化、唤醒身份认同的手段，只有民族主义能够最具效力地把主体凝聚成一股力量，为资本主义打击下支离破碎的、奄奄一息的文化认同提供新的家园和住所，可以说，对于保持文化的同一性、符号性和神圣性，民族主义是无与伦比的力量。从以上分析中不难看出，民族主义为社会主体提供了情感、政治与文化的新的承载物。

二、从阶级到民族：民族意识与阶级意识的整体化

如果我们想要解释，在 1914 年及两次世界大战之间的时期，为什么民族团结在整体上被证明比阶级团结优越，那么部分答案不得不从"阶级与民族"的历史关系中去寻找。马克思主义理论认为，人是历史的主体，阶级是推动当下历史运动的主体，阶级是作为"无产者"，而非"德国人""古巴人""爱尔兰人"等出现在马克思主义学说中的；而奈恩则认为，马克思低估了民族主体与民族主义的力量。他提出，民族，是比阶级更重要的现代历史运动的主体。霍布斯鲍姆也曾表述："马克思主义运动和国家不仅在形式上，而且在实质上都正在成为民族的，也就是说，他们正成为民族主义者，没有迹象表明这种趋势会停下来。"①可见，民族与民族主义是当代世界不容忽视的内在推动力。奈恩敏锐地洞

① Hobsbawm, E., "Some Reflections on 'The Break-up of Britain'," in *New Left Review*, I/105, September-October 1977, p. 13.

见到了这一点，对马克思阶级理论进行了分析、改造和扩展，提出民族在历史进程中是比阶级更为内在的和实质的主体。他认为，民族主义为大众提供了一些真实的、重要的东西，这种东西是一种以狭隘的知识分子的模式而设定的、阶级意识从来都不可能提供的东西。以此，奈恩从对世界历史的回顾视域，分析了民族与阶级的关系和作用，对传统马克思主义进行了发展、修正与挑战，形成了一种新马克思主义的民族主义理论。

(一)回归历史唯物主义的正确认识与转向民族主体的支配地位

奈恩所讨论的主题是民族主义，他从真实的历史事实和唯物史观的范畴来着手分析，不仅回归了历史，还以此种方式转向了对民族主体、民族性力量的肯定。他将民族主义的产生看作是世界历史发展的必然，是资本主义工业、技术、生产力的产物，"从一个历史唯物主义的角度来看，存在一个长时间的、有趣的、不均衡的和合并的发展，对于帮助我们理解全球发展的复杂性，被证明更加富有成果"①。针对这种不均衡发展，奈恩指出："发展只能是不平衡的；这种不均衡只能产生一个持续的反应，这种政治的推动动员了那些被排除在外的、'落后的'、殖民统治的或被判决的成为遗产的足迹。也因为另一个原因，这样的动员主要是沿着民族的线路而不是阶级的线路行进。虽然民族主义在概念上声称是普遍的，但是在实践中，中心地带进步的马达已经假设了有力的民

---

① Munck, R., "Marxism and Nationalism in the Era of Globalization," in *Capital & Class*, Vol. 34, No. 1, 2010, p. 52.

族状况。"①也就是说，落后的、外围的、边缘的地区必定会以民族主体为单位来对抗来自资本主义发达地区的压迫。毋庸置疑，动员的对象一定是整个民族群体，而非其中特定的某一阶级群体。事实上，奈恩为边缘地区所采取的对抗方式就是，把所有阶层的人民以民族主义的热情和民族身份的认同广泛地联合在一起。正如布莱恩·特纳（Bryan S. Turner）所写的："与许多马克思主义者和社会学家一样，奈恩认为，意识形态或民族文化的主要作用是，通过合并所有的阶级于一个共同的文化中来整合社会体系。"②

由此出发，奈恩将对民族主义意识形态和运动的理解回归到真实的社会发展领域之中，进而引出对民族、民族性的转向。奈恩"把民族主义称为'现代发展的病态'，并用一种马克思主义的正统方式将其视为起源于经济因素——但以一种新奇的方式：民族主义是资本主义不均衡发展的结果（因此是'病态'）。就不发达社会的上层阶级而言，其来源是跨民族的，经济发展的不均衡性最直接地打击了他们，并成功地把他们与殖民社会的其他阶级一起划入了民族解放运动当中"③。简言之，资本主义不均衡地发展促成了民族主义的生发，并使得上层阶级与其他阶级联合到一起进行民族主义运动，寻求民族解放。可以说，"在社会阶层之间，每个地方的无产阶级和资产阶级在本质上是相同的——两个世界

---

① Nairn，T.，*Faces of Nationalism*：*Janus Revisited*，London and New York，Verso，1997，pp. 50-51.

② Turner，B. S.，"State，Civil Society and National Development：The Scottish Problem，"in *Journal of Sociology*，Vol. 20，No. 2，1984，p. 173.

③ Avineri，S.，"Marxism and Nationalism，" in *Journal of Contemporary History*，Vol. 26，No. 3，1991，p. 647.

性的阶级，可谓，被困在同样的战斗中"①。因此，是民族主义促进了阶级之间的联合，使它们以一种共同的民族身份来进行斗争，由于相同的"不发达"困境，民族成为现代社会主导性的群体单位，奈恩这样写道："一个激进的、阶级间的共同体的有意识的形成……意识到自己的独立身份是与统治的外部力量相对的。"②从第一次世界大战、第二次世界大战所激起的两个波次的民族国家的大量建立和民族解放运动的广泛发生，到东欧剧变、苏联解体引致的民族运动的复兴，无数近现代以来的历史事件表明，在面对帝国主义、资本主义的侵略压迫时，只有民族共同体才能够实现真实而富有成效的抵抗和防御。

除此之外，奈恩还以历史唯物主义视域分析了民族和民族主义作为历史动力的原因。他认为，民族自由、自治的权利诉求是历史过程中资本主义逻辑的产物，这些理念作为"部落和封建多样性的矫平机"而出现，广泛附着于民族、民族性与民族主义之上，民族与民族主义一方面是社会摆脱落后走向进步的手段，另一方面又是逾越帝国主义剥削、掠夺的工具，因此，对于奈恩来说，"民族似乎是历史的超级主体，有着机构和行动的属性：他们'动员'、'期望'、'推动他们自己向前'和'做出反应'"③。

显而易见，奈恩认为，民族是现代社会当中占支配地位的主体，"随着资本主义的发展蔓延，它创造的不是一个均衡的世界秩序，而是

---

① Nairn, T., *The Break-up of Britain: Crisis and Neo-Nationalism*, London, NLB, 1977, p. 341.

② Ibid., p. 340.

③ Patterson, H., "Neo-Nationalism and Class," in *Social History*, Vol. 13, No. 3, 1988, p. 344.

一个以不均衡发展、不平等性和压迫为特质的世界秩序。在这样一个世界秩序中，民族主义相对于阶级的优势因此刻在了结构上"①。霍勒斯·戴维斯也共享了类似的观点，他认为："普遍的民族运动是有助于解放的……在某些情况下，民族的斗争并不具有阶级的成分（如非洲某些无阶级的部落社会），而在其他情况中，民族斗争则是所有阶级的斗争［如在卡斯特罗（Castro）］。"②可见，当涉及新时代的民族国家时，我们应当强调民族主义与社会发展、人类解放的关系，现代民族国家必须要设法团结所有内部阶层来争取独立和寻求国家地位。在新的社会状况中，扩展传统马克思主义的阶级意识并转向民族主体具有重要的实践和理论意义。考虑到所有历史与现实因素，我们会得出这样的结论：随着时代的发展，革命的动力已经不再仅仅是某一特定阶级的阶级利益，而是普遍利益；主体意识已经从阶级斗争和阶级划分的观念转向民族的观念。在社会发展与改革的事业中，已然不用去衡量是民族的因素还是社会的因素所占的分量更多，也不需要弄清这是不是一个社会化的民族或民族化的社会主义的问题。不置可否的是，民族与社会的这种混合确确实实是爆炸性的，是"强烈得足以逆转历史的动力"③。由此，奈恩接下来继续深入论述自己对马克思主义阶级观念的发展与改造。

---

① Patterson, H. , "Neo-Nationalism and Class," in *Social History*, Vol. 13, No. 3, 1988, p. 344.

② Avineri, S. , "Marxism and Nationalism," in *Journal of Contemporary History*, Vol. 26, No. 3, 1991, p. 646.

③ Laqueur, W. , ed. , *Fascism: A Reader's Guide*, Berkeley, University of California Press, 1976, p. 337.

(二)拓展阶级意识的范畴与展望民族主义的向度

《现代贾纳斯》一文是奈恩新马克思主义的民族主义理论的奠基之作，此文开启了奈恩对经典马克思主义阶级斗争理论的发展和挑战，他认为，在现代资本主义政治经济机制下，民族主义解放斗争是更为关键的和内在的意识形态和运动。在新的现实状况下，马克思主义者们应该认识到，阶级斗争已经不再是主导世界的核心因素，不应过于关注阶级矛盾而忽视民族矛盾，不能够只看到阶级的意识形态，还要理解和把握民族主义的意识形态和运动，这样才能真正地解释现代历史发展并指导被压迫民族的解放斗争。

在此，我们可以引用政治学家琼·科克斯教授对奈恩的一段评价来做出一定的说明："通过把民族形成和民族冲突放置在现代历史的中心，奈恩从根本上修正了马克思主义。他将资本作为原动力，在历史中，资本改变了从欧洲到世界所有地方的传统世界，奈恩坚持认为，现代经验的最令人震惊的方面是由这一过程所造成的文化政治的瓦解和重新整合。资本主义入侵的最重要的产品是民族国家——'相对单一文化的、均质的、单一语言的实体，最终取代所有其他形式的文化和政治共同体'……无限的资本积累的逻辑对其入侵的世界有震动的影响，并产生了一个世界体系，其特点是深刻的分裂和不平等。这些分裂和不平等最引人注目的是在区域和次区域，这通常意味着最具戏剧性的对抗是全体人民所经历的。民族主义运动是对这些不平等现象的反应和对这些对立的表达。他们的产生是为了统一和煽动资本主义的边缘或半边缘的人民对抗核心地区的人民，从更实质性的强有力的核心国家中刺激民族主义的反应。从而奈恩降低了资本理论中占主要位置的阶级冲突。"①可见，奈恩从两方面具体论述了民族主体对传统阶级主体的超越关系。

一方面，以阶级意识的扩展突破阶级斗争的僵化性与保守性。在对世界历史与现实的阐释中，奈恩认为，相对于民族主义，阶级划分已经不是最能激发人们团结起来对抗帝国主义、资本主义入侵的意识形态，为了团结人民，现代精英们必定会以民族主义的热情来团结人民。与马克思主义的阶级观念形成对比，民族主义有着"对阶级意识的高度的理性，民族主义在大众水平上成功了，因为它提供给'大众真实的和重要的东西'"②。我们知道，阶级问题一直是马克思主义理论中最核心和关键的主题，传统的马克思主义信仰是："在历史中，阶级总是更重要的……阶级斗争总是历史变革的发动机，民族性仅仅是它的一个附带现象。因此，后者使得前者黯然失色，这简直是不可思议的。"③然而，随着1914年8月第一次世界大战的全面爆发，以及第二国际、第三国际的相继失败，民族意识的形成、民族主义观念的勃发、民族解放运动的兴起和民族国家的建立纷至沓来，事实证明，民族已然成为与阶级同样重要的世界范围内的核心主体。布莱恩·詹金斯（Brian Jenkins）和金特·明纳普（Günter Minnerup）也认为，马克思主义者现在必须承认，民族主义的解放力量并不仅仅是阶级斗争的附属物，"在政治解放的领

---

①　Nairn，T.，James，P.，*Global Matrix*：*Nationalism*，*Globalism and State-Terrorism*，London and Ann Arbor，MI：Pluto Press，2005，p. 76.

②　Ibid.，p. 76.

③　Nairn，T.，*The Break-up of Britain*：*Crisis and Neo-Nationalism*，London，NLB，1977，p. 351.

域里，民族国家实际上代表着人类发展的高峰"①。奈恩正确地指出，"一个对资本主义发展的整体性质和深度有缺陷的把握暗示着某些错误"②。这意味着，仅以阶级观念来驾驭世界发展有一定的不完整性，马克思主义者们应该运用历史唯物主义的概念把握社会发展中真正的对象——世界政治经济结构。在奈恩看来，"这是唯一的真正的'结构'，这一'结构'可以解释资本主义现实的各种'上层建筑'（包括民族主义）"③。不需要做出过多的解释，在帝国主义、资本主义横行的时代，单一地探讨阶级划分和阶级斗争不足以应对复杂的社会现实，也就是说，马克思主义者必须要顺应时代的需求，以唯物史观为基础，打破阶级斗争的局限，扩展阶级意识的范畴，适时地为顺应时代潮流做出发展和调整。正如政治学家亨利·帕特森（Henry Patterson）对奈恩的评价："他（奈恩）显然积极地提出了一种认识民族主义的必要，打破了一个阶级还原主义。"④

另一方面，以民族支配地位的转向肯定民族主体的充分性和民族主义向度的有效性。奈恩指出："'物质'必须以不同的方式去理解，不单单是以资本主义经济和阶级斗争的方式，还需要一些更深层次的和旧的物质因素来理解民族主义的世界。"⑤在新时代，我们必须认识到，不同

---

① Jenkins, B., Minnerup, G., *Citizens and Comrades—Socialism in a World of Nation States*, London, Pluto Press, 1984, pp. 144-145.

② Nairn, T., *The Break-up of Britain: Crisis and Neo-Nationalism*, London, NLB, 1977, p. 352.

③ Ibid., p. 352.

④ Patterson, H., "Neo-Nationalism and Class," in *Social History*, Vol. 13, No. 3, 1988, p. 347.

⑤ Nairn, T., James, P., *Global Matrix: Nationalism, Globalism and State-Terrorism*, London and Ann Arbor, MI: Pluto Press, 2005, p. 98.

发展状况的民族国家之间有深刻矛盾，现代社会真正的、基本的矛盾不仅存在于阶级斗争中，还存在于民族解放的斗争中，存在于充分体现群体意志的民族主体中，存在于有效动员大众情绪的民族主义向度当中。由此出发，奈恩进一步分析了民族性因素的核心作用。资本主义的蔓延与发展打破了旧的社会形态，而旧有社会形态的崩溃总是倾向于以民族主体的形式发生，而不以阶级单位展现。从这个意义上讲，"民族主义能够起作用，因为它确实为群众提供了真正的和重要的东西——那是假定在一个狭隘的唯智论者模式中阶级意识永远也提供不了的东西……是更大、更易接受的、更贴近于大众现实的东西。……它在现代发展中必须有一个功能，或许是比这一时期各个民族国家内的阶级意识和形成更重要的功能"[1]。在资本主义不均衡发展的情况下，"只要世界经济的主要矛盾"仍占据主导地位，那么"民族性的地位仍将越来越强大"[2]，在这样的状况下，民族主义给人民大众提供了充分的和确定的理由去对抗现代资本主义对自身的侵袭，并动员民族共同体中的全体人民以民族解放、革命运动走出不发达的困境，拥抱现代化的进程。

(三)注重民族解放运动中阶级意识与民族意识的相互融合

虽然奈恩以民族范畴的充分性和有效性指出了阶级斗争在现代社会发展中的僵化与保守程度，但这并不意味着他要用民族主体完全替代阶级主体，并忽视和否定阶级的作用，恰恰相反，他十分重视阶级意识与

---

① Nairn, T., *The Break-up of Britain*: *Crisis and Neo-Nationalism*, London, NLB, 1977, p. 354.

② Ibid., p. 355.

民族主义意识形态和运动的相互结合与影响，他认为，在现实世界中，社会主体要把阶级意识与民族意识相结合，既相信阶级划分的科学性，又认同民族解放运动的重要性，不能一元地、绝对地解释历史和现实，而要从发展的角度拓展对人民、民族、阶级三者的理解。

在现代社会，几乎所有的民族独立斗争与阶级斗争都是交织在一起的。我们知道，在传统马克思主义的理论当中，阶级、阶级斗争与无产阶级革命理论总是处于最核心的地位，与阶级相关的概念统揽了包括民族、民族国家、民族主义斗争等问题，在奈恩的民族主义思想当中，他也十分谨慎地对待"阶级"的相关概念，在《现代贾纳斯》一文中，当他决定要讨论民族主义与阶级问题时，他这样写道："到目前为止，我一直没有提到神圣不可侵犯的主题：阶级。当然，这是经过深思熟虑的。对这样一个问题，用任何唯物主义的方法来接近，我们不仅发现路被常识性的丰富神话堵住了；还会发现马克思主义有它自己的家庭产业。……我们的特性一直是'阶级'。"①可见，在奈恩看来，"阶级"是极为重要的一个主题，虽然奈恩把"民族主义"置于解释世界历史的中心，但是同时，他也分析和扩展了阶级问题，因为人民大众的特性一直是阶级的。我们知道，民族是由聚集在一起的阶级所组成的，民族与阶级以一定的规律和社会政治、经济、文化、思想联结起来，这便构成了人类现代历史发展当中的社会组织，而在对社会主体运动的分析中，奈恩不仅阐释了民族解放运动的主体，还在此基础上结合了对阶级意识的拓展性分析。

---

① Nairn, T., *The Break-up of Britain: Crisis and Neo-Nationalism*, London, NLB, 1977, p. 350.

在现代资本主义主导的世界中，奈恩认为，民族的革命解放运动只有把所有阶级全部联合起来才能真正凝聚成足以改变社会的伟大力量。在奈恩看来，人类社会在现代化道路上的发展离不开民族与民族运动，他对此有一个关于马克思主义历史组织的彻底的调查研究，他指出，"在俄国革命之后，第三国际产生了真正极端强化的谬见：国际主义因缺乏意志力和组织性而失败了——因为主观的原因，他们没有足够的决心对阴谋和腐烂的主体进行披露和战斗。如果他们那么做的话（言外之意是），那么阶级的因素可能会战胜那些民族的划分，有可能会成为一个伟大的社会革命，而不是战争"①。可见，第三国际缺乏坚定的革命性和对资产阶级的妥协，致使世界范围内并未形成一个伟大的以阶级斗争为主导的社会革命，因此，民族划分仍是人类社会中的主导组织形式，它进一步促进了世界历史中民族解放运动的快速形成和发展，对此，奈恩指出，"民族边界对于资本主义本身早已过时"②，这种在 19 世纪和 20 世纪早期常常使用的言论既是错误的，又是不符合社会现实的，阶级意识必须要与民族主义发展的新世界相协调，这种调和是势在必行的。尤其在涉及"资本主义发展的整体性质和深度"③时，如果仅仅单纯地运用阶级观念来解释社会中"真正意义上唯一的对象，即世界政治经济"④的话，就会造成一系列的偏离和失效，这意味着我们必须拓展阶级意识的范畴，并将其与民

---

①　Nairn，T.，*The Break-up of Britain*：*Crisis and Neo-Nationalism*，London，NLB，1977，pp. 351-352.

②　Ibid.，p. 352.

③　Ibid.，p. 352.

④　Ibid.，p. 352.

族解放斗争相结合，这样才能使阶级利益与一般民众的利益相一致。

由此，奈恩强调了民族在人类主体当中的地位，并在世界历史当中扩展了阶级意识的范畴，奈恩十分认同在现代民族主体中阶级划分和阶级斗争的重要作用，并在此基础上探讨了民族主体内部的阶级关系及功能划分，他写道，"真正的、基本的矛盾仍在阶级斗争的地方起作用"[1]，"阶级对民族主义的理解是至关重要的，这显然是真的"[2]，"这两者有着千丝万缕的困惑，在那里，一个民族性的上层阶级统治另一个民族性的农民和工人。但关键是，混乱只能根据民族性来调节，而不以阶级调节。作为一种动员手段，民族主义仅仅是无比地优于那些包含在一个仍然未成熟的阶级意识中的东西"[3]。换句话说，在民族主体中，上层阶级统治下层阶级，而在现实社会当中，民族国家间的矛盾、问题和混乱能且只能以民族共同体的单位进行解决，而不能以新生的阶级意识来调节。

纵使在定位现代社会历史发展的原动力时，奈恩把民族置于阶级之前，但是奈恩并未把二者放在一个相互矛盾的状况当中，他指出："工人首先是德国人、古巴人……民族属性与无产阶级、社会主义的国际主义的属性之间并没有真正的矛盾，前者只是在走向后者（等）的路上的一个阶段。"[4]可见，在当今现代化、全球化的新形势下，民族国家间的矛盾、问

---

[1] Nairn, T., *The Break-up of Britain: Crisis and Neo-Nationalism*, London, NLB, 1977, p. 353.

[2] Ibid., p. 354.

[3] Ibid., p. 353.

[4] Ibid., pp. 354-355.

题和混乱首先要以民族共同体为单位进行解决，在还未实现国际主义的、以民族国家为主导的世界中，民族性的调节应该先于阶级性的调节。奈恩并未把民族与阶级二者放在一个相互矛盾的状况当中，而是进行了融合和统一。对于奈恩来说，民族、民族性、民族主义是现代历史的中心，而伴随着社会结构的发展和成熟，它们会逐渐让位于后者（阶级）。在这里，奈恩也阐释了社会主义与新民族主义的结合，"从来未曾如此明显，社会主义成为主要的意识形态武器，成为一个全新的朝向欠发达地区的强行军。它有效地融合他们的新民族主义，而不是发达国家的工人阶级意识。因为联合的帝国主义被第三世界国家的广义起义横扫，逐渐增加的不平衡发展的意识开始变得清晰"①。可见，这种融合了社会主义的民族主体更加具有动员的充分性和运动的有效性，因此，不发达的边缘地区的人民终将实现他们的民族解放和社会变革。

　　同为英国新左派的霍布斯鲍姆是传统马克思主义的坚定捍卫者，虽然他不尽赞同奈恩的观点，并认为马克思主义者不能超越某些概念的边界，但他也不得不承认："马克思主义者……必须正视民族主义的政治事实，并确定他们对民族主义具体表现的态度。自马克思以来，在很大程度上这是必要的，它不是一个理论原则的问题，而是在不断变化的环境中做出的实际判断。"②此外，在理论层面上，奥地利马克思主义者奥托·鲍威尔（Otto Bauer）和卡尔·伦纳（Karl Renner）也试图用一种复杂的历史方法将

① Nairn, T., *The Break-up of Britain: Crisis and Neo-Nationalism*, London, NLB, 1977, pp. 355-356.

② Hobsbawm, E., "Some Reflections on 'The Break-up of Britain'," in *New Left Review*, I/105, September-October 1977, p. 9.

阶级结构与民族问题联系起来，他们以捷克为例进行分析，指出捷克民族在被奥地利哈布斯堡王朝征服后，经大屠杀和文化同化失去了他们的上层阶级，这些民族精英的消失意味着捷克民族仍然是一个由农民构成的民族，即没有社会和政治领导，也没有文化精英，在经济上依赖讲德语的地主。捷克农民出身的无产阶级发现自己受到了经济和文化的双重剥削，面对这种社会状况，他们只有通过民族主义的政治和文化运动才能挽救捷克下层阶级的贫困人民，从而使捷克的工人在经济上和文化上都获得权力。① 可见，马克思主义者必须要关怀民族与民族主义的方面，将阶级范畴与民族范畴相联系，这样才能符合实际的历史发展走向，适应真实的现代社会状况，有效地动员切实的主体力量。奈恩以历史为参照、以现实为依据解释民族主义，在客观分析社会经济政治变迁的基础上，创造性地发展了马克思主义的阶级观，探索了关于民族和阶级的新认识。接下来，奈恩对民族主义运动中的阶级基础进行了分析阐释。

三、从知识精英到大众：民族主义主体的阶级基础

一直以来，民族主义的上升总是与社会阶层的主体关联在一起。人们相信，大众在与封建帝制、帝国主义、资本主义等不同社会阶段的压迫者进行斗争的过程中，从根本上起到了摧毁其社会政治权力的作用，而在这

① Avineri, S., "Marxism and Nationalism," in *Journal of Contemporary History*, Vol. 26, No. 3, 1991, p. 652.

一过程中，民族主义正是作为相宜的意识形态而存在的，并推动了民族国家的创设。民族主义意识形态和运动能够赢得从知识精英到大众广泛而普遍的认同的原因就在于，它能够超越所有社会、宗教和地域的界限而把全体阶层团结、组织起来。因此，民族主义并不是单一、狭窄、局限地与某种特定阶层联结在一起的，而是与所有阶层有着深刻的联系。可以说，民族主义是一种庞大的、覆盖阶层的意识形态和运动。民族，作为社会共同体，是由聚集在一起的阶级或阶层所组成的。从资本主义社会的没落到社会主义、共产主义在全世界范围内取得胜利，阶级和阶级关系都是一个决定性因素，在漫长的人类社会发展中的一切现象、过程都具有明显的阶级特征。因此，（阶级国家的）民族必然地具有阶级的性质，民族主义的社会内容取决于阶级利益、阶级斗争和阶级的社会活动，在考察民族和民族主义的形成发展、民族国家关系和民族主义运动时，我们必须要考虑社会的阶级构成、各阶级的利益诉求和各阶级间的关系及作用，这样才能得出正确的认识。

（一）知识分子必须引导无产阶级的觉醒

一个民族，乃至一个民族国家共同体的历史生命力，以及推动社会发展的能力取决于组成这个民族的各个阶级或不同阶层。奈恩的平民主义的民族主义理论深入探讨了民族解放斗争的阶级基础问题。民族自始至终都容纳着所有阶级，各个阶级在民族、民族主义和民族国家的形成和发展过程中所起的作用是各不相同的。首先，确定起领导作用的阶级力量历来是十分重要的。什么阶级是民族主义意识形态和运动中的领导阶级呢？这一领导阶级用什么标准来确定，以及要发挥什么样的作用呢？

奈恩指出，知识分子处于民族主义的领导阶层，制度上的知识分子必须居于民族主义计划的核心位置，并且，他把自己界定为其中一员，他充满热情地写道："民族主义的新兴知识分子必须邀请群众进入历史之中，而且，邀请函必须用他们能够看懂的语言来书写"[1]；"只要考虑到 20 世纪 70 年代民族运动的'资产阶级'方面，我们就仍然深信，就我们的特殊条件而言，仅有知识分子阶层能够带来这样一种觉醒"[2]。从这些表述中，我们看到了奈恩对于无产阶级和知识分子的巨大肯定，他不仅看到了知识分子在人类历史中的引导性作用，还看到了人民群众的巨大力量，认为只有知识分子动员人民进入政治生活，才能实现由民族主义带来的伟大社会变革，正如他在《不列颠的瓦解》一书中所写的："就一个独特的现代意义而言，民族主义的到来与下层阶级受到政治的洗礼有密切的关系。他们进入历史的一个基本前提是将民族性转换为中心的和形成的因素。这就是为什么尽管民族主义运动有时候对民主抱有敌意，但他们的主张一定都是平民主义式的，并且始终设法将人民群众引进到政治生活中。典型的民族运动的形态，是一个活跃的知识分子领导群，试图动员群众并将其能量诱导向对新国家的支持上。"[3]

不难看出，在奈恩的平民主义的民族主义理论中，知识分子中的精英处于民族主义运动的实际过程中的引导和领导的位置。我们知道，

---

[1]　Nairn, T., *The Break-up of Britain: Crisis and Neo-Nationalism*, London, NLB, 1977, p. 340.

[2]　Nairn, T., *Faces of Nationalism: Janus Revisited*, London and New York, Verso, 1997, p. 209.

[3]　Nairn, T., *The Break-up of Britain: Crisis and Neo-Nationalism*, London, NLB, 1977, p. 41.

"在大多数情况下，民族共同体的肯定过程是通过精英政治实现的"①。民族共同体会自然地按角色分解为精英与大众，这种确定的权力结构是自发的，知识分子中的精英提供激发和引导民族主义的核心力量，他们是民族文化的制造者、民族解放梦想的发掘者、民族国家觉醒的领导者和民族主义政策的测绘师。知识分子中的精英必须要重新学会从民族性中发现那些能够动员人民群众的因素，借由这些因素，不仅能够实现人民大众的民族身份认同，更重要的是还能够激起他们的民族主义热望，可以说"精英和知识分子是民族主义运动的领导者"②。奈恩从马克思主义的社会经济视角分析民族问题，从不发达的边缘民族国家与发达的核心民族国家的不同状况来进行分析，他认为，在处于不同发展阶段的民族国家当中，知识分子中的精英必须引导无产阶级的觉醒。

一方面，在不发达的边缘地区的民族国家当中，知识精英要充分运用他们所占有的文化领导权和话语领导权来动员人民的民族身份认同，激发他们的民族自尊心，引导他们的集体凝聚力，促进他们的普遍觉醒，进而才能实现对资本主义入侵的对抗，以及自身民族国家的解放和发展。让我们再次回到这段论述："启蒙运动被资产阶级革命带进了更广泛的现实世界，这些革命震碎了他们周围的旧世界。在这些欠发达地区，精英们很快发现，每次只有几个国家可以平静地并入世界性的技术官僚国家之列。其他大多数国家只能被排除在行动之外，而不是礼貌地被邀请加入。践踏他们，而不是教给他们游戏规则；利用他们，而不是

---

① 徐迅：《民族主义》，57 页，北京，东方出版社，2015。

② 同上书，62 页。

将他们作为合作伙伴。他们被告知要耐心等待，情况会在下一代或者下下一代拉平，这起不到什么安慰作用。这究竟是真的吗？改变的新力量的实际配置将不让英国人更加牢固地负责一个更加非印度化的印度吗？德国人不会更加控制斯拉夫人的土地吗？不管真实与否，这一点似乎是学术的。鉴于暴力和快速的行动，耐心和时间无论如何都不再成为人类（平衡发展）的可能条件。"①

可见，核心的资本主义世界对外围落后地区的统治在"外围精英"中产生了一个防御反应，奈恩这样感叹道："巨大的期望领先于物质进步本身。外围的精英们别无选择，只能试图满足这些需求，把东西掌握在自己手中。当然，'把东西掌握在自己手中'表达出了大量的民族主义的实质。"②对于边缘地区的精英们来说，民族主义是最根本的手段，人民大众是最关键的力量，他们必须要把二者结合起来。"为了保护自己，外围国家被迫尝试和推进'以自己的方式'，'为了自己而去做'。他们的统治者——或者至少是现在掌权的最近刚刚觉醒的精英——不得不为了这一历史的捷径而动员他们的社会。"③因此，新兴阶层的知识分子只有通过民族主义的意识形态动员其人民大众，才能形成足以撼动世界历史与现实的民族主义解放运动。在所有以人民作为主体的阶层当中，新兴阶层的知识分子必须承担起自己的历史使命，弘扬民族文化传统，以民族主义意识形态进行社会动员，向现有的资本主义政治权利挑战，进而

---

① Nairn, T., *The Break-up of Britain：Crisis and Neo-Nationalism*，London，NLB，1977，pp. 338-339.

② Ibid.，p. 339.

③ Ibid.，pp. 339-340.

唤起人民主体的觉醒。

在现代社会，新兴阶层的知识分子扮演了民族主义意识形态的制造者、发掘者、解释者、领导者等多个角色，他们天然地具有其他阶层所无法拥有的作用，即教育和社会地位，这种自身阶层所具有的特权和责任让他们能够发掘民族文化，编撰民族历史，引导民族情绪，创造具有明显认同倾向的意识形态，这样就能有效地得到人民大众的广泛支持，形成一个统一的民族主义的政治表达。在民族主义的生活引导和社会导向方面，精英阶层承担着整合与引导人民大众的任务。民族主义的计划需要民族的知识精英，只有知识精英的行动、引导和奉献，才能逐渐延伸为普遍的民族解放运动。没有什么比为了民族大义流血牺牲的精英和舍身殉难的英雄更具感召效用了。正是通过知识分子的引导与推动，民族主义以民族为主体单位的集体认同情绪产生了，进而转化为整个民族的觉醒和社会解放运动，这就是知识分子作为民族共同体的大脑的巨大价值和意义所在。

另一方面，在发达的核心地区的民族国家当中，知识分子在肩负起资本主义社会实现社会主义的跨越的历史任务时，他们不仅要正确引导自身民族国家的民族主义的健康发展，还要帮助工人阶级重新确立社会主义的原则，让资本主义的民族国家转变为社会主义的民族国家。奈恩以对资本主义英国的具体分析为例，强调了英国新左派作为英国中产阶级知识精英的重要作用，即要以新左派来重新确立社会主义的原则。"英国的社会主义已经遇到了其视角和旧世界观都看不到的障碍物。就像飞机在达到某种速度时遇到的音障一样，这种力量使它重新陷入混乱和无能为力。"①奈恩怀抱着浓浓的社会主义理想指出，英国要突破社会发展的障碍、实现资本主义向社会主义的过渡，离不开新左派对社会主体的引导，"要想在社会主义的发展方向上有一个开放的过渡情况，就必须有一个左派"②。奈恩从英国的现实状况进行分析，他写道："资本主义的主要挑战正是社会主义，但这一点几乎完全失去了当代意义……在新生的资本主义的压力下，配备了新方法和新诉求，劳动立法比以往任何时候都更有信心了，工党似乎向后倒退到越来越绝望的位置。"③毫无疑问，在英国，由于资本主义政治制度的强化，工党越来越倒退和妥协，在这种情况下，新左派必须要重申社会主义的意义，以此来挑战和战胜资本主义，帮助工人阶级重新确立社会主义的原则。

他接着指出："如果我们要打动这个国家的工人……我们必须肯定地回到我们所知的传统的社会主义……我们的政党必须尽快回到社会主义的原则，政党正是建立在这些原则之上的。"④自下而上的政治体制的现代化变革，离不开英国新左派对社会主义理想和意义的重申，由此，奈恩感叹道："那么，是否一个新的左派必须存在才能将现实带入社会主义的视角呢？在某种意义上，这是肯定的。"⑤英国新左派对社会主义的实现有着不可忽视的作用，只有在工人阶级当中重新确立起社会主义的原则，才能够改变英国的状况，带来政治体制的新气象。"在工人阶

---

① Nairn, T., "The Nature of the Labour Party (Part II)," in *New Left Review*, I/28, November-December 1964, p. 39.

② Ibid., p. 56.

③ Ibid., p. 42.

④ Ibid., p. 44.

⑤ Ibid., p. 56.

级和工人运动长期处于僵化状态之后，新的萌芽和新气候将带来一个不同的世界。这将是一个更加有利于发展真正的英国社会主义的世界。英国工人阶级仍能意识到多世纪以前马克思所预见的伟大未来的一部分，当时他预言，这将引领世界各地劳动力的解放。"①由此，奈恩从英国资本主义的社会现实出发，阐明了在发达民族国家当中中产阶级知识分子的重要作用。

此外，霍布斯鲍姆和安德森也强调了新左派在抵抗帝国主义、资本主义及实现社会主义当中的巨大作用。霍布斯鲍姆认为，西方发达国家的社会主义道路障碍重重，两次世界大战和经济衰落，都没有从根本上撼动西方资本主义政权的社会基础，西方的劳工运动总是处于倾覆的危险中。② 面对这种无力感，无论是发达资本主义的劳工阶层，还是不发达被压迫地区的人民大众，都必须与马克思主义左派结合在一起以促进旧系统的解体，他写道："在反法西斯运动期间，民族主义与左派结成紧密同盟，在被殖民国家当中，这种结盟关系更因反帝运动而得到加强。于是反殖民斗争便以种种不同方式，和国际左派联系在一起。这些反帝运动如果能在其母国找到政治盟友，这些盟友无疑都是左派集团。因为反帝国主义长久以来就是社会主义思想的核心观念……自从列宁发现被殖民国家的民族解放运动可能为世界革命带来莫大贡献之后，共产党这些革命分子便不遗余力地协助被殖民国家进行解放斗争。这种抗争

---

① Nairn，T.，"The Nature of the Labour Party (Part II)，" in *New Left Review*，I/28，November-December 1964，p. 62.

② 乔瑞金、曹伟伟：《霍布斯鲍姆眼中的社会主义：一种基于唯物史观的释读》，载《学习与探索》，2013(11)。

对双方来说都极具吸引力，因为凡是可使殖民母国的帝国主义者惊惧的事情，必定也广受工人大众欢迎。"①不难看出，新左派作为马克思主义的先锋，在被殖民、被压迫的不发达民族国家中是革命的领导者，在殖民的资本主义国家中是传播社会主义科学思想、反抗帝国主义、超越资本主义的有效组织者。

佩里·安德森从新左派的价值视域入手，强调了新左派的社会批判功能，他认为，新左派最初是一个丰富的知识分子群体（指学者一类），随后其成分更加多元化，不再只是知识分子群体，同时还是一场包括学生、新闻工作者、教师、医生、建筑师、学者和社会工人的大众运动。在他看来，英国新左派避免了欧洲其他国家那种知识精英与大众的分离状态，这是其十分重要的优势。由此，安德森进一步指出，"新左派最有价值的工作，在于对资本主义进行了道德批判，并且愈益关注文化问题"，"新左派的出现，标志着工业革命以来英国社会深厚的社会批判传统的复兴"②。可见，新左派对于社会主义的实现有着不可忽视的作用，只有在工人阶级、人民大众当中重新确立起社会主义的原则，才能改变资本主义的状况，带来政治体制的新气象，实现资本主义向社会主义政治制度的变革。

综上所述，我们可以得出这样的观点：无论是在不发达的外围地区的民族国家，还是在发达的核心地区的民族国家，中产阶级知识分子都

---

① ［英］埃里克·霍布斯鲍姆：《民族与民族主义》，李金梅译，144 页，上海，上海人民出版社，2006。

② Anderson，P.，"The Left in the Fifties," in *New Left Review*，I/29，January-February 1965，p. 17。

充当着启蒙、教化、引导人民大众的角色，作为历史前进的火车头，他们必须充分发挥自身在民族主义意识形态的传播、民族性政治的决策、民族解放运动的激荡、民族国家的发展中的引导作用。

(二)所有政治动员必定要指向无产阶级

我们知道，在民族主义的意识形态和运动的现实发展过程中，民族主体会按照自身所掌握的文化、拥有的权利、具备的能力、享有的社会地位等因素自然地划分为两种角色，即精英与大众。奈恩在分析了中产阶级知识精英巨大作用的基础上，更进一步强调了人民大众对于社会革命、民族解放的基础性作用。民族主义意识形态及运动是一个精英与人民大众互动的体系，作为"一种超越地方和社会阶层的广泛的文化心理现象和政治现象"，民族主义"说到底是民族大众性质的"。[①] 人民大众是民族主义情感与激情的一个载体。民族主义作为一种能够激发民族大众爱憎、造就大众理想的信念，最能够激励和动员人民的情感，使之成为民族冲锋陷阵的实体组织。民众通过知识分子的激发而成为社会革命的关键力量。

1. 无产阶级是所有革命的关键所在

奈恩认为，无产阶级是所有革命的关键所在，他写道："工人阶级是革命的惟一发动机……所有的政治动员一定得指向无产阶级，要不然就会注定失败。"[②]无产阶级人民大众作为革命的主体，对于冲破资本主

---

① 徐迅：《民族主义》，65 页，北京，东方出版社，2015。

② ［意］安琪楼·夸特罗其、［英］汤姆·奈仁：《法国 1968：终结的开始》，赵刚译，158 页，北京，生活·读书·新知三联书店，2001。

义社会的枷锁、实现真正意义上的自由具有重要作用。奈恩始终强调革命的主体维度,坚持"主体性的呼声是一个内在动力"①,并致力于建构一种符合当下时代精神的、积极自主的革命主体。

具体来讲,奈恩首先从"个人"着手分析。他指出:"所谓个人,不外乎工作的时候像一只蜜蜂或蚂蚁,离开工作的时候则是一个孑然孤立的个体。"②马克思在《德意志意识形态》中也有类似的表述,"在共产主义社会里,任何人都没有特殊的活动范围,而是都可以在任何部门内发展,社会调解着整个生产,因而使我有可能随自己的兴趣今天干这事,明天干那事,上午打猎,下午捕鱼,傍晚从事畜牧,晚饭后从事批判"③。可见,奈恩对"个人"的理解与马克思对共产主义中的人的描述有异曲同工之妙。正是个人对满足物质生存需要的实践活动,以及在此基础上对精神生活的不断追求,才使革命成了不可或缺的手段,才赋予了革命以十分重要的意义,而正是一个个的"个人"组成了无产阶级的整体。

进而,奈恩结合法国"五月风暴"的革命实践指出,只有一个崭新的主体才能推进新世界的形成,他这样写道:"在五月革命的过程中处处都展现出一种行动和组织的特质。藏在外显理念之下的是一个活水源头:一个崭新的主体性,一个当何所为的集体'直觉',这个崭新的主体

---

① [意]安琪楼·夸特罗其、[英]汤姆·奈仁:《法国1968:终结的开始》,赵刚译,152 页,北京,生活·读书·新知三联书店,2001。

② 同上书,152 页。

③ 马克思、恩格斯:《德意志意识形态》节选本,29 页,北京,人民出版社,2003。

性和集体直觉在短短四周内，从一只眠蛹幻化为一个新世界的原型与愿景。"①在奈恩看来，新世界的愿景是一个崭新的、具体的无产阶级主体性自觉的结果。无产阶级主体为了复得这个世界，以自身天性中的自由主宰自己的命运，以革命实践为手段，拿起主体性之刃劈向那个夺取人们自由、藏污纳垢的资本主义异化。奈恩把革命的实践活动与无产阶级的人的主体性密切联系起来，认为人的本质力量的具体化过程和形式就是革命。无论在怎样的条件下，无产阶级的本质力量的实践都是绝对必要的。奈恩把无产阶级作为社会批判的革命武器来使用，以此把本来属于人民的一切归还给大众自身，这是他对人类主体性的期望，也是他对社会文明发展的渴求。

第二次世界大战后的 20 多年，资本主义世界出现了长期稳定的局面，许多资本主义的卫道士做起了"黄金世界"的美梦。可是 1968 年五月的四个星期，学生运动和工人运动却像突然刮起的一场风暴，席卷了整个法国，打破了那种美梦。② 历史告诉我们，革命要取得成功，必须把无产阶级人民大众组织起来。在奈恩看来，"五月风暴"中最重要的革命力量有两种：一是学生，二是工人。两者相结合形成革命的动力马达。一方面，学生在"五月风暴"中展示出了非凡的力量，他们具有很强的政治意识，"要求自在自为的自我定义"③，并带来了生机盎然的革命

---

① ［意］安琪楼•夸特罗其、［英］汤姆•奈仁：《法国 1968：终结的开始》，赵刚译，151 页，北京，生活•读书•新知三联书店，2001。

② 方光明：《论 1968 年法国的"五月运动"》，载《杭州大学学报（哲学社会科学版）》，1986(1)。

③ ［意］安琪楼•夸特罗其、［英］汤姆•奈仁：《法国 1968：终结的开始》，赵刚译，153 页，北京，生活•读书•新知三联书店，2001。

运动，正是学生对法国当时社会状况的不满，加之中国、古巴的革命精神的感召，使得他们毅然举起革命的旗帜，占领巴黎地区的大学，奈恩这样写道："震荡明日世界的社会体制的要角将是造反的学生。"①另一方面，随着学生运动的持续扩大，法国的人民大众也加入了这场运动，其中最重要的力量就是无产阶级工人。无须赘言，我们都知道无产阶级工人的力量之大、之猛，马克思在《共产党宣言》中指出："在当前同资产阶级对立的一切阶级中，只有无产阶级才是真正革命的阶级。"②现代资本主义工业发展造成了政治领域、思想文化领域以及人自身的单向度发展，这是个病态社会，尽管西方发达国家都极力宣扬自由、民主，但无法掩饰实质上的虚伪、扭曲。工人阶级作为资本主义体系下最受压抑、限制、束缚的阶层，具有最庞大的工会组织、最强的反抗意识和最具斗争性的革命力量。

不难看出，奈恩对无产阶级力量的重视，体现出一种马克思主义式的深刻理解。只有在工人阶级中宣传革命的理念，让革命理念在工人阶级的意识中生根发芽，革命实践才能成为可能。革命只有掌握在觉醒的、有组织的无产阶级手里，才能爆发出前所未有的巨大势头，向共产主义的理想靠近并取得未来的胜利。

2. 无产阶级是民族主义意识形态及运动的社会基础

奈恩正确地看到了民族主义意识形态的发展、民族国家解放运动的勃兴和社会主义民族国家的型构，这不仅需要知识分子的参与和引导，

---

① ［意］安琪楼·夸特罗其、［英］汤姆·奈仁：《法国1968：终结的开始》，赵刚译，149页，北京，生活·读书·新知三联书店，2001。

② 《马克思恩格斯全集》第4卷，476页，北京，人民出版社，1958。

更需要广泛而普遍的人民大众的参与，而民众的主要社会阶层就是无产阶级，可以说，无产阶级是民族主义意识形态及运动的社会基础。知识精英要如何动员起作为无产阶级的人民大众呢？奈恩这样分析道："国家被丢进发展的比赛中，没有时间让必要的机构和干部成熟起来。因此，他们被迫用其他方式动员人民。掌管那里的知识分子和士兵需要一个丰富肾上腺素的意识形态来实现他们的目标，并在一个西方民族精神的简写形式中发现它。这是基于血液的民族性，人民和国家的英雄的和排外的膜拜，建立在习俗、语言、信仰、肤色、烹饪和其他可用于包装的东西之上。"①可见，在现代民族国家的发展竞争中，精英阶层必须要重新学会从民族性中发现动员人民群众的民族主义意识形态的因素，奈恩认为，这些因素就是民族英雄、传统习俗、语言、信仰等，这些东西不仅能够让人民大众实现其民族身份认同，更重要的是还能激起他们的民族主义热望。

奈恩正确地看到了民族主义的平民主义性质，在分析如何激发和唤醒人民大众的民族主义意识形态和运动时，他指出，中产阶级知识分子在调动人民的民族性因素的过程当中，必须要诉诸人民群众或下层阶级能够理解的语言和形式，他这样写道："民族主义的新兴中产阶级知识分子必须邀请群众进入历史之中，而且，邀请函必须用他们能够看懂的语言来书写。"②由此，无产阶级的人民大众就在知识精英的引导下成为

---

① Nairn, T., *Faces of Nationalism: Janus Revisited*, London and New York, Verso, 1997, p. 59.

② Nairn, T., *The Break-up of Britain: Crisis and Neo-Nationalism*, London, NLB, 1977, p. 340.

民族主义解放运动的主角和生力军，并在世界历史的舞台上焕发出任何其他阶级都无法比肩的伟大效用。

在分析了人民大众力量的基础上，奈恩进一步阐释了民族主义为何能够最大限度地调动起底层民众的战斗激情。人类社会从 19 世纪晚期至今的历史是不同民族寻求和确立自己所属群体的历史，世界历史准确地记录下了每个段落，而在所有的历程中，民族主义作为贯穿始终的意识形态和运动开启了人类主体性的觉解之路，尤其是对无产阶级力量的整合和激发起到了重要作用。"人们在真的很贫穷或'欠发达'地域的典型情况中，都可能或多或少地支持民族主义者。因为亲属关系的原因，它不得不通过高度修辞的形式运转，通过现在足够可以被下层阶层所理解的并召唤他们战斗的情感文化来宣传。"[①]可见，在现代真正的边缘的不发达地区中，民族主义能够最大限度地烘托和激起下层民众的热情，作为最能被人民所理解的情感，民族主义的作用不言而喻。奈恩接着写道："民族主义的严格控制，在很大程度上，决定于社会的阶级本质影响下的实际形式和内容。他们的社会阶层化形成了某些问题，这些问题没有替代的选择，只能去解决；而且，'解决方案'是大多数民族主义意识形态的不成熟性、感情主义、通俗的平民主义、高度着色的浪漫主义。"[②]由此而论，社会在发展当中由于阶层差异而产生的诸多问题只能由不成熟的、感情主义的、平民主义的、浪漫主义的民族主义来解决。

此外，民族主义对下层阶级的重要性还体现在人民大众无法重构自

① Nairn, T., *The Break-up of Britain: Crisis and Neo-Nationalism*, London, NLB, 1977, p. 340.

② Ibid., p. 354.

己。奈恩指出："精英可能沿着跨国指南富有想象力地重构他们自己，人民则不行。至少大部分群众现在已经强行并且相对较快地离开他们的农村进入了车间、办公室、商店或征召入伍。讲希腊语、拉丁语或法语的精英们可能会认为，比起他们各自的下层社会的人民，他们之间最终会有更多共同点，而下层社会的人民则永远不会。对于后者，市民的'爱国主义'从来不是一个直接的选择，但民族主义是希腊和罗马的、戴着假发的、苦行的、现代的、多数的、平民主义的、庸俗的、对抗的、有感情的继承人所承载的。"①换句话说，奈恩认为，在社会快速发展的状况下，知识精英能够有力地重构自己，不同地域之间的知识分子能够迅速达成一种共识，形成一个广泛的、跨区域的、多民族的阶层，而下层民众则不能自发地、快速适应新的社会环境，而能够有效组织无产阶级人民大众的力量的一直都是民族主义。

通过以上分析，奈恩不仅指出了无产阶级民众对于民族主义解放运动的重要性，即所有的政治动员必定要指向无产阶级；还探讨了民族主义意识形态对于组织人民大众的有效性和必然性。民族主义与无产阶级是相互影响、互为因果的两者，人民大众需要民族主义意识形态作为自己身份认同和民族情感的依托，反过来民族主义解放运动更加需要无产阶级下层民众的巨大力量才能够形成足以席卷资本主义社会的巨大变革，两者彼此促进，共同开启了民族共同体主体性的觉解。

总之，单一精英阶层的民族主义意识形态及运动不可能实现民族主

---

① Nairn，T.，*Faces of Nationalism：Janus Revisited*，London and New York，Verso，1997，pp. 125-126.

体的觉解，不可能得到整个民族群体的认同，也不可能促成民族国家的独立和解放，更不可能成功扭转资本主义的民族国家进入社会主义的民族国家，只有将民族主义寻求政治自觉、经济自主和自由解放的精神诉求经由知识分子传达给无产阶级民众，才能够真正动员起、凝集起整个社会主体，在民族国家当中形成真正意义上的革命。现代民族国家需要做的是，以知识分子为头脑，以无产阶级为身躯，将两者合为一个有机的整体来实现对资本主义的对抗和超越。

(三)主体性呼唤下的平民主义范式的民族主义

在分析了民族主义的阶级基础之后，奈恩在马克思主义的语境中，确立起了平民主义范式的民族主义。在资本主义主导的时代，平民主义的民族主义能够适应社会的变迁和主体的认同，这使每个阶层的人民都成为世界经济、政治和文化舞台主旋律的一个音符。19世纪初现端倪的民族主义，在世界历史的发展进程中被尽情地挥洒到世界的每一个角落，从前隔离、独立的民族群体被卷入相互作用、影响的关联状况中，演化为一个具有全球意义的历史性范畴。因为，当每一个民族群体以民族主义的意识形态和运动来践履自身的时代使命时，他们所渴求的不仅是社会经济的发展、政治体制的现代化，还有自身民族认同的情感和国家存在的理由，这种"自下而上"的覆盖所有社会阶层的民族主义恰恰提供了所有的需求，并且能够带来社会体制的切实变革。

我们可以将平民主义范式的民族主义分解为三个问题，首先需要回答什么是平民主义。

众所周知，平民主义(populism)是指一种在政治上迎和普通民众的意识形态，其基本特征是拒绝以牺牲普通民众的现实利益来实现历史进步。平民主义强调主体的能力和创造力，看重人民大众的价值和意义，肯定民众的现实成就和生存特性，其行为方式是把平民化和大众化作为所有政治运动和政治制度合法性的最终来源，希望依靠平民大众对社会进行激进改革，并把普通群众当作政治改革的唯一决定性力量，通过强调诸如平民的统一、全民公决、人民的创制权等平民主义价值，对人民大众从整体上实施有效的控制和操纵。在当今世界，"平民主义"是一个经常被提及的名词，它已成为一种世界性的现象。的确，平民主义的复兴已成为"后冷战时代"突出的意识形态现象，它的崛起告诉我们要从新的高度和新的视野去重新思考历史上的平民主义。奈恩平民主义理论立场下的民族主义正是对这一领域极具代表性的新思考和新认识，对于我们把握世界历史和考量现实社会具有很大价值和意义。在奈恩看来，作为民族主义运动的基本推动力量和实践主体，人民大众以强烈的以人民主权为基础的诉求和潜在的社会变革的力量不断在现代民族国家和希望建立民族国家的地域进行深入而广泛的发展。这种在民族主体性呼唤下的发展必然体现出一种平民主义的理论立场，这是奈恩民族主义理论的一个重要特性。

其次，需要进一步回答为什么民族主义会求助于平民主义。

奈恩十分肯定人民大众在民族主义运动中的作用和地位，他认为，不均衡发展是民族主义的基本推动者，边缘地区的精英们在面对帝国主义、资本主义的侵略和剥削时，没有能力与之抗衡，但是他们却拥有一样财富，即在"不发达"真实内涵的寡助之下，求助于一种能大量提供给他们的资源——人民。人民是边缘地区精英们唯一拥有的资源，并被证明是一种潜在的武器。精英们动员"我们的人民"并邀请他们进入历史，而且以他们的语言和文化书写邀请函，同时将他们的"大众情感"引入民族的抵抗运动中。这就是为什么民族主义始终是一种大众化的、浪漫的和跨阶级的运动，也是为什么它总是依靠大众的族群情感来维持。边缘地区的知识精英须求助于平民主义来指导、激发、唤醒其人民的民族主义的意识形态及运动。

除了对边缘地区人民大众的平民主义的民族主义的阐释外，奈恩也分析了核心地区的民族主义，它同样具有平民主义的特性。让我们再次来看这段表述："核心地区的民族主义是，从长远来看，与边缘地区的民族主义一样不可避免；但是可能会更有效。最有力的版本被发现，存在于我们所分析的更大的历史的不同位置。即在民族性中，在一定程度上结合这两个因素——'不发达'的痛苦经历和恐惧，以及现代社会经济机构使他们能够有效地动员和灌输他们的人民大众。"①奈恩看到了核心地区民族主义的实际状况，他们以永远处于核心地位、保持自身利益，以及不被别国超越、剥削来动员和激发核心地区人民群众的民族主义热情，事实证明，比起边缘地区的民族主义，核心地区的民族主义是更加有效的和有力的，不仅因为核心地区拥有更加发达的工业、技术，更因为其具有先进的民族国家政治体制。

奈恩不止一次地从唯物主义的历史观和人民观分析了以民族主义为基础的诉求和人民大众作为社会变革的潜在武器的巨大力量。那么，要

---

① Nairn, T., *The Break-up of Britain: Crisis and Neo-Nationalism*, London, NLB, 1977, pp. 345-346.

怎样利用平民主义来指导民族主义的意识形态及主体权利呢？或者应如何求助于平民主义的伟大力量来动员和激起民族主义的社会变革和解放运动呢？我们知道，在面对发展的困境时，有必要求助于平民主义来动员和激起民族主义的社会变革和解放运动。奈恩认为，民族主义的扩散过程是一个不言自明的发展，100 多年来，伴随民族主义的是反殖民主义、民族性因素的复兴和知识分子对人民大众力量的唤醒。用奈恩的话来说就是："不均衡发展总是会产生中心对边缘的帝国主义，对于这种优势，这些边缘地区已一个接一个地被迫进入一个非常深刻的矛盾反应中，寻求立即反抗它，并以某种方式接管其重要力量为自己所用。这只能用一种方式实现，即一种高度的'理想主义的'政治和思想动员，经过一番痛苦的强行进军，这是基于他们自己的资源，即以他们的'民族性'作为基础。"[1]这种以民族性为基础的动员实则就是激发和唤醒大众自身对民族身份的认同，就是利用民族主义的主权诉求和其强大力量来进行社会革命，民族主义必须与平民主义相结合才能够实现自身民族自决的理想和社会革命的胜利。

由此，奈恩肯定地指出，民族主义意识形态和运动必然要求助于平民主义。因为，"社会结构中包含的能量远远大于先前所理解的，民族主义动员的出现把他们从旧的模式中激发并释放了出来"[2]。这足见人民大众的力量之大，及其在民族主义当中的重要作用。奈恩在民族主义的解释范畴中继承并坚持了马克思主义的人民观，认为人民大众是民族

[1] Nairn, T., *The Break-up of Britain: Crisis and Neo-Nationalism*, London, NLB, 1977, pp. 340-341.
[2] Ibid., p. 349.

主义的基础，民族主义烙印着深刻的平民主义维度，所以，在他看来，民族主义"在前景上未必是民主的，但它总是平民主义的"①。

最后，需要解答的问题是，平民主义范式的民族主义何以能够造就社会体制的切实变革？

第一，一个民族身份和价值的认同、一个民族国家实力的发展与彰显离不开平民主义的民族主义意识形态和运动，尤其是外围、边缘地区的民族群体更是如此。奈恩指出："无法从字面上'复制'先进地区，落后地区被迫拿取他们想要的东西，并把这些东西铺在他们自己的社会形式的遗产之上。这一过程的理论化在编年史上被称为'不均衡和合并的发展'。为了保护自己，外围国家被迫尝试和推进'以自己的方式'，'为了自己而去做'。他们的统治者——或者至少是现在掌权的、最近刚刚觉醒的精英——不得不为了这一历史的捷径而动员他们的社会民众。这意味着一个激进的、阶级间的共同体意识的形成，他们强烈地意识到自己的独立身份与统治的外部力量是相对的。"②知识精英没有其他方法，对于下层阶级的动员必须有依据，而这个依据的整个要点就是现代民族主义。边缘地区虽然缺乏现代性的经济与政治制度，但是"那里有的是该地区的人民和特性，即其继承的族裔、言语、民间传说、肤色等。民族主义进行类似于那些差异性的运作，因为它必须这样做。它在前景上未必是民主的，但是它总是平民主义的。……人们在真的很贫穷或'欠发达'地域的典型情况中，都可能或多或少地支持民族主义者。因为亲

① Nairn, T., *The Break-up of Britain: Crisis and Neo-Nationalism*, London, NLB, 1977, p. 340.

② Ibid., pp. 339-340.

属关系的原因，它不得不通过高度修辞的形式运转，通过现在足够可以被下层阶层所理解的并召唤他们战斗的情感文化来宣传。这就是为什么距离启蒙运动的理性主义很远的浪漫主义文化总是与民族主义的传播是手拉手的"①。可见，从中产阶级到下层民众，总是需要通过民族主义来认同自己的身份、组织自己的群体、发展自己的国家，无论现代民族国家的民族主义的前景如何，但其特性必然是平民主义的。

第二，民族主义的平民主义特征已经得到了时代的认可，现实意义上的主体觉醒已然成为一切民族国家发展与解放的核心。奈恩认为，民族主义的历史发展过程是这样的：它"从西欧的本源出发，在动荡和反应的同心圆中扩散——经过欧洲中部和东部、拉丁美洲，然后穿过其他大洲。1880—1945年，多样统一的帝国主义是这个更大历史中的一个插曲，其派生物是，反殖民主义战争和'去殖民化'。我们研究了始终伴随它的现象，即民族历史的'重新发现'或发明，城市知识分子唤起了农民的优点"②；"资本主义无情地在全世界蔓延，第一次把人类社会统一成一个或多或少连贯的故事，还造就了一个危险的和骤发性的新的社会分裂。资本主义对世界快速植入的社会历史的成本就是'民族主义'"③。可见，在资本主义的无情侵袭下，民族主义的意识形态和运动站在所有阶层的人民的整体上去改造这个世界，伴随一系列的反殖民战争，民族群体对民族历史的重新认识、对民族认同的重构，通过民族主义完整地

---

① Nairn，T.，*The Break-up of Britain：Crisis and Neo-Nationalism*，London，NLB，1977，p.340.

② Ibid.，p.340.

③ Ibid.，p.341.

表达了自身的诉求与意愿。可以说，平民主义的民族主义是主体对社会发展的自然适应过程。

第三，平民主义的民族主义是对民族本身资源的深入利用，这样构建起来的民族国家共同体通过铸造自己的民族精神能够保证民族国家得以在稳定中巩固和发展。"事实是，通过民族主义，社会尝试推动自己向某种目标前进（工业化、繁荣与其他民族平等，等等），通过一种特定的回归——通过向内部看，更深入地利用他们的本土资源，复兴过去的民族英雄和神话等。这些理想主义的和浪漫的源头坚持任何形式的民族主义。"①由此可见，民族主体的觉醒和地位的获得来自资本主义的压迫和对发展进步的渴望，民族自我意识的生成一方面使其能够以统一的群体面对来自其他国家、群体的不断挑战；另一方面又使民族主体的民族主权得以体现，使民族历史得以认识，使民族精神得以彰显。因为，"身份的力量远比之前意识到的弗洛伊德以理论观点所揭露的要大得多"，而且，"社会结构中包含的能量也远远大于先前所理解的"②，所以，平民主义的民族主义必定会带来社会体制的全面变革。很难想象，一个非平民主义的民族主义会取得成功，历史证明，"真正的异议一定得从下发动，从体系之外，从街头、学校、工厂开始"③，只有平民主义的民族主义才会带来社会体制的真正的、切实的变革。

---

① Nairn，T.，*The Break-up of Britain*：*Crisis and Neo-Nationalism*，London，NLB，1977，p. 348.

② Ibid.，p. 349.

③ ［意］安琪楼·夸特罗其、［英］汤姆·奈仁：《法国1968：终结的开始》，赵刚译，177页，北京，生活·读书·新知三联书店，2001。

小结

奈恩对民族主义的主体意识的分析直接来源于对马克思主义的继承与发展。马克思主义作为奈恩分析民族问题最坚实的思想支撑、最牢固的原则立场和最不可或缺的精神食粮，从根本上确立了其民族主义思想的逻辑依据和方法论路径，这种与经典马克思主义相契合的价值取向蕴含着丰富的理论智慧。他始终秉承唯物史观的理论方法，在此基础上深化运用马克思主义的人民观、民族观、阶级观和资本主义不均衡发展的普遍规律，来分析民族主义的主体。奈恩首先以从历史到现实的社会发展的内在逻辑，揭示了民族主义是人民大众的共识；其次以从阶级到民族的主体转换，洞悉了民族意识与阶级意识的整体化；最后以从精英到大众的阶级分析，阐发了平民主义范式的民族主义的重要作用，形成了正确的认识。

在平民主义的语境中，奈恩对传统马克思主义的继承与挑战、信奉与发展、坚持与改造源于对人民大众力量的信任和对民族与阶级关系的重要认识。我们知道，"新左派的主导趋势是'修正主义的'，其根本原因在于，新左派拒绝把马克思主义看作是一种固定的、完成的学说或神圣的文本。新左派对马克思的思想究竟在何种程度上被修正并传承到现在有不同看法，但重新发现马克思一直是新左派的追求"①。作为英国新左派中最重要的政治理论家之一，奈恩以现代社会的真实历史为参照，结合当前世界的政治发展的现实情况，对马克思主义的相关阶级斗

---

① 乔瑞金、李文艳：《英国新左派的思想革命与政治诉求——以斯图亚特·霍尔的分析为中心》，载《南京大学学报(哲学·人文科学·社会科学)》，2016(4)。

争和阶级划分理论进行了重新审视、发展和一定程度的挑战，并由此转向了对民族和民族主义的重视与肯定，通过对民族主义主体意识的分析，奈恩完成了对传统马克思主义的继承、发展与"修正"，形成了自己独特的平民主义范式下的民族主义理论。

我们知道，构建马克思主义的民族主义思想体系的实质就是坚持马克思主义的科学性和真理性，奈恩的平民主义的民族主义思想既继承、坚持了马克思主义对人民群众伟大力量的肯定，又探索性地发展了传统马克思主义阶级观的整体框架，创新性地提升了民族在现代社会发展当中的主体地位。由此，奈恩在分析民族主义的主体意识基础上，阐释了一种新马克思主义语境下的平民主义范式中的民族主义。接下来，奈恩必须要解释如何以民族主义的发展与实践来实现对资本主义、帝国主义的超越，并最终达成社会主义的理想。对此他以确立社会主义的民族主义和构建社会主义民族国家来进行解释。

第五章 ┃ 民族主义的理想社会构建

　　奈恩的民族主义思想的整体架构是将马克思主义同民族主义相结合，因此，其架构自然地具有社会主义的理论构想。他希望借由民族主义实现对帝国主义、资本主义的反抗，争取民族国家的独立与人民大众的解放，构建一个社会主义的民族共同体。恩格斯认为，在特定情况下，民族主义有利于工人阶级的发展，并能够加快他们从资产阶级的统治下解放出来，如果民族主义被用于反对帝国主义统治，将是一种合法而有效的武器，正如他在 1875 年致瓦列里·符卢勃列夫斯基（Walery Antoni Wróblewski）的信中所写："我将永远认为，波兰的解放是欧洲无产阶级彻底解放、特别是其他斯拉夫民族解放的基石之一。"①奈恩的民族主义理论的最终目标是建立一个社会主义的共同体，这恰恰符合马克思主义一直以来的理论构想。"事实上，社会主义和马克思主义思想家对民族主义和民族问题进行了迄今为止最复杂精深的分析。"②奈恩正是其中极富代表性的一位。

一、社会主义是民族主义的根本理想

民族主义来到现代社会，是以民族群体反抗帝国主义、殖民主义、资本主义的掠夺与侵袭，争取民族解放、自由为主要背景的。民族主义作为一种普遍的政治规划，从一开始就是作为民族和人民大众的思想武器而出现的。在强调民族主义的现代性、整体性和主体性之后，奈恩看到，现代社会的民族主义的根本任务就是达至社会主义理想。民族主义的客观事实不再是目的本身，而是现代性的一种发展过程，民族主义承担着社会演变的重大历史责任，其真正目的是要改变世界，建立新的更加自由、民主、公平的社会共同体。

(一)民族主义是现代哲学的真正主题

现代社会的民族主义的形成与发展究竟是以一种什么样的机制与社

---

① 《马克思恩格斯全集》第 34 卷，166 页，北京，人民出版社，1972。

② ［英］奥利弗·齐默：《欧洲民族主义，1890—1940》，杨光译，188 页，北京，北京大学出版社，2013。

会主义相关联的呢？透过奈恩的理论分析，我们不难发现二者之间的内在关联性。换句话说，民族主义是社会发展的必经阶段，是我们达到社会主义社会、共产主义社会的必由之路，是一个不可跨越的社会意识形态和大众心理倾向。民族主义的形成和发展始终是在现代大工业生产的推动之下进行的。民族主义从来不只是抽象的社会心理，而有其特定的社会历史内涵，是伴随着现代商品经济的发展而萌芽发育的。很显然，二者之间被不可或缺的纽带——社会生产力的发展——所牵连。在世界历史当中，作为民族解放指导思想的民族主义始终是与寻求民族复兴和发展的主体互为表里的，因此，我们不得不承认民族主义是人类的命运，"现在我们都是'民族主义者'"①。

在此基础上，奈恩进一步指出，民族主义是现代哲学的真正主题。奈恩认为，民族主义本身就是一个现代化的创造过程，通过对现代化理论和原生主义的深入探讨，他认为要回归"人性"的视域。奈恩指出，厄内斯特·盖尔纳不止一次地评论到，现代哲学的真正主题是工业化，他们一直努力去做的是应付改变蒸汽机所带来的后果。工业化和它持久的余震——"现代化"确实改变了和产生了不可避免的结果，其中包含有关人的价值、科学和技术、道德准则、自然、灵魂和上帝等理念的转变。科学技术的发展改变了人类，并使我们走上了环球网络信息的道路。从此，一切都改变了。虽然我们认同这一点，但奈恩认为，盖尔纳的收敛性的概要是不完整的，他讲得不够深入。奈恩对这一理论进行了延伸，

---

① Nairn，T.，James，P.，*Global Matrix*：*Nationalism，Globalism and State-Terrorism*，London and Ann Arbor，MI：Pluto Press，2005，p. 91.

认为民族主义是从传统农业社会到现代社会过渡的关键，社会经济的发展与民族主义两者是互为因果的两个方面，其中，民族国家的政策就是"发现自我"，这一口号是建立在民族主义的社会科学理论之上的。所以，奈恩批判性地指出，盖尔纳虽然证明了工业化是如何产生了现代民族主义政治的，但他并没有继续探讨现代哲学的真正课题是什么。奈恩进而指出，这一课题并不是工业化，而是极其复杂和色彩斑斓的余震——民族主义。奈恩在《民族主义的面孔》一书的导论部分总结道："哲学是'关于'什么的呢？从这种意义上来看，哲学从来不是'工业化'，而是具体深入的结构，通过对现代化的挑战，在相继的民族中，哲学是被思想家体验的'世界'。因此，现代哲学的真正主题是民族主义，而不是工业化；是民族国家，而不是蒸汽机和电脑。"①

(二)民族主义的根本理想必将聚焦于社会主义

奈恩认为，政治自决和经济自主是民族主义的根本理想，其实质就是民族的自我解放。"民族"一词向来就具有强烈的政治色彩，"民族主义"更是如此。从马克思的民族理论出发，奈恩提出了民族主义是人类命运的命题，究其原因，是因为他看到了民族主义对政治自决和经济自主之理想的追寻。

所谓政治自决，就是人民能够自由决定其政治地位。奈恩认为，民族国家所寻求的政治自决承袭于马克思的民族自决权。早在 19 世纪 60

---

① Nairn，T.，*Faces of Nationalism*；*Janus Revisited*，London and New York，Verso，1997，p. 17.

年代，马克思就明确提出了"民族自决权原则"①，希望借此原则来使一切民族都有权"自己决定自己的命运"②，并"自由决定自己的国家归属问题"③，使遭受殖民统治的被压迫民族有权在政治上自由、自治，建立独立的民族国家。因而，人民要实现社会主义的理想应当诉诸民族主义。

奈恩反对资产阶级的民族主义，因为，对于资产阶级来说，"不管单个资产者进行多么激烈的斗争，资产者作为阶级是有共同利益的，这种共同性，正像它在国内是针对无产阶级的一样，在国外是针对其他国家的资产者。这就是资产者所谓的民族性"④。所以，资产阶级民族性下产生的民族主义必然是压迫的、剥削的、不平等的。奈恩指出，社会主义者必须发展出他们自己的民族主义形式，只有发展出自己社会主义的民族主义形式才能够实现真正的政治自决。正确的、社会主义的民族主义是对民族文化、民族经济利益、民族国家自治和独立的保护，是民族平等的政治结构，而非资产阶级所滥用和利用的、狭隘的、利己主义的民族主义。

所谓经济自主，就是一国之全体人民在不受外来干预的情况下，自由谋求其经济发展的权利。奈恩十分重视民族经济的发展，认为"不均

①　《马克思恩格斯全集》第 19 卷，164 页，北京，人民出版社，1963。

②　中国社会科学院民族研究所编：《马克思恩格斯论民族问题》(下)，851 页，北京，民族出版社，1987。

③　同上书，851 页。

④　中国社会科学院民族研究所编：《马克思恩格斯论民族问题》(上)，62 页，北京，民族出版社，1987。

衡是资本主义发展的条件"①，因此要实现社会主义必须要打破这种不均衡，以经济自主来带动民族国家的发展，只有摆脱经济上的落后和依附状态，民族国家才有可能真正地独立。民族主义的情感与理想是被现代国家中不同地域、不同阶级相较之下的贫困与剥削，不发达的边缘地区与发达的核心地区相对的被剥削与剥削，以及核心区域的精英与边缘地区的精英相比之下的剥夺与被剥夺而唤醒的。

马克思认为，"每一个社会的经济关系首先是作为利益表现出来的"②，因此，经济的自主发展不仅仅是民族情感和理想的内在要求，还是人类追求自身利益的自然属性。奈恩在《民族主义的面孔》一书中写道："'历史唯物主义'的古雅信条过去常常教导以基本的社会经济条件去'决定'事件的总体方向，包括什么样的观念和领导人可能获得国家和政治运动的控制权。在《1780 年以来的民族和民族主义》(*Nations and Nationalism since* 1780)一书中，这一信条似乎在很大程度上已经消失。这是很奇怪的，而且也很可惜，出于对民族主义的研究，首先，应该要说服人们关于这一点仍然有很多可谈的。"③可以看出，奈恩十分重视历史唯物主义对民族主义的解释，认为社会经济对于民族主义和民族国家的发展走向有着决定性的作用。民族主义，不仅是社会工业化过程中所不可分割的，而且对于民主政治的发展也是必要的。普遍的社会经济环

---

① Nairn，T.，*Faces of Nationalism*：*Janus Revisited*，London and New York，Verso，1997，p. 40.

② 《马克思恩格斯全集》第 18 卷，307 页，北京，人民出版社，1964。

③ Nairn，T.，*Faces of Nationalism*：*Janus Revisited*，London and New York，Verso，1997，pp. 49-50.

境促进了"资本主义世界市场的形成，促进了新工业生产方式的扩散传播，以及随之而来的所有社会生产关系的形成，特别是以资本为基础的资产阶级和无产阶级所架构的现代阶级结构的形成"①，奈恩看到了工业化、现代化、全球化对社会经济的巨大作用，它们共同引发了资本的不均衡发展，反过来只有在不发达地区实现经济的工业化、现代化、全球化才有可能缩小这种发展的不均衡状况，并最终实现政治自决、经济自主的民族主义理想。

仍是在《民族主义的面孔》一书中，奈恩写道："任何一个理性的人都不会否认全球经济日益相互依存——大型生产单位的发展和市场的经济管理，国家干预的增多，跨国公司的作用，或任何其他对物质的崇拜。"②在这样的大背景下，市场经济可以说是实现民族国家经济自主的途径之一。在看到东欧剧变以及苏联解体后，奈恩认为，这是"计划经济的失败所产生的一个逾期的反应，即像别的事物一样，它必须呈现出一个主要的民族主义的形式。换句话说，民族主义现在没有，过去也从来没有异常或意外地违反什么是'应该发生的'。它不是逆流或侧涡，或妨碍进步的磅礴的奔流，民族主义就是主流，现在我们是时候该承认这一事实了"③。也就是说，计划经济是行不通的，一个自由的市场才是自由的主体条件。作为世界意识形态最磅礴的主流，民族主义必须以巨大的导向作用引导民族的觉醒和发展，以人民大众的民族身份认同来促

---

① Nairn, T., *Faces of Nationalism*：*Janus Revisited*，London and New York，Verso，1997，p. 26.

② Ibid. , p. 27.

③ Ibid. , p. 48.

进经济发展和政治民主，实现民族国家的繁荣兴盛、民族主义政治自决、经济自主的根本理想，最终实现社会主义。不难看出，作为继承了马克思主义理论传统的民族主义理论家，奈恩认为，民族主义是实现民族自治的核心指导观念，是民主和解放的前提，民族国家政治自决、经济自主，以及自治解放的根本理想必将聚焦于社会主义的理论构想。

(三)民族主义的未来必定会让位于理性的社会组织

社会主义是民族主义的未来。虽然民族主义在今天仍然保持其重要性，但是随着政治经济的发展，民族主义的未来必定会让位于理性的社会组织——社会主义。可以说，民族主义是一种阶段过程，是一种暂时的现象，是达到国际主义的必要阶段，是为了社会主义的未来而做出的斗争。这样就不难理解奈恩对苏格兰民族主义及欧洲一体化的支持，正如列宁所指出的，"一切民族都将走向社会主义，这是不可避免的"[1]。

首先，奈恩以对人类社会发展阶段的解读为基础，指出为何民族主义在抵抗现代西方资本主义不均衡发展中有重要价值，以及资本主义为何不可能获得世界的最终支配权。在他看来，"民族主义是一个内在决定的社会必需品，一个'生长的阶段'，位于传统的或'封建的'社会和一个未来之间，在那里，民族性的因素将变得不那么突出"[2]。因此，追根究底，民族主义是传统社会向未来社会发展的必经阶段，是资本主义向社会主义过渡的理论和实践工具。民族主义意识形态和运动并不是偶

---

[1] 《列宁全集》第 28 卷，163 页，北京，人民出版社，1990。
[2] Nairn, T., *The Break-up of Britain: Crisis and Neo-Nationalism*, London, NLB, 1977, p. 333.

然地出现在历史舞台上的，从工业革命爆发开始，它就已经伴随着帝国主义对资本积累的普遍追求，附着在物质、工业、技术、生产力的广泛蔓延之上，在其所到之处播撒下要求民族政治经济自由和社会正义的种子。无论资本主义的力量多么强大，它总是压抑不住世界上被剥削、压迫地区的民族主义的革命斗争和解放运动。奈恩指出："资本主义确实统一了人类的历史并使世界成为一个整体。但是，它是以令人惊奇的不均衡为代价而实现的，通过仍远未完成的近乎灾难性的对抗和社会政治分裂的过程而实现的。"①可见，资本主义不可避免地造成了现代世界绝大多数不均衡、不民主、不公正的部分，它无法避免自己内在的侵略性、破坏性本质。因此，可以说以民族解放和实现现代化为根本目标的民族主义力量是资本主义发展的重要抵抗力，民族主义的民族解放运动和斗争保证了资本主义不可能是一个不可超越的社会历史阶段，而只是通往社会主义的一个前期幼稚阶段，"历史终结论"仅仅是西方资本主义理论家自大的臆想，是一个不可能真正统治现实的理论谬断，"社会主义以一个远比其创始人所想象的更快速的节奏在世界范围内扩散"，因为，"资本主义不可能，最终，统一世界"②。

其次，奈恩探寻了民族主义与国际主义之间的转化和联系的过程，并特别聚焦于民族主义对建立国际主义观念、结构的铺垫作用。国际主义是马克思创立的关于指导世界社会主义运动的一条基本原则，即"全世界无产者，联合起来"。国际主义是实现社会主义的条件，只有达成

---

① Nairn, T., *The Break-up of Britain: Crisis and Neo-Nationalism*, London, NLB, 1977, p. 356.

② Ibid., p. 357.

国际主义，全人类才有进一步实现社会主义的可能，同时，国际主义也是社会主义的特征，一个社会主义社会必定具有国际主义的博大关怀。在一定程度上，"马克思主义者所秉承的国际主义就是指社会主义或共产主义的运动和理想"①。因此，奈恩对民族主义与国际主义的探讨，实则是解释民族主义与社会主义的潜台词，"国际主义是世界精神的更高和谐"②，只有在民族界限消失的国际主义社会中才能进一步实现社会主义。历史是人类共同体的记忆，自民族主义出现以来，关于其与国际主义的争论没有一刻停歇，大部分学者主要关注两者的相互对立、矛盾与斗争，但是奈恩看到了它们内在的相互联系、渗透。民族主义是如何带来国际主义的演进和发展的呢？奈恩的答案是，民族主义"这一社会演变过程是之后更加令人满意的状况的必要的先决条件，即'国际主义'"③。因此，民族主义的不断演变将会给我们带来国际主义的结果，民族主义的意识形态和运动促成了国际主义的命运。奈恩不止一次地分析过资本主义的发展阶段，他指出，只有在工业化、现代化达到完全的成熟时，社会才会发生本质上的变革，只有在实现了民族主义认同、统一和自主的民族国家中，社会中的民族性因素才会不再是最主要的社会特征，只有人们达到了真正的自由和解放，民族共同体间不再存在压迫与反抗，民族国家的边界才会模糊，这时，国际主义便会取代民族主义

---

① 彭涛、尹占文：《毛泽东的国际主义思想研究》，载《毛泽东思想研究》，2014(1)。

② Nairn, T., *The Break-up of Britain：Crisis and Neo-Nationalism*，London，NLB，1977，p. 333.

③ Ibid.，p. 333.

成为主流意识形态，整个世界将会以全体人类的命运共同体形式存在，"真正的国际主义无疑应当以独立的民族组织为基础"①，"一首真实的国际歌只能建立在人类本性的解放基础上：它（首先）意味着民族性，这是民主和个体解放的前提"②，然而要达到这一理想，我们还有好多路要走。

最后，奈恩从马克思主义唯物史观的角度，把民族主义置于世界历史发展的背景中，理解它与社会主义之必然联系，揭示出民族主义对于实现社会主义的重要功能和意义。民族主义作为一个社会过渡阶段，除了对资本主义的发展壮大有抵抗性的积极作用外，更重要的是，还对社会主义的形成、实现、发展有重要的促进作用。我们所要实现的社会主义理想，必定是以独立自主的民族国家共同体的形成为先导的。我们应当手执民族主义的利剑，直指现代资本主义社会中普遍的不均衡发展状况和剥削压迫现象，这一意识形态和运动将带来民族国家由下而上的社会控制和现实的民主。

毫无疑问，民族主义是一个历史的建构，尽管民族主义的发展偶尔会绕弯路，甚至倒退，但是奈恩坚信，民族主义的总趋向是发展、解放、自由，随着这一理想的实现，社会主义的美好社会就是一个水到渠成、付因结果的政治架构。奈恩写道："社会主义，对于世界的一大部

---

① 侯发兵：《论马克思恩格斯关于民族性的思想》，载《理论月刊》，2012(8)。

② Nairn，T.，*Faces of Nationalism*：*Janus Revisited*，London and New York，Verso，1997，p.134.

分来说，可能代表了某些治愈的必要状况。"①所以，社会主义作为对资本主义社会的治愈方法，必定需要民族主义历史与现实的目标和程序，这样才是一个社会发展的完整过程。奈恩在马克思主义唯物史观的视野里，找到了解释民族主义与社会主义两者的重要关系，在他看来，民族主义不仅是一种必然性的历史现象，也是人类社会发展、进步得以实现的基本形式。如果没有民族主义，就既没有资本主义的终结，也没有国际主义、社会主义的到来。

二、民族主义是实现社会主义的充分条件

基于目前以资本主义为主导的世界环境，我们看到，一系列产生于世界政治经济机制之上的民族问题摆在了面前，现代资本主义工业、科学、技术的不均衡发展要如何克服？民族主义幼稚病的出路在哪里？解决当代共同体中各种异化情境的办法和对策又是什么？在回答这些问题时，奈恩提供了一种新马克思主义语境下的社会主义民族国家之策，并试图构建一种既能承担民族认同又不缺乏理性考量的、能将人类从资本主义危机当中解救出来的唯物史观的民族主义理论。

马克思把技术看成是社会制度变革的基本动力，尤其是资本主义产生和发展的基本动力，他指出，"无论哪一个社会形态，在它所能容纳

---

① Nairn，T.，*The Break-up of Britain：Crisis and Neo-Nationalism*，London，NLB，1977，p. 359.

的全部生产力发挥出来以前，是决不会灭亡的；而新的更高的生产关系，在它的物质存在条件在旧社会的胎胞里成熟以前，是决不会出现的"。① 因此，资本的不均衡发展、民族主义的幼稚病只有在生产力完全发展、社会完全成熟之时才能被克服和解决。换句话说，在现代社会的真实状况中，构建社会主义民族国家是对抗资本主义和消解民族主义幼稚病的基本路径。其中，帝国主义、资本主义异化情境的解决及新的民族共同体的构建，要以反帝国主义的民族主义对抗资本主义的世界政治经济秩序，以心智生产力解放技术主体异化的向度，以革命实践打破技术异化危机的樊笼，这样人民才能实现社会主义的民族认同、统一、自主，进而达成人类命运共同体的根本理想。正如梭罗莫·艾维尼里（Shlomo Avineri）的观点："因此，社会主义运动本身，既在马克思主义传统内也在马克思主义传统的外围，并提出替代的非还原主义模式。任何试图重振民族主义的社会主义理论都必须考虑这些，而且一些尝试将作为可能的环境在这里提到，其中，关于社会主义和民族主义的未来的讨论将要发生。"② 奈恩希望于资本主义危机之中，通过反帝国主义的民族主义、心智生产力、革命运动和民族认同与发展来拯救民族主体，达至社会主义。

（一）以民族主义对抗资本主义世界政治经济秩序

虽然，奈恩理性地指出了民族主义是社会发展的幼稚病，先天地具

---

① 《马克思恩格斯选集》第 2 卷，33 页，北京，人民出版社，1995。

② Avineri, S., "Marxism and Nationalism," in *Journal of Contemporary History*, Vol. 26，No. 3，1991，p. 650.

有病态性和非理性，但是他仍十分同情不发达地区人民大众的民族主义意识形态和运动，在现代帝国主义、资本主义的肆虐下，不发达地区人民的民族主义主要表现为积极、健康的一面，有助于对抗不均衡发展，实现民族国家的解放和形成社会主义民族共同体。因此，在特定的历史发展阶段和现实状况中，即边缘地区的反帝国主义、反资本主义的民族主义意识形态和运动，是值得支持和鼓励的。"列宁认为，民族主义剧变可能导致社会主义革命，在其认为的伟大的中心。"[1]奈恩也表达了这样的理解，他写道："社会主义必须找到新的、后1989年的承载物，虽然有些人可能觉得这是其困境的一个仁慈的描述。它的新的承载物将带它走过资本主义，而不是反对它，即使社会主义者仍然希望，去改变一切。替代物深藏在曾经被认为是敌人的地方，不是在其之外或在疏离的全球对立面。"[2]在奈恩的理论中，苏联解体后，能够带领社会主义走出资本主义并改变一切社会状况的新的承载物正是曾经被许多马克思主义者所诟病的民族主义。"民族主义，实际上是在自然科学之外第一个真正世俗的'世界观'：它的'主义'代表普遍的因素是其核心的渴望。"[3]

　　由于当今世界不均衡发展暴露出来的种种问题，我们可以发现，资本主义明显具有相对性和侵略性，在某些区域，它可能能带来物质的丰裕和生产力的进步，但在另一些区域它则是有害的，不仅会妨碍不发达

---

① Nairn，T.，"The Twilight of the British State，" in *New Left Review*，I/101-102，January-April 1977，p. 59.

② Nairn，T.，"Internationalism and the Second Coming，" in *Daedalus*，Vol. 122，No. 3，Summer 1993，p. 163.

③ Ibid.，p. 164.

区域的发展进步，更会给其带来深刻的毁灭性的灾难。特别是，一些发达国家会以帝国主义战争、暴力来获取自身的扩张，因此，奈恩将边缘地区的民族主义意识形态和运动"称为'反帝国主义'理论。它主要强调边缘地区斗争的连续波次，即从 19 世纪初到现在的广义的第三世界的反叛。当然，它是在一个高度积极的道德观念中看这一现象的。那里可能有畸变和过激行为，但是伴随民族主义的主要是进步的天使。……因为如果发展民族主义的反应没有发生，那么帝国主义只会加剧"①。奈恩将民族主义的理想与诉求与广泛的历史发展联系起来，因为"团结的冲动与不发展的斗争仍然是世界上的大多数"②，所以，民族主义反帝国主义的性质优先于其病态性、非理性的冲动。换句话说，民族主义是抵抗核心领域对外围、边缘领域冲击的防御性模式，这"不禁使民族主义成为一种世界规则"③。可见，奈恩对民族主义现代功能的态度是，任何民族主义都是不完美的、双面的、病态的和有畸变可能的，但是在现代历史发展当中，民族主义的进步性、反帝国主义性仍是最主要功能，是"边缘地区努力重新整理自己以面对来自西方的威胁"④的表现。

因此，反帝国主义、反资本主义的民族主义意识形态和运动，是民族主体意识对抗资本主义政治经济机制的手段，是寻求自由、解放、发展的最基本向度。民族主义一直在边缘地区的困境中产生，在资本主义

---

① Nairn, T., *The Break-up of Britain: Crisis and Neo-Nationalism*, London, NLB, 1977, p. 342.

② Ibid., p. 342.

③ Ibid., p. 343.

④ Ibid., p. 343.

充斥于世的时代，可以说，民族主义是通往社会主义的一个必经阶段和一个必要的承载物，社会只有通过巨大的、无所不在的、反资反帝的民族主义之路，并辅以其他重要手段，才能最终达成社会主义的民族共同体。

（二）以心智生产力解放技术主体异化的向度

资本主义现代化社会虽然让人类得以享受到史无前例的丰裕的物质生活条件，但是却并未带来人类渴望已久的、真正的、全面的自由与解放，反而带来了核心发达地区对边缘不发达地区的剥削与压迫。这一民族主体的现实危机，也导致了社会共同体之间和自身内部的一系列问题。在发达资本主义民族国家推进工业化、现代化的过程中，现代科学技术聚合为一种一味追求资本积累和经济利益的总体性力量，这种力量全面地统治了人，并导致了对主体自由的扼杀。对此，奈恩指出，要以心智生产力（forces of mental production）来解放技术主体异化的向度。

一方面，只有在发达区域不断发展心智生产力，才能逐渐解除核心地区人民的异化情境，摆脱物质、工业、技术对其的控制，认识到他们对外围地区掠夺、压迫的错误；另一方面，只有在不发达区域发展心智生产力，才能够让外围地区的精英、知识分子对人民大众进行教化，进而唤醒民族主体的觉醒，提高自身工业化和现代化的程度，并以此促进社会的成熟，并从根本上解决发展的困境和被剥夺的问题。奈恩这样写道："条件不成熟，革命就不会出现，而所谓成熟不外乎说物质生产力——迄今为止带动所有历史变迁的动力——已经带来心智生产力的决定性发展。"①足见心智生产力的决定性发展对于解放技术主体的深刻作用，奈恩从三个层次对此进行了分析探讨。

首先，奈恩指出，心智生产力的发展根源于资本主义的发展，是资本主义现实的社会需求。科技革命后的西方资本主义国家在物质生产力上取得了非凡的胜利，其财富的巨大发展是在工业化大生产、商品货币流通等物质生产力的巨大增长当中生长出来的，而伴随着物质的极大丰富，越来越多的现代经济和社会生活的发展进步都必定要导向意识的生产，即心智生产力的生产。可以说，资本主义体系是心智生产力的母体，而当心智生产力发展到一定阶段时，它必定会反过来带来资本主义体系的倾覆。奈恩指出："资本主义不得不发展一套能为它所用的教育体系(广泛言之，即心智生产力)。而如今它的心智生产力竟然产生噬脐的矛盾后果，竟要摧毁体系的大脑。原因不在其他，而在于这生产力中早就内设了一个重要矛盾。……资本主义在自己的神经中枢里创造它自己的毁灭者，它的末日穷途，不为别的，只因为它无法不这么做。"②可见，物质生产力的发展必定会带动心智生产力的发展，而心智生产力发展的根本结果就是"再也不会有人愿意以秩序、舒适，甚至是缥缈的未来之名，屈从在暴政巨石下"③。因此，当物质生产力极大发展、资本主义走到了发展的成熟阶段时，心智生产力就会产生质的变化，即人民从意识形态上想要摧毁资本主义对自己的压迫和异化。

---

① ［意］安琪楼·夸特罗其、［英］汤姆·奈仁：《法国1968：终结的开始》，赵刚译，191页，北京，生活·读书·新知三联书店，2001。引文有改动，后同。

② 同上书，148页。

③ 同上书，168页。

其次，奈恩接着指出，心智生产力的现实性和力量就在于，它的决定性发展将直接带来共同体的民主革命与社会自由。我们知道，在发达的资本主义阶段，物质生产力使得社会在物质层面上更加接近自由，奈恩从马克思主义对物质生产力的解释当中汲取养分来解释心智生产力带来的转变，他写道："很久以来一直有一个看法，认为只要人类能从物质生产的必需处境中超越出来，人类就可以达到'自由'的境地。也就是说，人一旦能摆脱千万年来以辛苦劳动为生的束缚，就能在稳固的物质基础上耕耘原属于他但却荒废已久的潜能。很清楚地，耕耘一定得借助一种'文化'的形式；经由社会意识的发展壮大，每个人的经验变得更丰富多彩。……人类可凭借惊人的资本魔力，区区数十年的辛勤就能超越过去千万年的努力，把自己推向自由的临界点。只有当这个临界点已到，当庞大的商品生产机器'完全'运转，资本主义才允许人们从它所创造的异化情境中解放出来。革命过程在此出现，并进行超越性的转化。"①从中我们可以读出这样的逻辑层次，物质生产的丰裕必定会带来心智生产力的大发展，心智生产力的丰富必定会带来社会意识潜能的重新发现，人的社会意识潜能的释放必定会带来人类最终的自由和解放。换言之，当人依靠物质生产的力量去主宰自然时，资本和财富是人寻觅的目标；而当人依靠心智生产的力量去体验自然时，自由和解放才是人追求的对象。

最后，通过清晰的理路分析，奈恩敏锐地洞察到了体力劳动与心智

---

① ［意］安琪楼・夸特罗其、［英］汤姆・奈仁：《法国1968：终结的开始》，赵刚译，192—193页，北京，生活・读书・新知三联书店，2001。

劳动在生产力发展中的二分性与超越性，以及二者的因果联系和辩证关系。他指出："在社会的物质生产力还未解放时，'物质'一定支配'心灵'，社会一定支配个人。"①换言之，物质生产力不解放，心灵、个人就得不到解放，这时的物质与心灵、社会与个人必定是矛盾、冲突的存在。进而他指出："要消解这样的冲突，就一定要有'社会性的个人'的出现，也就是马克思所说的，出现一种'可以创造他们自己历史的人'（也就是可以履行自由之人）。"②可见，"社会性的个人"是消解物质与心灵矛盾的钥匙，只有出现"可以履行自由之人"，才能真正意义上终结社会与个人的冲突。

那么，问题就出现了，这种"社会性的个人"出现的基础是什么呢？或者说，"可以履行自由之人"在什么情境下才能产生呢？奈恩的答案是："这种情境的出现来自心智生产力的发展，以及'心智剩余'的形成。"③众所周知，资本主义物质剩余必然是由少数人，即统治阶级所攫取的，由于对物质剩余的操控，他们可以避免单调无聊的劳动生产活动，并肆无忌惮地把劳动生产活动强加于广大平民并剥削其劳动剩余。心智生产力直指这一不公正现象，其社会使命就是颠覆物质剩余从古至今所产生的决定性影响。因为心智剩余具有不折不扣的社会性格，它不像物质剩余那般被资产阶级挪取，它的兴起预示了社会整合的真正潜力，预示了无阶级社会的雏形，同时也预示了超越体力与心智劳动的二

---

① ［意］安琪楼·夸特罗其、［英］汤姆·奈仁：《法国1968：终结的开始》，赵刚译，201页，北京，生活·读书·新知三联书店，2001。

② 同上书，201页。

③ 同上书，201页。

分性。只有当心智劳动超越体力劳动并取得优位时，人才能真正地自由、解放，社会才能真正地实现无产阶级的共产主义。然而，体力与心智的二分、心智生产力的发展、心智剩余的出现等都是在物质剩余的历史异化情境中所展开的，所以人民必定要诉诸革命（关于革命将会在下一部分论述）。就像奈恩所指出的："它必然要和顽强的现状做斗争，因此必须要采取一种政治的形式，一种革命的形式，摧毁那逼迫它出现的情境。"①

因此，民族国家解放、自治的实现要以发展物质生产力、加强心智生产力为首要任务，以此才能实现对现代工业社会的单向度的超越，实现社会主义。从现实的资本主义历史进程、马克思主义的宝贵理念、生产实践的深层意蕴出发，奈恩理解和阐释了民族国家不均衡发展的解决之道，即以资本主义物质生产的发展带动心智生产力的发展，并以此改变社会的异化情境。他明确指出："惟有缓缓地创造并使用物质剩余，原始社会才有可能进展到文明社会，文明社会进展到共产社会则必须创造'心智剩余'。而所谓心智剩余就是心智生产到达一个阶段，超过物质生产对它的需求而造成的供给过剩现象。是这个现象的出现，而非物质生产领域里的矛盾紧张，才是最具'革命性'的变化，而最后终将带来革命的转化。"②奈恩对心智剩余做出了深刻而理性的哲学思考，心智剩余在社会发展中起着不可替代的作用，只有在心智剩余超越物质生产时，人才有可能打破资本主义不均衡发展的魔咒，超越异化的向度。心智剩

---

① ［意］安琪楼·夸特罗其、［英］汤姆·奈仁：《法国1968：终结的开始》，赵刚译，202页，北京，生活·读书·新知三联书店，2001。

② 同上书，198页。

余是革命运动产生的一项最基本、最重要的要素，它在社会变革中起着不可替代的作用。革命，如果能够被触发和实现的话，只有在心智剩余超越物质生产时才有可能。奈恩在批判资本主义物质产生的基础上，找到了心智生产力这一最重要的解释维度，为现代社会资本主义政治经济机制带来的一系列问题给出了一个答案。

（三）以革命运动打破民族危机的樊笼

在现代社会，资本主义发展、进步使得社会财富不断增长，使物质生产总值极大攀升，进而加强了核心地区对边缘地区的剥削、奴役。除了要以心智生产力的发展来解放人外，奈恩进一步指出，还要以革命实践来唤醒人。

"'异化'只有透过革命才能终止。"①可见，对于资本主义的"异化"状况，能且只能通过革命的手段才能真正消除，这恰恰继承和发展了马克思的理论，即批判人的异化，扬弃人的异化，实现人的解放。马克思早就指出："在每一次社会全盘改造的前夜，社会科学的结论总是：'不是战斗，就是死亡；不是血战，就是毁灭。问题的提法必然如此。'"②"社会主义不通过革命是不可能实现的。社会主义需要这种政治行动，因为它需要破坏和废除旧的东西。"③面对资本主义的高度压迫和对人的异化，人民必定要采取行动以反对、变革这样的现实世界，革命就在这

---

① ［意］安琪楼·夸特罗其、［英］汤姆·奈仁：《法国1968：终结的开始》，赵刚译，194页，北京，生活·读书·新知三联书店，2001。
② 《马克思恩格斯文集》第1卷，655—656页，北京，人民出版社，2009。
③ 《马克思恩格斯全集》第3卷，395页，北京，人民出版社，2002。

个时候产生了。"革命运动要奋起夺回体系从他们身上掳走的所有一切。'全人'要感受全整，行动周遍。他的主体性要求他对工作、'休闲'、生命，简言之，所有正在进行中的事物，有随心所欲的控制力。"①可见，人为了成为"全人"，或者至少达到自由的近处，必须通过革命来对抗异化，寻求解放。

从表面上看，核心地区的发达工业社会似乎正在变得越来越富有，但是从深层看来，其政治、经济、文化、思想、个人都被异化了，因此，这实际是个病态的社会。奈恩看到了资本主义社会繁荣的虚假性，希望借由民族解放运动和社会革命实践打破核心地区主体的异化和边缘地区民族危机的樊笼，真正解放被资本主义社会所压抑、扭曲和异化的核心地区民族和被奴役、被剥夺和被压迫的边缘地区民族。马克思主义者应当鼓励那些致力于推翻旧体制的民族主义解放斗争。奈恩写道："在先进的资本主义的情境下，因为社会在物质层面上比前期更接近达到'自由'的可能性，所以手段和目的之间的距离也一定比以前更为缩短。就是因为从异化和权威的束缚之中解脱的需求比对面包的需求来得更强烈，所以一种立即的、欲求解放的赫赫之声就在一般人的心理上产生了更大的回响，与前期比较，更能作为一种真实的革命杠杆。"②佩里·安德森也共享相同的认识，他十分看重革命的伟大作用，认为，"如果没有一场暴力革命，无产阶级国家对于资产阶级国家的取代就是不可能的……如果没有暴力革命，没有对统治阶级所创建的国家权力机

---

① ［意］安琪楼·夸特罗其、［英］汤姆·奈仁：《法国1968：终结的开始》，赵刚译，152页，北京，生活·读书·新知三联书店，2001。

② 同上书，167页。

器的摧毁，被压迫阶级的解放就是不可能的"①。这样，在革命实践中，人作为主体对自由的需求就很快显现出来了，我们必须要充分利用这一革命杠杆，把对抗异化扩展到整个资本主义世界，使革命的种子生根发芽。

我们知道，奈恩十分同情和支持边缘地区的民族主义解放运动，他指出，"几乎所有民族解放运动都发生在相对落后的地区"②，工业化的不均衡性导致了"某些民族领导或主导着其他民族并对他们进行改造（而不仅仅是压制他们）"，在这种情况下，"从民族性中挤压出了民族主义，并使它成为世界发展的普遍政治气候。民族主义是反映种族多样性的一面镜子。它是一组杠杆（有时是武器），通过它，民族被驱动到人类事务的新的显著性应用当中"③。可见，这种"进步的"民族解放斗争是一个自下而上的革命，"事实上，通过民族主义，社会尝试推动他们自己向某种目标前进（工业化、繁荣与其他民族平等，等等）"。④ 社会革命与民族主义主题交织在一起出现了。与许多政客和理论家妖魔化、丑化民族主义和民族性相反，奈恩认为，"主要的民族主义革命的开始是针对

① Anderson，P.，Blackburn，R.，eds.，*Towards Socialism*，London，Collins，1965，pp. 223-224.

② Nairn，T.，"The Twilight of the British State," in *New Left Review*，I/101-102，January-April 1977，p. 55.

③ Nairn，T.，"Internationalism and the Second Coming," in *Daedalus*，Vol. 122，No. 3，Summer 1993，p. 159.

④ Nairn，T.，*The Break-up of Britain：Crisis and Neo-Nationalism*，London，NLB，1977，p. 348.

新近的欧洲帝国主义"①，民族解放运动和社会革命恰恰是"自世界大战时代以来，在全球事务中最伟大的革命"②。

在资本主义的最后阶段，资本的统治越来越快、越来越无所顾忌、越来越完满地凌驾于社会主体之上，这使得"生产的社会性格和布尔乔亚社会的异化过程之间的冲突达到最高峰"③。具体来说就是，社会主体与资本主义异化的冲突矛盾越来越不可调和，并已达到一触即发的革命临界点。马克思早在《〈政治经济学批判〉序言》中就有过这样的论述："物质生活的生产方式制约着整个社会生活、政治生活和精神生活的过程。不是人们的意识决定人们的存在，相反，是人们的社会存在决定人们的意识。社会的物质生产力发展到一定阶段，便同它们一直在其中运动的现存生产关系或财产关系（这只是生产关系的法律用语）发生矛盾，于是这些关系便由生产力的发展形式变成生产力的桎梏，那时社会革命的时代就到来了，随着经济基础的变更，全部庞大的上层建筑也或慢或快地发生变革。"④简言之，社会物质生产决定社会意识，当物质生产力达到极大丰裕时，社会革命也随之而来。奈恩继承发展了马克思的这一论断，他指出，革命正是在资本主义对物质的不断追求中变得越来越明朗和可及，这无疑是对资本主义的最大讽刺，他不禁感慨道："吊诡的

① Nairn, T., "The Twilight of the British State," in *New Left Review*, I/101-102, January-April 1977, p. 55.

② Nairn, T., *Faces of Nationalism: Janus Revisited*, London and New York, Verso, 1997, p. 60.

③ ［意］安琪楼·夸特罗其、［英］汤姆·奈仁：《法国1968：终结的开始》，赵刚译，194页，北京，生活·读书·新知三联书店，2001。

④ 《马克思恩格斯选集》第2卷，2—3页，北京，人民出版社，2012。

是，资本主义真正不可避免的命运只有在它为本世纪赢得了物质胜利之后才悄然出现，就在资本主义机器的最后产品产出之前出现。而这个最后产品就是一个在资本主义里新出生的社会，昨日还未曾目睹，今日则处处可见，后浪终将推倒前浪。"①

基于以上分析，可以看出，奈恩怀抱着一种浓浓的马克思主义理想，他指出："西方资本主义文明达到了一个在它的逻辑下也许可以被称为'乌托邦'的高点、一个历史成就的高原期，虽然有这方面和那方面仍待改进，但主要障碍业已跨过，一个平顺滑向未来的完善构架已然成形。"②由下而上的社会主义民族国家的控制和现实生活中民族主义幼稚病的痊愈必将伴随着民族解放运动和社会革命而到来。毫无疑问，"在马克思主义历史观与革命观的视野里，革命不仅是一种必然性的历史现象，也是人类社会历史发展与进步得以实现的基本形式，没有革命，就没有社会的发展，也没有历史的发展"③。社会主义革命是一个历史的建构，其实践既是功能性的内置，也是由人类本质所决定的。在奈恩那里，革命的现实性已经成形，内在于世界历史进程之中，它意味着两件事情：一是，"行动实践要比理论涵养或预知未来重要得多……实践一直领先并主导意识"④；二是，"西方社会新生的革命行动要求同时发展

---

① ［意］安琪楼·夸特罗其、［英］汤姆·奈仁：《法国 1968：终结的开始》，赵刚译，207—208 页，北京，生活·读书·新知三联书店，2001。

② 同上书，144 页。

③ 林剑：《不应误读与否弃马克思主义的革命观》，载《马克思主义研究》，2014(10)。

④ ［意］安琪楼·夸特罗其、［英］汤姆·奈仁：《法国 1968：终结的开始》，赵刚译，132 页，北京，生活·读书·新知三联书店，2001。

新生的理论。和以往的革命运动一般，它还要依赖实践和理论之间的辩证运动"①。可见，革命前景是在革命理论与革命实践的辩证关系之上出现的，革命实践要先于革命理论，革命理论不能固守教条，而要像新生的革命实践一样生长出新的革命理念。

总之，对于奈恩而言，革命是手段，自由、解放是目的。在他看来，革命的前景并不是一个远离我们的、无法企及的对象，而是世界政治经济机制的现实性内置，他相信，以革命之策定会打破资本主义异化的桎梏和民族危机的樊笼，实现一种无差别、无压迫的社会主义图景。

(四)以民族认同与发展达成社会主义民族共同体

现代西方社会最突出的特质就是其资本主义的政治经济体制，资本主义对物质生产、财富、资本积累的追求可谓无所不用其极，伴随着资本主义的快速发展，西方发达国家的物质积累达到了极度丰饶，对于这一社会现实，奈恩这样写道："达成这个史无前例的丰饶的代价很清楚，是以邻为壑——凭借着至今仍完好无缺的帝国主义剥削机器，'已发展国家'把幸福建立在'低度发展'世界的痛苦之上。"②足见帝国主义、资本主义之残忍、冷酷。正是在这种社会环境下，"资本主义工业社会一天比一天'复杂'。国家机器以及垄断资本的组织不断扩张延伸，影响所及，各个人也不断地被转化成特殊的器用"③。这种"特殊的器用"就是

---

① ［意］安琪楼·夸特罗其、［英］汤姆·奈仁：《法国1968：终结的开始》，赵刚译，134页，北京，生活·读书·新知三联书店，2001。

② 同上书，144页。

③ 同上书，152页。

异化的结果，是资本主义体系丰饶的代价。异化使得整个世界变得层级森严，社会高度地技术理性化，人的自主、自由都被抹杀了。每个马克思主义革命家的毕生事业和追求正是推翻资本主义社会及其建立的权利构架。

我们知道，发达资本主义经济可以击败和妨碍边缘地区经济的发展，除非新兴经济得到自己国家的有效保护，民族国家之重要性在此凸显。民族国家不仅是一种文化的保护人，而且是一种新兴的、在初期往往很脆弱的经济的保护人。因此，民族国家作为一个共同发展经济、一起做出政治决策和有着相同利益的共同体，必须发展出社会主义的民族主义意识形态和运动来达成民族认同、统一和自主。奈恩反对"资产阶级的民族主义"，认为社会主义者必须发展出他们自己的民族主义形式。此外，奈恩还探讨了在资本主义作为现代最重要的现实背景下，其固有的不均衡发展必然会带来民族主义的反应，鉴于这一状况，中心和外围之间的矛盾绝不会导向"民族壁垒的分解"，而是"不得不与当地文化妥协，依赖于民族国家"①，各自发展适合自己国情的民族主义形式。在资本主义主导的世界，"社会主义是一个早产儿，还远未'成熟'（或甚至'熟透'）"②，只有社会发展成熟，各民族共同体以民族主义为载体，通过现代资本主义阶段的路子，才能真正实现社会主义的根本理想，而在社会发展的这段漫长旅途中，我们必须要以社会主义民族认同、统一、自主和

---

①　Nairn，T.，James，P.，*Global Matrix*：*Nationalism*，*Globalism and State-Terrorism*，London and Ann Arbor，MI：Pluto Press，2005，p. 77.

②　Nairn，T.，*The Break-up of Britain*：*Crisis and Neo-Nationalism*，London，NLB，1977，p. 352.

发展来对民族国家进行引导和实践。以此,"奈恩暗示了一个社会主义的未来"①。在社会结构日臻成熟的未来,民族主义将会给我们带来社会主义的后果,民族主义的意识形态和运动将会促成社会主义的实现。

总之,解决问题的道路在于有意识地克服技术带来的异化问题,以民族认同、统一、自主、发展达成社会主义民族共同体的根本理想,它掌握在人类自己的手中。奈恩指出:"社会主义,他的智力和心脏更多的在于马克思主义传统而非别的地方,是启蒙运动的继承人。"②他对民族主义的新马克思主义维度的分析探讨,表明了他在民族范畴中一贯的唯物史观立场,他把民族国家之不均衡发展和民族主义之幼稚病的根源归结为工业发展和技术进步下的资本主义异化情境,归结为资本主义社会发展的统治制度,这是对马克思主义历史唯物主义的发展和建构,这样,他不仅把民族理论与马克思主义相结合,而且为民族相关问题找到了解决的途径——以反帝国主义的民族主义、心智生产力、革命实践和民族认同来抑制和超越资本主义,达成社会主义民族共同体的根本理想。

三、社会主义与民族主义的聚合

在高度发达的资本主义社会,实现马克思所预设的社会主义理想,

---

① Nairn, T., James, P., *Global Matrix*: *Nationalism*, *Globalism and State-Terrorism*, London and Ann Arbor, MI: Pluto Press, 2005, p. 77.

② Nairn, T., *The Break-up of Britain*: *Crisis and Neo-Nationalism*, London, NLB, 1977, p. 352.

必须要同基于民族主义的民族独立运动相结合，要同民族性的现代化事业相结合，要同提高无产阶级的阶级觉悟相结合，这是奈恩的基本看法。奈恩作为英国新马克思主义的代表人物，如同他所在的整个群体一样，要在英国这样高度发达的资本主义社会实现社会主义的跨越，是其总体的政治诉求和革命目标。奈恩的不同在于，他特别重视社会主义与民族主义的结合，并做了系统的分析和论证，形成了内容丰富的"三结合"的社会主义的民族主义思想，其思想内涵对于社会主义革命和建设，具有一定的启发意义。

（一）民族独立的解放运动是实现社会主义的坚实基础

在实现社会主义的过程中，民族主义不能缺席，这是奈恩的一个基本观点。在他看来，社会主义如果不同民族独立和解放运动相结合，不同民族自治相结合，就没有坚实的基础。马克思、恩格斯一贯重点关注被压迫民族的解放运动，并把它看作国际无产阶级革命事业的重要组成部分，他们认为："民族解放运动是殖民地半殖民地人民和一切被压迫民族反对殖民主义、帝国主义和霸权主义，争取和维护民族独立和解放的革命运动。"[①]霍布斯鲍姆也一针见血地指出，"真正促使解放运动逐日兴起的原因，在于人民对征服者、统治者及压迫者的愤怒"[②]，"民族解放和独立运动已成为它们追求政治解放的主导力量，它们可借此摆脱

---

① 宋春主编：《新编中国统一战线大辞典》，88页，长春，东北师范大学出版社，1988。

② ［英］埃里克·霍布斯鲍姆：《民族与民族主义》，李金梅译，133页，上海，上海人民出版社，2006。

殖民的行政管理和更重要的军事掌控"①。

而民族独立、自治、解放在意识形态上会以民族主义的形式来表现，奈恩认为，民族主义对人民大众的凝聚作用是实现民族独立、自治的核心指导观念，是社会民主和民族解放的前提，"民主将成为'社会的民主'，向社会主义本身过渡"②。民族主义是"所有社会发展的一个普遍的必要阶段……理论所设想的社会都必须经历这一阶段。……民族主义因此是一个内在决定的必需品"③。换句话说，世界性的民族解放运动为各国的社会主义发展提供了能量，民族主义是民族国家走向社会主义的普遍的必要阶段。霍布斯鲍姆也从群体诉求和大众认同来解释民族主义对实现民族解放的必要性，他指出，"我们不能否认西方民族主义言论对反帝国主义运动所发挥的影响力"④，"自19世纪80年代以降，'民族问题'便受到越来越严肃而热烈的讨论，尤其是在社会主义阵营里面，因为民族主义口号往往最能打动一般大众，特别是它可以借此动员广大选民，并把他们吸纳为政党的支持者……至于在理论层次上，以现今的眼光来看，民族主义可以视其为一种目标明确的政治动员策略，包

---

① ［英］埃里克·霍布斯鲍姆：《民族与民族主义》，李金梅译，164页，上海，上海人民出版社，2006。

② Nairn，T.，"The Twilight of the British State," in *New Left Review*，I/101-102，January-April 1977，p. 22.

③ Nairn，T.，*The Break-up of Britain*：*Crisis and Neo-Nationalism*，London，NLB，1977，p. 333.

④ ［英］埃里克·霍布斯鲍姆：《民族与民族主义》，李金梅译，103页，上海，上海人民出版社，2006。

括独立运动所要抗争的对象以及建国方略等，都相当清楚"①。显然，
"不发达国家的发展是不能阻止的，他们新发现的尊严和自尊，作为他
们日益高涨的民族主义的催化剂，不允许他们向发达国家无限期地朝
贡"②，在资本主义大行其道、世界社会经济机制十分不平等的社会状
况中，"只有被剥削方面的，与社会主义结合在一起的民族主义、社会
主义的民族解放运动才能打破这个现状。这样，这种民族解放运动的想
法，在明确民族主义和社会主义关系的应有状态方面，应该给予良好的
评价"③。可见，在资本主义危机之中，将民族主义与社会主义两者进
行融合，并通过民族主义意识形态唤起独立解放运动，能够拯救现代社
会的民族主体。

　　奈恩特别重视联系英国现实来讨论这些理论问题，他以自身所属的
民族——苏格兰——为例来进行阐述。在他看来，苏格兰民族是一个有
着民族性而没有民族主义传统的群体，"存在着没有民族主义的民族性。
我碰巧来自其中之一。在 20 世纪 50 年代的苏格兰，每个人都知道他们
是苏格兰人，但几乎没有人相信他们以后将同样需要麻烦的'主义'"④。
这就是说，民族主义在苏格兰一度是缺席的，正是这种缺席，使得苏格

---

　　①　[英]埃里克·霍布斯鲍姆：《民族与民族主义》，李金梅译，40 页，上海，上海
人民出版社，2006。

　　②　Davis，H.，*Toward a Marxist Theory of Nationalism*，New York and London，
Monthly Review Press，1978，p. 244.

　　③　[日]石田政治：《〈探索马克思主义民族主义理论〉一书评介》，载《世界民族》，
1982(1)。

　　④　Nairn，T.，"Internationalism and the Second Coming," in *Daedalus*，Vol. 122，
No. 3，Summer 1993，p. 158.

兰在那时很难形成民族解放的政治力量。

我们知道,在第二次世界大战后的西方世界乃至整个世界,对资本主义经济不均衡发展的强烈反应滋生了各种各样的政治自治运动,并以民族主义、地区主义、少数民族运动和次文化主义等形式表现出来,形成了世界性的民族解放运动,基于这一高涨的民族主义,世界上许多国家走上了民族独立和社会主义道路,但英国没有,苏格兰也没有。对于苏格兰来说,民族主义缺席了。英国社会学家布莱恩·特纳在其《国家、市民社会和民族发展:苏格兰的问题》("State, Civil Society and National Development: The Scottish Problem")一文中认为,苏格兰民族主义的缺席是与它同英格兰的政治同盟相关的。"苏格兰和英格兰的政治联盟保存了苏格兰市民社会的自治权,培养了苏格兰和英国资产阶级在不列颠帝国主义扩张背景下的政治联盟。"[①]显然,虽然第二次世界大战后的世界局势是高涨的民族主义意识形态和运动,然而苏格兰与不列颠联合王国的关系的特性,使其在当时能够享有帝国主义、资本主义扩张所带来的好处和利益,因此,虽然"在苏格兰工业化时期,苏格兰拥有通常被视为民族主义发展的所有社会和文化成分的关键(因素)"[②],但是苏格兰地区并未发展出民族主义。

奈恩进一步把苏格兰缺席民族主义的原因,放在对不列颠王国和苏格兰地区资本主义发展的历史分析之上。第一,苏格兰与英国政府的《联合法案》(*Acts of Union*)并没有破坏苏格兰的民俗传统和身份认同,

---

[①] Turner, B. S., "State, Civil Society and National Development: The Scottish Problem," in *Journal of Sociology*, Vol. 20, No. 2, 1984, p. 161.

[②] Ibid., p. 165.

并保留了其自治权。这一联合王国的政治框架，是"两个统治阶级之间的一个特有的贵族交易"①，通过这一交易，苏格兰统治阶级进入了扩张王国的市场，它"搭上了英国经济成功的便车，在一个帝国市场的保护茧内"②，享受了不列颠王国的全部好处。第二，相对于世界其他区域，苏格兰处于核心、发达地区，"没有遭受经济不发达和不均衡增长的命运，而经济不发达和不均衡增长正是民族主义反应的滋生地"③。因此，苏格兰并不需要以民族主义来对抗资本主义发展的不均衡性。第三，因为"没有不发达引发的真实的、物质的困境"，所以，苏格兰知识分子并未感知到民族主义，也并未以正常的方式发展民族主义。奈恩这样写道："它……没有试图首先动员中产阶级去说服群众进行斗争；没有呼吁去创建一个新的阶级间的'共同体'……因此，在新的、民族主义的欧洲世界，苏格兰知识分子被剥夺了知识分子阶级的正常功能。"④可见，苏格兰没有"被民族主义意识的大觉醒果断地和永久地改变"⑤，其民族主义一直以来都是缺席的和迟到的。然而，"如果不均衡发展是资本主义工业化的一个永久的特性，那么人们也会期望，在资本主义社会

---

① Nairn，T.，*The Break-up of Britain：Crisis and Neo-Nationalism*，London，NLB，1977，p. 129.

② Turner，B. S.，"State，Civil Society and National Development：The Scottish Problem，" in *Journal of Sociology*，Vol. 20，No. 2，1984，p. 166.

③ Ibid.，p. 166.

④ Nairn，T.，*The Break-up of Britain：Crisis and Neo-Nationalism*，London，NLB，1977，p. 117.

⑤ Ibid.，p. 108.

所有的发展阶段中，分离主义政治运动是政治生活的一个长期存在的特点"①。从这一角度看，苏格兰的民族主义虽然是迟到的，但终将发生。事实上，它确实发生了，20 世纪 60 年代以来，苏格兰民族主义一直在生发，尤其是 2014 年苏格兰就是否要脱离英国所举行的全民公投更代表了它最真实的诉求。

然而，现代流行的资本主义的民族主义是一种幼稚的、被利用的民族主义，如果任其发展，那将是人类的灾难。对此，笔者在第四章已经详细论述过这一问题。我们知道，奈恩认为，人类社会自始至终都行走于寻求工业发展、技术进步与社会文明的道路上，民族国家是社会构成的最基本的体系。为了形成民族国家，民族主义的意识形态是必要的。民族主义作为牵涉到政治体制、经济制度、科学技术发展和社会转型的一大问题，是全体人类都难逃其外的意识形态。因为尽管民族主义的原则是为了让民族共同体拥有自己的政治居所，维护自身的发展和利益，保持民族文化的多样性和独特性，寻求民族国家的自由解放，但事实上民族主义往往并非如此理性，它不仅有着诱发利己主义、沙文主义和极端种族主义的可能，而且在现实中已经得到表现。尽管民族主义是一种病态，是工业和资本异化滥觞的对象性存在，但人类不得不承认这一幼稚病是难以避免的，人类要实现"命运共同体"的理想，必然要经历民族主义这一阶段。民族主义幼稚病的错误与疯狂、含糊与矛盾、病态与衰退，主要体现在区域间的暴力冲突方面，这是人类的灾难，是文明社会

---

① Turner, B. S., "State, Civil Society and National Development: The Scottish Problem," in *Journal of Sociology*, Vol. 20, No. 2, 1984, p. 165.

所不允许的。但是随着社会发展的日臻成熟，民族主义终将得到解决。病态最终会痊愈，幼稚终将走向成熟。

显然，这种具有幼稚病态的现代资本主义的民族主义是与社会主义格格不入的，因此，需要一种社会主义的新民族主义，即与马克思主义相关联的民族主义来克服其狭隘性，以新民族主义从帝国主义与资本主义手中拯救民族共同体，走向社会主义。奈恩主张，"社会主义必须找到新的承载物……它的新的承载物将带它超越资本主义"①，而这一新的承载物就是解放的、革命的新民族主义。"'新'民族主义表现出一种'社会主义'的倾向。……民族主义与社会主义思想的混合不仅仅反映了时代的精神，事实上也说明了'平民'的政治成熟度。"②可见，在新的社会状况中，能够带领社会主体走出资本主义并改变其一切社会状况的新承载物正是新民族主义意识形态下的民族独立解放运动。

奈恩所倡导的新民族主义，包含三个最基本的要点，即追求民族独立、自治和解放的精神，普遍的现代化，以及马克思所设想的社会主义的基本内涵。换句话说，新民族主义倡导实现在民族解放基础上的人类解放，不仅关注特殊民族的自治，而且关注人类共同体的命运；要把民族解放运动同实现经济、政治的现代化结合起来；尤为重要的是，要在民族主义中体现社会主义的本质，尤其要体现马克思所倡导的科学社会主义思想。只有这样，民族主义才能成为实现民族解放的思想力量，民

---

① Nairn，T.，"Internationalism and the Second Coming," in *Daedalus*，Vol. 122，No. 3，Summer 1993，p. 163.

② 罗志平：《民族主义：理论、类型与学者》，265 页，台北，旺文社股份有限公司，2005。

族独立、解放运动才能成为实现社会主义的坚实基础。不言而喻，这种新的社会主义的民族主义，无论对于民族解放，还是对于民族的现代化，都具有真实的现实意义和社会价值。

(二)民族性的现代化事业是实现社会主义的根本保证

实现社会主义要同民族主义相结合是一个基本前提，然而，如果没有民族性的现代化事业，社会主义的实现也是不可能的。作为当今世界最主要的政治实体形式，"民族国家应当被当作经济政策的主要单位，甚至在处理世界性的问题时也应如此，这是一个不用多言的事实"[①]。那么，如何才能在资本主义民族国家中实现社会主义呢？要以怎样的路径走向社会主义民族国家的现代化呢？民族性的现代化事业何以能够成为资本主义的掘墓人呢？奈恩将这一系列问题的回答放在对整个资本主义社会的分析当中来阐释，并重点考察了资本主义英国的民族问题。

首先，消除社会的不均衡发展，以民族经济的现代化推进民族主义和社会主义的进步。奈恩认为，英国作为世界上第一个进行工业革命的国家，虽然逐步建立起了资本主义经济体系，但在英国内部，存在着看上去并不显眼，但事实上却是不均衡发展的现实，苏格兰、威尔士、北爱尔兰的发展都与英格兰的发展有着一定的距离。对于苏格兰人来说，英国自身经济的衰退和苏格兰北海石油的发现，使他们看到了这种不均衡发展的现实。"正是在这种经济衰退的背景下，北海石油的发现，唤

---

① Staley, E., *World Economy in Transition*, New York, Council on Foreign Relations, 1939, p. 227.

醒了苏格兰资产阶级历史分离的新意识，并培养了一种坦白的、不安的、对不列颠王国不满的反叛精神。"①换句话说，苏格兰北海石油的发现，重新激活了苏格兰的分离意识，作为英伦三岛中的一个行政区域，苏格兰民族的独立意识是经济利益的一个激进的民族意识和载体。这种民族意识实际上包含了苏格兰人对自身经济独立和经济现代化的追求，以及对资本主义经济体制的不满。可见，社会经济、物质生产力、科学技术越发展，就越会带来相对不发达地区民族解放意识的觉醒，进一步带来对资本主义的摧毁，这恰恰再次印证了"资本主义在自己的神经中枢里创造它自己的毁灭者，它的末日穷途，不为别的，只因为它也无法不这么做"②。

著名社会学学者迈克尔·赫克特与奈恩同为新马克思主义的杰出代表，在新马克思主义阵营中，他的民族理论研究独树一帜，尤其是他引进列宁的"内部殖民主义"概念。他也表达了与奈恩相同的观点，他指出，由于资本主义工业化的不断扩张，政治上核心发达地区会支配边缘不发达地区，经济上核心地区会剥削边缘地区，"边缘的工业化，如果真的发生的话，一定是高度专业化并以出口为导向。因此，边缘地区经济对国际市场的价格浮动会很敏感，投资、信贷与薪资决策都可能以核心地区马首是瞻。结果导致（边缘地区对核心地区）经济上的依赖，边缘地区的人民财富永远落后于核心地区"③。因此，促使族群团结的情境

---

① Nairn，T.，*The Break-up of Britain*：*Crisis and Neo-Nationalism*，London，NLB，1977，p. 72.

② ［意］安琪楼·夸特罗其、［英］汤姆·奈仁：《法国1968：终结的开始》，赵刚译，148页，北京，生活·读书·新知三联书店，2001。

③ Hechter，M.，*Internal Colonialism*：*The Celtic Fringe in British National Development*，Berkeley and Los Angeles，University of California Press，1957，pp. 9-10.

是，个人必须感受到一种实质上的经济不平等，而且要认为这种不平等是一种集体的压迫形式。因此，在全体人民之中的经济不平等越严重，那些较不先进的人民越有可能处于团结状态，以抗拒政治经济上的不均衡性，这必然会促进民族解放和社会主义的现实发展。

其次，追求政治体制的现代化，为社会主义的实现奠定政治基础。奈恩认为，英国在工业革命之后，虽然确立了资本主义政治经济制度，但是，"在其经济关系中却没有制度基础上的彻底的转型"①，英国的君主立宪制度是资产阶级对旧的封建制度妥协的产物，因而它有着前现代的特质，但其政治体制并未实现现代化。"当然，尽管这种盎格鲁-英国体系（Anglo-British system）不是一个绝对主义国家，但它仍然是从专制政治向现代立宪政治转变的产物：它为走出前者指引了道路，但又未真正达到后者。"②可见，"英国资产阶级自始至终都是保守的"③，其君主立宪制是一种前现代政治的产物，这导致了英国在现代化道路上的一系列问题并被其他现代化对手超越，英国的国家政治体制为了实现自身的现代化，必须要实行民族主义导向下的政治体制改革，这是不以任何人的意志为转移的。"若帝国之茧被撕掉，英国未能适应资本主义所强加的同德国、美国和日本经济优势的严酷竞争。后果是，损失其重要的海外财富和联系，这必然会促进其内部的重新调整。随着威尔逊政府的技

---

① Turner, B. S., "State, Civil Society and National Development: The Scottish Problem," in *Journal of Sociology*, Vol. 20, No. 2, 1984, p. 166.

② Nairn, T., "The Twilight of the British State," in *New Left Review*, I/101-102, January-April, 1977, p. 49.

③ Nairn. "The British Political Elite," in *New Left Review*, I/23, January-February, 1964, 21.

术革命和加入共同市场以重振英国经济的失败，苏格兰传统重工业的逐步下降，以及跨国公司在苏格兰经济基础产业方面日益增长的主导地位，传统苏格兰和英格兰统治阶级之间的联盟，被置于相当大的压力之下。"①在这一巨大压力下，"全球性经济衰退在英国削弱了这个联盟，并摧毁了苏格兰工人阶级"②，"英国内部的解体是随着帝国统治的失败，英国外部经济的失败而产生的后果"③。也就是说，虽然英国的经济发展基本上实现了现代化，但是英国的政治体制仍然停留在前现代阶段，君主立宪制是众多社会问题的根源，因此，想要实现民族解放的社会主义，政治体制必须也必然要走向现代化。

再次，以民族革命实现对现代资本主义和帝国主义的抵抗与超越。"民族国家是现代世界政治组织的首要载体"④，因此实现民族主体的革命是确立民族国家在世界民族之林立足的最根本条件。"无论是英国还是欧洲大陆国家，在反法西斯的战斗中，民族胜利与社会革命都是不可分的。"⑤奈恩立足于英国资本主义的现实状况进行阐释，"所有种类的民族主义都因外部的伤害、威胁、侮辱、被冒犯的骄傲和攻击而成长。不列颠特有的帝国主义混乱、其'向外看的'反复无常行为和缺乏向内的

① Turner，B. S.，"State，Civil Society and National Development：The Scottish Problem，"in *Journal of Sociology*，Vol. 20，No. 2，1984，pp. 166-167.

② Ibid.，p. 161.

③ Ibid.，p. 166.

④ ［英］安东尼·吉登斯：《民族-国家与暴力》，胡宗泽、赵力涛译，300 页，北京，生活·读书·新知三联书店，1998。

⑤ ［英］埃里克·霍布斯鲍姆：《民族与民族主义》，李金梅译，143 页，上海，上海人民出版社，2006。

衔接或关注，使其特别容易有这种效果"①。英国的这种极具剥削性和侵略性的帝国主义本性，必定会锻造出反抗的元素，在英帝国的海外殖民地区，民族主义早已引发了风起云涌的民族解放运动，而在不列颠群岛内部，迟到的苏格兰民族主义也悄然生成。"民族主义属于一个正在喷发中的年轻的世界，在那里，古老体系的崩溃释放了一个锻造区域附近的新社会秩序的可能性。"②奈恩注意到苏格兰民族主义对英国瓦解的动力影响，其主体能量在不列颠边缘地区运作，扩大了英国旧国家机器瓦解的裂缝。苏格兰民族主义的热情是"对英国帝国主义完整性的抵抗"，并"代表着权利向更小地区的某种转移"③，是真实的、富有意义的未来存在。苏格兰民族主义者对英帝国瓦解的期许和推动正是人民大众对资产阶级、帝国主义的一种反抗和革命，苏格兰的独立自主将会作为社会主义的结果而到来。由此，奈恩预言，"在英国主权这个正在破碎的蚌壳中，真正的地方自治……将会发现它无法避免的事实上的主权"④。

最后，经济、政治体系的现代化和对现代资本主义及帝国主义的抵抗，为社会主义提供了条件与路径，但它并非社会主义本身，因此，它必须把社会主义意识贯彻于这三者之中，才能真正推进社会主义的发展。德国历史学派先驱弗里德里希·李斯特（Friedrich List）早就说过，

---

① Nairn, T., "British Nationalism and the EEC," in *New Left Review*, I/69, September-October 1971, p. 20.

② Nairn, T., "The Three Dreams of Scottish Nationalism," in *New Left Review*, I/49, May-June 1968, p. 14.

③ Ibid., p. 16.

④ 张亮编：《英国新左派思想家》，287—288 页，南京，江苏人民出版社，2010。

经济的目的在于"推动民族经济的顺利发展，以便为它在未来加入国际社会铺路"①。只有实现民族国家的经济现代化，某一民族、某一国家才能真正在国际舞台上自立、自强、自尊、自主地进行国际合作与交流。面向现代世界的民族问题，霍布斯鲍姆也指出："马克思主义者口中的'民族问题'，实则是一个牵涉到政治、科技与社会转型的大问题。民族，并不只是领土、国家或民族情操的产物，同时也深受科技与经济发展的影响。……因此，'民族'以及相应的民族活动，都应该纳入国家体制、行政官僚、科技发展、经济状况、历史情境与社会背景下进行讨论。"②

　　此外，民族国家的政治制度需要由上而下的有系统的领导，尤其是在发达资本主义地区，更需要一个马克思主义新左派来对资本主义的状况进行社会主义的改造和引导，创造一个新社会。奈恩在对现代民族国家的经济、政治现代化的阐释中，立足于人类解放的视野，明确强调革命运动对实现社会主义的重大意义，正如马克思所说："每一次革命都破坏旧社会，就这一点来说，它是社会的。每一次革命都推翻旧政权，就这一点来说，它是政治的。"③奈恩关于民族性的现代化事业的思想，为世界范围内资本主义向社会主义发展提供了策略，是根据发达资本主义国家的特点，着眼于民族解放和社会主义的跨越发展来观察问题的。汤普森一直以来也希望在发达资本主义国家实现社会主义的转变，他认

　　①　List，F.，*The National System of Political Economy*，London，Longmans，Green and Co.，1909，p.174.

　　②　［英］埃里克·霍布斯鲍姆：《民族与民族主义》，李金梅译，9—10页，上海，上海人民出版社，2006。

　　③　《马克思恩格斯全集》第3卷，395页，北京，人民出版社，2002。

为，英国最适合实施向社会主义的转变，并且这一转变能够打破资本"冷战"的困境，开启一股新的世界进步的潮流。①

"因为社会主义必定会超越资本主义，而不仅仅是废除它。资本主义的成功需要'最大、最集权的国家'；而社会主义为了纠正资本主义的错误并让一切走上正轨，会具有更大规模、更集中的计划。"②所以，我们必须把以上三点结合起来才能够真正超越资本主义的社会状况，瓦解资本主义的存在制度，变革资本主义的国家形态，最终实现社会主义"民族解放"的伟大计划。至此，奈恩通过以上三点的结合为在资本主义社会实现社会主义民族解放找到了答案。我们从奈恩的论断中可以看到，民族主义对政治改革、经济发展、民主运动和政权建立起着决定性作用，民族性的现代化事业是实现社会主义的根本保证。

(三)融入民族主义的阶级意识是实现社会主义的强大动力

马克思主义哲学认为，人是社会历史的主体，人民群众是推动历史发展的动力，无产阶级是资产阶级的掘墓人。奈恩不仅同意，而且坚持认为这些基本观点是正确的。与此同时，奈恩也认为，马克思可能低估了民族主体与民族主义的力量，因为，在马克思那里，作为历史发展主体的无产阶级是作为"无产者"，而非"德国人""古巴人""爱尔兰人"等出现的。在当今社会，民族这个主体必须赋予其足够的历史主体地位。因此，马克思的阶级理论一定要扩大其内涵。这就意味着，进行社会主义

---

① 李瑞艳：《英国新左派的社会主义思想走向》，载《哲学动态》，2017(11)。

② Nairn，T.，*Faces of Nationalism：Janus Revisited*，London and New York，Verso，1997，p. 26.

革命的无产阶级，一定要同民族解放和民族主义相结合。民族主义在现代发展中必定有一种功能，而且有可能是一种比阶级意识和这一阶段中单个民族国家的阶级形式更重要的功能。奈恩从对世界历史的回顾中分析了民族与阶级的作用和关系，"呈现了一幅复杂的——也许是令人困惑的——把民族主义融入马克思主义的图景"①。

在奈恩的思想意识中，民族独立和解放的民族主义应该有社会主义的目标，一个民族的经济和政治现代化，为社会主义提供了条件，但如果缺少社会发展的主体力量的革命行为，社会主义仍然不能实现。这个主体力量就是人民大众、无产阶级和民族主义的结合体。换言之，"无产阶级关于斗争的神圣职责的阶级意识"②和民族主义相结合，构成了推翻资本主义和实现社会主义的强大主体力量。

奈恩通过追溯马克思主义关于无产阶级是否要同民族主义相结合的思想争论的历史，讲清了自己的看法。在奈恩看来，1914 年之前，马克思主义者之间关于无产阶级和民族主义的关系问题，有一次具有重大影响力的争论，这种争论在某种意义上塑造了马克思主义左派的民族主义观点。③ 争论是在以罗莎·卢森堡为代表的一方与以列宁为代表的另一方之间进行的。当时在第二共产国际内部，一种普遍的信念是，全面的无产阶级革命会很快到来，而且会在最先进的资本主义国家当中进

---

① Avineri, S., "Marxism and Nationalism," in *Journal of Contemporary History*, Vol. 26, No. 3, 1991, p. 647.

② Nairn, T., *Faces of Nationalism: Janus Revisited*, London and New York, Verso, 1997, p. 26.

③ Nairn, T., "The Twilight of the British State," in *New Left Review*, I/101-102, January-April 1977, p. 54.

行。当它到来时，它在性质上将迅速成为国际的，虽然它会出生在一个民族中，但在其他地方，革命也是不可抗拒的，而且在这种扩散中，无产阶级的国际团结将成为久经考验的现实。因此，革命运动的基本任务在于为这个过程做准备。在 1914 年，情势发展到顶点，它不仅是阶级斗争的发展和有组织的社会主义的增长的标志，同样也是欧洲内外民族斗争的成熟的标志。在欧洲内部，那些成熟的民族国家，如奥匈帝国和沙皇俄国，以不同的民族性发生着推翻帝国统治的斗争；而在其他大陆，出现了民族主义的革命，矛头直指新近的欧洲帝国主义。如何把这两种反抗或斗争关联在一起，构成了第二国际内部争论的一个关键问题，并形成了两种非常不同的思想。

一方面，以罗莎·卢森堡为代表的一方认为，民族主义斗争明显处于次要地位，在一些地方，民族主义具有积极的功能，如简单的反殖民主义战争，但无论在哪里（如在她的家乡波兰），似乎都存在着工人和知识分子可能需要在民族斗争和阶级斗争之间做出选择的紧迫问题。前者永远不应该被优先考虑，尤其在革命的中心，如德国（当时大多数马克思主义者视其为未来革命的中心），其人民有义务必须放弃"狭隘的民族主义"的愿望，对于整个领域来说，民族主义变得不合时宜。

另一方面，列宁则在一系列相关作品中批评和限制了卢森堡主义的反民族主义思想。列宁主张，在欧洲，甚至在更接近大都会革命的现场，民族主义起义有更积极的意义。民族主义的社会力量和激情是如此强大，以至于不能真正地"放弃"。而且无论如何，民族主义和无产阶级都致力于推翻旧的王朝，并因此培养了有利于社会革命的普遍条件。对于瓦解那些旧国家来说，马克思主义者努力争取这些改变的条件是必要的（尽管是不充分的）。列宁谨慎地承认，作为具有双面性现象的民族主义，应该位于革命战略的核心，他"根据新的历史时代的特点和殖民地半殖民地民族解放运动的发展情况，并结合十月革命的经验，将无产阶级革命与解决民族问题的实践结合在一起，探索社会主义解决民族问题的理论与实践，在一系列全新的问题上，进一步丰富和发展了马克思主义民族理论"[①]。

奈恩认为，列宁的思想表现出一种务实的精神，在民族解放的斗争中，民族主义应该得到鼓励，至少在无产阶级夺取政权的那一刻，这种鼓励是必要的和正当的。当然，在取得政权之后，无产阶级要与民族主义者划清界限，因为它会变成"资产阶级的民族主义"，成为更广泛革命事业的一个敌对力量。[②] 奈恩接着指出，"列宁曾经阐述的这些观念，无论对于不列颠群岛还是对于其他地方，都是马克思主义者对新民族主义问题所表达的唯一令人满意的态度。而无论是奥地利的马克思主义还是卢森堡主义，都不能提供这一可能性"[③]。列宁的民族思想既是"现实主义"的，也是革命性的。它具有双重的积极意义，既是马克思主义思想在民族主义基础性上的理论发展，也是一种实用策略。列宁关于无产阶级和民族主义相结合的思想，并没有被后来革命的发展所否定，而是进一步表明了他对于认识和解决问题有更务实的态度，显示出其思想并不是一个直到革命来临时才适用的临时性的或战术性的构想，而是具有永久

---

① 詹真荣、熊乐兰：《论列宁关于民族问题的基本观点》，载《马克思主义研究》，2006(12)。

② Nairn, T., "The Twilight of the British State," in *New Left Review*，I/101-102，January-April 1977，pp. 55-56.

③ Ibid., p. 57.

性的意义。这种意义，不仅体现在理论上，还体现在对世界的改造上。

然而，列宁的思想不仅没有得到有效的贯彻和发展，而且还遭到了错误地修正，甚至放弃。第一方面，自 1917 年之后，列宁一直致力于应对这个问题，直到去世。伴随十分苦闷的过程，列宁已经认识到，即使在革命胜利以后，这个问题都无法令人满意地解决，甚至使复兴中的俄罗斯成为民族主义的受害者。"锁在一个被单一民族性所左右的欠发达地区，很可能使革命本身成为一种'狭隘的民族主义。'"①第二方面，列宁之后的几代实用主义者们僵化地对待这个问题，尤其是斯大林主义，完全改变了列宁主义思想的基本内涵，这是一个灾难性的后果。第三方面，预期中的欧洲无产阶级大革命以失败告终，资本主义得到延续和发展，世界经济的不均衡发展越来越突出，各种类型的民族主义也随之产生。在欧洲，民族运动的结果却是形成独裁政权，并与保守主义或法西斯主义的复苏连接起来，人们仍然生活在资本主义世界中。现代资本主义就像一扇门，罗马神贾纳斯站在那扇门上，注视着过去和未来。对于世界的大多数人来说，"这一现代性的入口，只是一个旷日持久的、黑暗的通道，而且已经占据了 20 世纪的大部分时间"②。

奈恩认为，列宁关于无产阶级和民族主义结合的思想，以及民族主义剧变可能导致社会主义革命的看法，在今天仍然是重要的和有意义的，但需做两方面的发展，其一是对多民族国家和社会（包括苏联）的本质要有新的认识，在这些国家和社会，民族主义的复兴很可能成为一个

---

① Nairn, T., "The Twilight of the British State," in *New Left Review*, I/101-102, January-April 1977, p. 57.

② Ibid., p. 56.

关键问题；其二是把民族主义放置在历史发展的马克思主义理论中，对
其概念进行新的认识，形成新的理论。对这两方面的新认识，我们绝不
能像通常所做的那样，仅仅与列宁主义联系在一起，进行幽灵似的考古
学的和文本的缄默引用，而要联系历史和现实加以发展。奈恩深信，通
过适当修改，人们一定能建构出与列宁所认识的大致相同的思想内容。
"事实上，在英国，新民族主义不仅已经成为旧国家的掘墓人，而且在
英格兰及一些小国，这一主要因素已经促进了某种政治革命……从英国
宪政主义的似乎无止境的迷雾中解脱出来。"①奈恩强调，完全不需要为
新民族主义做更进一步的辩护。船员从沉船的最后时刻逃脱出来必然有
自己的理由。如果一个进步的"二次革命"仍然没有在英格兰发生，那么
保守的反革命就将发生。对于苏格兰、威尔士，甚至北爱尔兰（阿尔斯
特）的独立运动来说，新民族主义将使其获得不断进步的动力和光泽，
这是一种自我拯救，是凯尔特人政治美德的凸显。②

　　奈恩以列宁的思想为基础，强调新民族主义的社会主义革命的意
义，他把目光转向对民族主体、民族性力量的肯定上，突出以民族主体
为单位来对抗资本主义的压迫，动员以无产阶级为主导的整个民族群
体，把所有阶层的人民以民族主义的热情和民族身份认同广泛地联合在
一起，形成强大的力量，从而推进社会主义的革命运动。奈恩的这一思
想，对于社会主义革命的成功，无疑是重要的。奈恩虽然强调了民族在
世界历史中的位置，但也看重阶级的作用与功能，他尝试基于列宁的思

---

① Nairn, T., "The Twilight of the British State," in *New Left Review*, I/101-102,
January-April 1977, pp. 59-60.

② Ibid., p. 60.

想把二者结合在一起，认为"阶级对民族主义的理解是至关重要的"①，这两者之间有着千丝万缕的联系，总体来看，"民族性属性与无产阶级或社会主义的国际主义的属性之间，并没有真正的矛盾：前者只是在去往后者路上的一个阶段而已"②。奈恩把民族、民族性、民族主义和社会主义联系起来，希望以融入民族主义的阶级意识来达成社会主义，这与马克思主义是一脉相承的。早在1848年2月22日，在布鲁塞尔举行的1846年克拉科夫起义两周年纪念大会上的演说《民主主义者的光荣事业》中，马克思就曾指出："克拉柯夫革命把民族问题和民主问题以及被压迫阶级的解放看作一回事，这就给整个欧洲作出了光辉的榜样。"③奈恩从民族解放和社会解放的意义上，阐释了民族意识与阶级意识的结合，并特别强调了在高度发达的资本主义国家，如果想要实现社会主义，人民就必须正确认识民族主义与阶级意识。民族问题或民族主义问题是现代历史的中心，而伴随着社会结构的发展和民族主义阶级意识的成熟，民族主义必然会逐渐让位于社会主义。

（四）社会主义的民族主义意识形态及运动是实现人的解放的变革性力量

从人的解放和社会解放的意义上，奈恩阐释了社会主义与新民族主义的结合，形成了社会主义的民族主义的思想。他认为，人民终将实现

---

① Nairn, T., *The Break-up of Britain: Crisis and Neo-Nationalism*, London, NLB, 1977, p. 354.

② Ibid., pp. 354-355.

③ 《马克思恩格斯全集》第4卷，537页，北京，人民出版社，1958。

他们的民族解放和社会变革，"真正和谐的社会主义"有一天会从"遏制资本主义的一种具体形式，以及一个附随的反资本主义"①的社会主义的民族主义中走出来。在奈恩看来，社会主义应该是苏格兰民族主义使用的工具和追求的理想。

一方面，奈恩指出，只有发展出社会主义的苏格兰民族主义，才能真正解决苏格兰的复杂矛盾。他写道："对于英国和其他地区的社会主义者来说，苏格兰民族主义的矛盾是棘手的情况；但是问题不是不可解决的。对于苏格兰社会主义者来说，这些矛盾将是凶残的，除非他们建立自己的民族主义去反对苏格兰民族党，以及——超越眼前的政治——与苏格兰复杂的文化传承达成一致。"②苏格兰社会主义者必须要建立起自己的民族主义才能够解决自身地区的矛盾，并与民族文化相契合，除此之外，并无良药。"有必要支持民族主义的主张，并维持其对更多权力的需求，而不是更少（英国政府可能提供的温和的权利下放的形式是一针缓和剂）。不仅因为已经提到——作为对不列颠帝国主义完整性的打击，而且作为改变英国政治保守平衡的破坏性因素；而且还因为它代表了权力向更小地方的转移，更接近主体对它的把握——这是一个过程，在这个过程中（从长远来看，至少）社会主义必须认同它自己。"③

另一方面，在对苏格兰民族主义的作用和理想的认知上，奈恩已经

---

① Nairn, T., "The Twilight of the British State," in *New Left Review*, I/101-102, January-April 1977, p. 44.

② Nairn, T., "The Three Dreams of Scottish Nationalism," in *New Left Review*, I/49, May-June 1968, p. 16.

③ Ibid., p. 16.

意识到民族主义对于实现社会主义的重大作用。在面对繁复的苏格兰问题时，他问道："苏格兰难道真的不可能，它已经如此长时间地和绝望地深思民族理念，产生一个名副其实的和符合这个时代的解放而又革命的民族主义吗？"[①]他给出的答案是，"对这一困境唯一可能的理智反应是社会主义的民族主义"，这种社会主义的民族主义，真正符合苏格兰民族的身份认同，"是活生生的当代历史和一个上升的未来的一部分"，而非"资产阶级民族性的陈旧的记忆"[②]。

奈恩的相关民族主义著作和文章虽然写于 20 世纪 60—90 年代，但是他先见性地预言到了之后不列颠联合王国及苏格兰的走向和发展。从布莱尔政府"放权"，到 1997 年通过公民投票决议，并于 1998 年公布苏格兰法案，到选举成立消失了接近 300 年的苏格兰和威尔士地方议会，到 2012 年 10 月 15 日英国首相卡梅伦签署了苏格兰独立公投协议，再到苏格兰在 2014 年 9 月 18 日就其是否脱离英国独立举行公投（以 55% 的人反对脱离而保持了大不列颠资本主义王国的统一），以及 2017 年在英国启动脱欧程序后苏格兰寻求二次独立公投。这些重大历史事件无不与奈恩的民族主义预言相吻合，可以说，民族主义的新浪潮为 21 世纪人的解放提供了新的原理和可能。

奈恩在继承马克思主义关于社会形态、人民群众和无产阶级基本思想的基础上，结合对英国乃至世界历史与现实的客观分析，提出以民族独立运动、民族性的现代化事业和融入民族主义的无产阶级意识来实现

---

① Nairn, T., "The Three Dreams of Scottish Nationalism," in *New Left Review*, I/49，May-June 1968，p. 18.

② Ibid., p. 17.

社会主义，其理论体系既涵盖了对民族主义现实问题的理性分析，又坚持和发展了马克思主义对民族问题的理解，尤其是发展了列宁对民族主义和社会主义关系的认识，形成了把二者相融合的解释框架和社会主义的民族主义的政治哲学观。作为一个忠实的马克思主义者，奈恩指出，"信仰只可能以这种方式辩护"①，即以社会主义的民族主义意识形态及运动来达成马克思主义关于人与社会的解放理想。

　　奈恩对社会主义的民族主义的思忖和认知，符合历史发展的时代意志。他自觉运用唯物史观的基本思想，认为只有厘清现代社会的历史发展，才能进行高屋建瓴的理论构建，他以世界历史的客观发展为依据，以马克思主义现代性、整体性、主体性理论为指导，把握民族、民族主义、民族国家的现代问题，理解世界政治经济机制，形成了独特的民族主义政治哲学的解释向度，这种烙印了自身特质的理论体系在英国新左派中自成格局、独树一帜。

　　英国新马克思主义思想的着眼点在于，在资本主义社会中如何实现社会主义，如何克服人的现实异化与社会异化，从而实现人的解放。②奈恩作为其中的重要政治理论家，对民族主义的思考发展了这一本质诉求。他认为，民族主义对现代历史产生了深刻的影响，导致了一场世界范围内的巨大变革，在现代资本主义社会的大背景下，奈恩借鉴唯物史观和马克思主义的民族理论，在英国新左派中开辟了一条民族主义解释的道路，从社会、经济、政治、历史等方面做出了关于民族主义的对理

①　Nairn, T., *The Break-up of Britain: Crisis and Neo-Nationalism*, London, NLB, 1977, p. 352.

②　乔瑞金：《英国新左派的社会主义政治至善思想》，载《中国社会科学》，2014(9)。

想社会构建的阐释，顺应了当代世界形势。通过民族主义的视野，奈恩深入解构了民族主义这一社会历史发展所得的幼稚病的来龙去脉，并重点刻画了苏格兰新民族主义对不列颠王国完整性进行反抗的整体逻辑。通过新马克思主义的语境，奈恩奠定了社会主义的理论构想，并以对历史的回顾、民族的转向摆脱了传统马克思主义阶级斗争的局限，认为民族是现代社会主体的向度；通过倡导社会主义民族国家的聚合，他完整透析了必须要以反帝国主义的民族主义对抗资本主义世界政治经济秩序，以心智生产力解放技术主体异化的向度，以革命运动打破民族危机的樊笼，以民族认同与发展达成社会主义民族共同体的根本理想。

小结

第一，奈恩是一个马克思主义者，他所提出的社会主义的民族主义思想，既继承了马克思主义，又结合资本主义的现实，形成了新的认识。在他看来，民族主义是人民群众应对现代资本主义不均衡发展的关键，民族主义意识形态下的民族独立运动是反抗帝国主义剥削压迫、寻求发展解放的核心力量和实现社会主义的重要基础。民族性的现代化事业是实现社会主义的根本保证，只有在民族国家内完成经济、政治体制的现代化，结合人民群众对现代资本主义和帝国主义的抵抗，才能真正推进社会主义的革命和发展。人民群众是实践和认识的主体，因此，融入民族主义的阶级意识，不仅是民族主义的载体、社会变革的决定力量，更是实现社会主义的强大动力。这些新的认识应予以充分肯定。

　　第二，奈恩社会主义的民族主义思想是英国新马克思主义的探索，是解释民族独立和人类解放的重要理论创新。民族主义是人类历史发展的必然意识形态和运动，然而不同民族国家的发展水平、历史状况、偶然事件等多方面的差异，使得各民族国家在民族主义的意识形态和运动上表现出不同的面相。作为当代颇具时代感和创新性的思想家，奈恩从马克思主义视角来剖释民族主义，将经典的唯物史观、人民群众观、革命论浇筑到民族主义的理论结构中，提倡以新民族主义意识形态和运动来对抗资本主义、帝国主义的剥削侵略，这一极具创造性、开拓性的理论方法，打破了传统意义上马克思主义与民族主义的解释障碍，实现了马克思主义与民族主义的对话，对于正确认识马克思主义、社会主义与民族主义三者的结合，具有不可多得的理论价值和实践意义。

　　第三，当民族国家处于发展水平落后，而帝国主义和资本主义掠夺盛行的历史环境下，民族共同体诉诸民族主义的意识形态和民族解放运动，就具有历史的必然性和合理性。世界范围内被压迫民族逐渐认识到，应当以民族共同体来反抗资本主义、帝国主义对自身的剥削，并借由民族主义的意识形态及运动来变革社会体制，使自身发展进入社会主义阶段。在这样的大背景下，奈恩的社会主义的民族主义思想在一定程度上影响了当代世界范围内民族国家的解放和反抗。作为苏格兰裔的思想家，奈恩在苏格兰地区具有极高威望，他的思想理论直接影响了苏格兰的民族运动，推动了苏格兰独立公投的进程。从 2014 年的苏格兰独立公投，到之后苏格兰寻求二次独立公投，均体现出苏格兰对不列颠王国的反抗和不满，为未来埋下了革命与反抗的种子。历史证明，苏格兰民族与资本主义的不列颠政府之间的裂隙已然达到相当的深度，资本主义的政治模式明显已逐渐失去其能量，新民族主义的社会革命势在必行。可见，奈恩的社会主义的民族主义思想不仅仅是一个学术性的理论分析，更是一个指导实践、影响现实的扎实策略。

第四，奈恩的社会主义的民族主义思想，秉持了马克思主义的思想传统，尤其是列宁的把无产阶级革命与民族主义相融合的思想精华。奈恩在分析资本主义和世界民族独立与解放之现实的基础上，提出无产阶级革命、社会主义和民族主义具有内在一致性的看法，尝试赋予马克思主义以新的活力和时代性，这不仅是难能可贵的，而且是马克思主义在21世纪世界反帝国主义和反资本主义运动中发挥作用的重要理论和实践尝试。奈恩通过把民族置于社会历史的中心，把民族主义看成是在高度发达的资本主义社会实现社会主义跨越的必要途径，把马克思主义的社会主义思想看成是引导民族主义的发展方向的指南，充分肯定列宁民族理论的价值意义，体现出马克思主义与时俱进的思想品格。从整体上看，奈恩的唯物史观视域下的社会主义的民族主义思想，为现代民族国家解决棘手的政治经济矛盾及相关问题，提供了一些新颖的、正确的思路，"这就是在马克思和恩格斯的《共产党宣言》发表150周年之后，社会主义仍是一项议程的原因"①。

---

① ［英］霍布斯鲍姆：《摆脱困境——社会主义仍然富有生命力》，载《国外社会科学文摘》，1992(1)。

第六章 ┃ 汤姆·奈恩民族主义思想的评价

一、奈恩民族主义思想的贡献与价值

从 20 世纪六七十年代的《法国 1968：终结的开始》《不列颠的瓦解》到 90 年代的《民族主义的面孔》，再到 21 世纪的《不列颠之后》《全球矩阵》，过去半个多世纪，奈恩的民族主义研究取得了突出成就，在纷繁复杂的民族主义研究中独树一帜，并具有广泛的影响。社会理论家保罗·詹姆斯这样评价道，"汤姆·奈恩，他本人可以说是最具影响力的当代马克思主义的民族理论家"①，究其根本，就是他把马克思主义理论注入民族主义的机体当中，并以此构建起有系统的、客观的理论框架。他奠定了一种新马克思主义语境下的民族主义理论，确立起唯物史观的民族主义理论脉络，这种新的解释范式具有重大的价值和意义。

格拉斯哥卡里多尼亚大学当代史教授威利·汤普森（Willie Thompson）于 1992 年在《当代档案》（*Contemporary Record*）上发表的《汤姆·奈恩和不列颠国家的危机》（"Tom Nairn and the Crisis of the British State"）一文，对我们认识奈恩的价值颇具代表性，在文章最后"奈恩的重要性"部分，他这样总结："奈恩的理论发展呈现出高度的一致性，并没有经历任何重大的中断或逆转。他可以说自己的观点被证明在不列颠和国际上都是正确的。早在《不列颠的瓦解》一书中，他就已经在南斯拉夫和苏联同时识别出了崩解性的民族主义力量，而当时几乎所有左派人士都认为这些政治形式将永远存在，无论它们有多么'畸形'都代表未来的潮流。因此，苏联集团的戏剧性解体，以及随之而来的回归民族结构市场经济的热潮，比左派的任何其他理论模型都更符合奈恩的理论模型。当被问及他对 1989 年至 1991 年发生的事件的看法时，他提出了一个问题来回应，即社会主义作为一种意识形态，何时才能与历史重新联系起来？他进一步阐述了这一主题，通过断言 20 世纪 70 年代以来发生的事件，表明民族形式的政治变革是不可避免的。他认为，社会主义作为一种意识形态，在历史发展的过程中提前出现了。它代表了在物质条

---

① James，P.，"National Formation and the 'Rise of the Cultural'：A Critique of Orthodoxy," in *Philosophy of the Social Sciences*，Vol. 19，No. 3，1989，p. 276.

件还不适合其实现之前欧洲知识分子的一种理念投射。"

"然而，20 世纪上半叶，特殊的历史环境使这一理念能够在某些有限的情况下，在苏联、东欧和第三世界变成政治现实。社会主义成为工业发展的意识形态。一旦它尽可能多地实现了自己的目标，它就会从内部崩溃，其统治精英就会丧失历史上的自信和权力意志。

"因此，根据私有制和市场经济的标准，未来将是一段漫长的正常化时期。他对福山（Fukayama）的《历史的终结和最后的人》（*The End of History and the Last Man*）表示赞赏，但也表达了可预料到的严厉批评。奈恩预测，至少需要半个世纪的时间，条件才会成熟到允许出现一个可实现的社会主义，并形成社会主义赖以出现的民族结构。他仍然深信马克思主义'宏大叙事'的最终可行性，但不是以任何教条的观念，这体现了葛兰西式的箴言，即'理智上的悲观主义，意志上的乐观主义'。

"从整体上看，汤姆·奈恩已被证明是 20 世纪一位颇有影响力的政治思想家。尽管他与苏格兰民族党（Scottish National Party）保持着一定的距离，但该党目前的方向与他所赞同的方向非常相似：主张根本瓦解不列颠国家，坚持明确的社会主义目标，还强调欧洲的认同。尽管苏格兰民族党表面上并非共和主义，但很明显，与目前不列颠的情况相比，在独立后的苏格兰，君主制所扮演的角色将大大削弱。总而言之，奈恩比任何人都更有资格被视为是苏格兰民族党当前的智力先驱和化身，他也塑造了苏格兰左派目前的格局。苏格兰选民动摇了不列颠宪法的现有框架并发起了一个进程，尽管在 1992 年的选举中失败了，但这一进程几乎肯定会以彻底的重组而达到高潮，因此，奈恩更广泛的价值也不容低估。"①

以上评论写于 1992 年，可见奈恩在 20 世纪 90 年代已经极具影响力，而随着时间的推移，他的相关理论更进一步被现实所证实，尤其是对苏格兰问题走向的把握更是精准的令人咋舌，其理论价值是不言而喻的。具体来说，笔者认为，奈恩唯物史观视域下的民族主义的理论贡献和价值主要表现在以下几点。

其一，奈恩在继承马克思主义传统和批判性地借鉴各种流派的马克思主义理论的基础上，构建了极具个人风格的民族主义理论，表现出浓厚的"新"马克思主义的民族主义理论张力，这是一种把民族主义与马克思主义相融合的"跨界"体系，是英国新左派探索、解释民族主义范畴的重要理论创新。奈恩从马克思主义视角来剖释民族主义，将经典的历史唯物主义、现代主义的理论方法、整体主义的分析视域、平民主义的理论立场和社会主义的理论构想浇筑到民族主义的理论结构中，这一极具创造性、开拓性的阐释方法，打破了传统意义上马克思主义与民族主义的解释障碍，这无疑是马克思主义、民族主义发展史上重要的理论创新，具有时代进步性。政治学家琼·科克斯对奈恩有一个中肯的评论，比较清楚地说明了这一点："有充分的理由表明，《不列颠的瓦解》是一个新马克思主义的，而不是反马克思主义的文本。奈恩对传统马克思主义的看法，不是他为了其他一组原则而抛弃历史唯物主义，而是因为现代资本主义的经验主义的历史与它不符合。奈恩相信，马克思主义在理

---

① Thompson，W.，"Tom Nairn and the Crisis of the British State," in *Contemporary Record*，Vol. 6，No. 2，1992，pp. 322-323.

解西方资本主义的起源中是正确的，相信马克思主义作为现代世界决定性力量的绝对优势是正确的，相信马克思主义作为控制和发展的矛盾体系之特性是正确的，也相信马克思主义永恒发展的动态性是正确的。他期待着马克思主义成为'一个真正的世界理论，……建立在整个世界的社会发展之上'。他暗示，这种发展将走向社会主义，尽管他所希望的社会主义的沉淀剂和形式是完全不清楚的。在《不列颠的瓦解》中，奈恩把民族主义带到了舞台中心，解释它、维护它，但并不相信它。他把民族主义视为理性上的错误和历史上的正确，这就造成了错综复杂的政治含义，但能够成为民族主义者并不是他的愿望之一。"①

　　其二，在现代主义的理论方法中，奈恩运用"不均衡发展"的概念解释了民族主义的产生。"不均衡发展"这一概念来源于马克思主义对资本主义发展的普遍规律的分析探究，奈恩对此概念做了进一步深化，将其作为民族主义产生、发展的源头进行分析。他指出，资本主义的发展是不均衡的，它自然地把世界划分为中心（核心）区域和外围（边缘）区域，这种中心—外围的差异性一直是马克思主义社会分析的核心问题之一，奈恩借鉴和引用马克思主义的这一概念对民族主义的动力机制进行分析，这与普遍存在的从文化生成、政治划分、族裔人类学等方面着手分析的理论有着根本不同。奈恩指出，边缘不发达地区的民族群体最直接地受到经济发展的不均衡性的打击，民族主义正是根源于此，他"用一种马克思主义的正统方式将其（民族主义）视为起源于经济因素，但以一

---

① Nairn, T., James, P., *Global Matrix: Nationalism, Globalism and State-Terrorism*, London and Ann Arbor, MI: Pluto Press, 2005, p. 79.

种新奇的方式，即民族主义是资本主义不均衡发展的结果……"①奈恩
对民族主义起源的解释从根本上挑战了传统的把民族主义起源归于最早
的工业化地区的理论型构，在考虑资本主义经济不均衡发展的基础上，
将区域结构进行了划分，将其根源追溯到不均衡发展下的边缘地区，这一
分析为我们认识民族主义的产生根源提供了一个新的分析视角和逻辑
进路。

其三，在整体主义的分析视域中，奈恩较全面地分析了民族主义的
诸多特征，而其中最广为引用和讨论的当属他对民族主义"贾纳斯"（双
面神）特性的分析。"简言之，奈恩认为，好的或坏的区分是有问题的。
不仅仅因为它的法西斯主义的表现是不好的，而反帝国主义和解放的表
现是积极的；即使是民族主义最积极的形式也可能是有问题的。……如
浪漫的爱情有潜在的悲剧后果。……这是现代时期人类状况的一个中心
悖论。"②奈恩借鉴人类历史与现实，对民族主义进行了客观细致的分析
和理性的认识，虽然他十分同情民族主义并希望借由社会主义的民族主
义来实现民族群体的自由与解放，但他仍一针见血地"把民族主义称为
'现代发展的病理'"③，按照这一逻辑，我们就可以毫无障碍地理解现
代历史当中的民族解放运动，以及法西斯主义的暴力行为。因为，"海
德先生"和"哲基尔医生"都是民族主义的表现剧目，所以深刻认识到这

---

① Avineri, S., "Marxism and Nationalism," in *Journal of Contemporary History*, Vol. 26, No. 3, 1991, p. 647.

② Nairn, T., James, P., *Global Matrix: Nationalism, Globalism and State-Terrorism*, London and Ann Arbor, MI: Pluto Press, 2005, p. 106.

③ Avineri, S., "Marxism and Nationalism," in *Journal of Contemporary History*, Vol. 26, No. 3, 1991, p. 647.

种两面性，既是对民族主义发展动态的正确理解，也避免了以偏概全地对某种特定民族主义状况进行片面地认知。笔者认为，奈恩在对民族主义的全面认识中基本上做到了公正与理性，他把民族主义放置在马克思主义的政治经济学分析之中，较好地理解了民族主义的"善"与"恶"。

其四，在平民主义的理论立场中，奈恩突破了传统马克思主义阶级斗争思想的时代局限，从民族范畴中发展了马克思主义的阶级观念。作为历史产物的马克思主义是马克思、恩格斯对当时社会状况的科学、理性、客观的分析，而以当时社会为背景产生的马克思主义必然会受到当时社会条件的限制，因此用其分析当下的社会问题不可避免地有一定的局限性和逾期性。阶级分析与阶级斗争的观点，作为革命策略的重要组成部分，带来了人类解放事业的胜利，而伴随人类社会的发展，民族已然成为人类解放的又一超级主体。通过把民族置于社会历史的中心，奈恩突破性地对传统马克思主义阶级斗争观念进行了发展、创新与"修正"，这体现出马克思主义的科学发展是一种适时的、与时俱进的、非绝对论的理论探索。我们看到，只有在坚持马克思主义思想的基础上，徐行徐立，寻求传统与现实的平衡点，才能真正实现马克思主义的科学发展。而从整体观之，奈恩的这一新马克思主义的民族主义理论确实为现代人类社会中民族国家政治经济矛盾的解决，提供了一条新颖的思路。以色列政治学家梭罗莫·艾维尼里这样评价道："汤姆·奈恩共享了这种打破传统信仰的修正主义，他也许是新左派思想家中关于民族主义最激进的思想家。在许多出版物中，他呈现了一幅复杂的——也许令人困惑的——把民族主义融入马克思主义的图景。"①

其五，在社会主义的理论构想中，奈恩建构、发展了一套解释民族问题的新体系，试图寻找一种理论体系来涵盖民族主义与马克思主义，并基本上完成了把二者相融合的解释框架。他以对民族主义病态的危机与拯救、对马克思主义传统的继承与发展、对资本主义政治经济体制的抑制与超越，搭建起了一个走向社会主义民族共同体的新道路，开创了一种新的理解民族、民族性、民族主义、民族国家的模式。一方面，这具有助推马克思主义在民族理论领域解释力不断发展的积极意义；另一方面，这改变了传统马克思主义对民族问题的分析方法和固有形式，倡导了一种更具综合性、包容性、挑战性和现实性的民族国家政治哲学观，值得我们进行深入的分析、探讨。

其六，奈恩的民族主义思想在 20 世纪引发了民族主义研究范畴的诸多讨论与回应，激起了这一领域的解释热潮。亨利·帕特森这样评价道："奈恩的书代表了一个马克思主义打破旧习的伟大力量，以及用一个刺激力量引发了许多重要理论的和实证的问题。"②奈恩的民族主义思想引发的强烈反响，既有对他思想的热情支持，如本尼迪克特·安德森在谈到《想象的共同体》一书的最原始的写作动机时写道："关于这个问题（民族主义的性质和起源的一般性论题）真正的公开辩论要等到 1977年，在苏格兰民族主义者兼马克思主义者汤姆·奈恩出版了他那本打破

----

① 　 Avineri, S., "Marxism and Nationalism," in *Journal of Contemporary History*, Vol. 26, No. 3, 1991, p. 647.

② 　 Patterson, H., "Neo-Nationalism and Class," in *Social History*, Vol. 13, No. 3, 1988, p. 344.

因袭成见的《不列颠的瓦解》之后才出现。这位苏格兰民族主义者把联合王国——盖尔纳、霍布斯鲍姆，还有史密斯都对这个国家有着强烈的情感依附——描述为一个从前民族、前共和时代残留下来的老朽遗迹，因此(联合王国)注定要迎向和奥匈帝国一样的覆亡命运。这位修正主义的马克思主义者枪口所指向的，是在他眼中古典马克思主义对于最广泛意义下的民族主义之历史和政治的重要性，即那种肤浅的对待或者回避。在这本书所引发的辩论中，我非常同情奈恩。所以写作《想象的共同体》的一个重要意图，就是支持(当然，是'批判性地'支持)奈恩前述两个论证的立场。"[①]也有对他的某些论点的批判及怀疑，如埃里克·霍布斯鲍姆在《对〈不列颠的瓦解〉一书的一些反思》一文中写道："奈恩是十分错误的，他把19世纪的苏格兰视为一个显著的异常(19世纪的苏格兰缺乏国家意识，它几乎完全缺席了欧洲民族主义的重大的和不同的阶段)。"[②]可见，其民族主义理论在西方是成功的和引人注目的，值得学界进行深入的研究。

其七，奈恩将民族主义理论引入现实实践当中。其民族主义的理论体系建构并不是纯粹理论上的纸上谈兵，而是将民族、民族国家和民族主义理论与现实紧密结合，其理论的创作和问题的提出都是直面民族范畴的相关现实而进行的解读，表现出时代的现实关怀和问题意识。奈恩自20世纪70年代以来，源源不断地为苏格兰民族主义意识形态和运动

---

① ［美]本尼迪克特·安德森：《想象的共同体：民族主义的起源与散布》，吴叡人译，205页，上海，上海人民出版社，2011。

② Hobsbawm, E. , "Some Reflections on 'The Break-up of Britain'," in *New Left Review*, I/105, September-October 1977, p. 5.

输送思想养料，写出了《不列颠的瓦解》《民族主义的面孔》等一系列著作，从民族主义的视域对资本主义不列颠王国的分离前景做出了阐释，其理论直接影响了苏格兰独立公投的现实进程。可以说，奈恩的民族主义思想既是历史主义的认知，又是现实主义的思考；既有理性的狡黠，又具备实践的可操作性。现实社会的发展，即从苏格兰到全世界的民族主义走向，恰恰与奈恩的预言一致，诚如弗朗西斯·马尔赫恩（Francis Mulhern）于 2000 年在《新左派评论》上发表的《奈恩之后的不列颠》（"Britain After Nairn"）中所调侃的："他（奈恩）甚至没有停下来说'我早就告诉过你了'。"①

不难看出，奈恩新马克思主义的民族主义理论是对马克思主义基本原理的深化运用，是以新时代的特点为转移的发展和创新，是对历史唯物主义的具体问题具体分析，是民族主义和现代社会的辩证法。马克思主义能够保持长久的生命力，根本原因就在于能够适应多种理论与实践的碰撞。奈恩正是在民族主义与马克思主义两者的碰撞之中，不断发展、不断探索，做出了极具时代感、实践性和创造性的思考，他以自身新马克思主义的民族主义的理论建构证明了"马克思的整个世界观不是教义，而是方法。它提供的不是现成的教条，而是进一步研究的出发点和供这种研究使用的方法"②。

---

① Mulhern, F., "Britain After Nairn," in *New Left Review*, I/5, September - October 2000, p. 325.

② 《马克思恩格斯选集》第 4 卷，664 页，北京，人民出版社，2012。

二、奈恩民族主义思想的局限

尽管奈恩唯物史观的民族主义理论在西方左翼中是引人注目的和影响深远的，但是我们必须看到这一理论本身有其客观局限性和主观片面性。

第一，动态感极强导致其理论框架前后矛盾。奈恩是一位比较有动态感的理论家，其他理论家往往说了一个道理之后就不停地重复自己，但奈恩的理论覆盖面比较广，内部也有比较多的变化。这种动态性虽然使得奈恩的思想总是保持着高度的新鲜感和时代性，但也有很大的不稳定性和矛盾性。随着各种历史事件的上演，奈恩的思想理论也随之频频变色，这使得他自身的民族主义思想框架出现了某些矛盾。比如，一直以来，奈恩都站在现代主义的立场坚定地反对原生主义的民族主义，而在《民族主义的面孔》一书中，他从基因、遗传学、人性等方面来辩护民族主义，希望"建立一个更合理的生物学和亲属之间的联系"[①]。相较奈恩之前的人类不应被区别对待，民族和民族主义等是现代产物的认识，我们可以看出他对原生主义做出了一些让步。

第二，后期对马克思主义的远离导致其理论的局限性和片面性。早期和中期的奈恩是一个不折不扣的葛兰西式的马克思主义者，他从马克思的历史唯物主义范畴出发，探讨了历史运动的主体问题，分析了民族与阶级的地位，以及不同阶级的历史作用，并运用马克思主义的"资本的不均衡发展"定律来解释苏格兰民族主义之兴起并预测联合王国之崩

---

① Nairn, T., *Faces of Nationalism*: *Janus Revisited*, London and New York, Verso, 1997, p. 13.

解。然而，随着苏联的解体，奈恩的马克思主义立场发生了动摇，这也使得他之后的思想逐渐走向了修正、局限和片面。比如，以前他认为社会主义的民族主义是实现自由、解放的路径，而在面对1989年社会主义阵营的瓦解，以及接下来福山的历史终结论时，他则收缩了对社会主义的论述，不得不说这一转变是一种倒退和妥协，表现出了奈恩作为知识分子的软弱。

第三，奈恩社会主义的民族主义探索主要是从其所处的发达资本主义民族国家的现实出发，是为了解决苏格兰与资本主义的不列颠王国的特定问题而建构的，因此其理论方法具有必然的限定性和特殊性。直接的后果就是，奈恩的民族主义思想由于受到自身的身份即苏格兰人，自身所处的环境即发达资本主义民族国家，以及想要达成的目标，即在发达资本主义国家实现社会主义的民族共同体的约束而受到了限制。在超出发达资本主义的范畴，也就是在不发达的边缘区域想要实现社会主义，其理论就略显无力。虽然奈恩也详细探讨了在边缘地区以反帝国主义的民族主义意识形态、民族性的现代化事业、心智生产力的发展和民族群体的革命运动等方式来实现社会主义的最终目标，但是他仍无法避免地表现出作为资产阶级知识分子的阶级局限性、所处不列颠王国的地域局限性，以及现行资本主义主导社会的时代局限性。因此，在学习借鉴他所倡导的民族主义意识形态和运动时，我们既要继承和发展他的理论探索精神，又要从他的理论模式中走出来，结合自身的实际状况，形成符合自身特点的民族主义理论。

第四，奈恩在运用唯物史观的方法论对民族主义进行研究的过程中，多次指出马克思主义在民族主义问题的阐释上是缺失的，他从修正的角度解读民族主义与马克思主义，剖析马克思主义在现当代社会中对民族主义意识形态和运动解释的忽略和其某些局限。虽然他所说的"缺失"是带引号的，但是这表现出奈恩远未真正理解马克思主义的相关论述，他低估了马克思主义在社会进程中的发展与进步，因此其理论颇具历史宿命论的味道。

　　其中，奈恩一方面运用马克思主义的人民观和阶级划分来倡导民族主义的解放运动，另一方面却也过度地强调民族的核心地位。我们知道，1852 年马克思在致约·魏德迈的信中指出："无论是发现现代社会中有阶级存在或发现各阶级间的斗争，都不是我的功劳。在我以前很久，资产阶级历史编纂学家就已经叙述过阶级斗争的历史发展，资产阶级经济学家也已经对各个阶级做过经济上的分析。"①马克思在前人的基础上，做出了新的发展。他说："我的新贡献就是证明了下列几点：(1)阶级的存在仅仅同生产发展的一定历史阶级相联系；(2)阶级斗争必然要导致无产阶级专政；(3)这个专政不过是达到消灭一切阶级和进入无阶级社会的过渡。"②可见，马克思主义的阶级、阶级斗争学说，不是任何人强加给历史的主观臆想，而是人类社会发展到一定阶段的历史产物，是人类对自身发展认识的结晶。既然阶级和阶级斗争是一定历史阶段的客观存在，在研究一些历史现象时，我们就必须使用阶级分析的方法。只有这样才能如实地反映历史的真实面貌，也只有这样才能正确认识社会历史的发展规律。然而，在奈恩的民族主义思想中，他将民族主

---

　　①　《马克思恩格斯选集》第 4 卷，425—426 页，北京，人民出版社，2012。

　　②　《马克思恩格斯全集》第 28 卷，509 页，北京，人民出版社，1973。

体放在历史的中心，从而降低了阶级的地位及阶级斗争的作用，这种分析方式在某种意义上削弱了马克思主义的张力，也忽视了阶级范畴的解释力，因此遮蔽了民族主义分析中的一些重要问题。

作为新马克思主义的信徒，奈恩却批评"民族主义代表了马克思主义理论的重大历史性缺失"①，这样的立场会不会有矛盾呢？盖尔纳有一段话颇能表达奈恩在马克思主义的民族主义研究上的定位，盖尔纳不改其幽默本色，一方面称赞奈恩的分析"大体上正确无误"②，另一方面却又质疑奈恩调适马克思主义与民族主义的困境，他写道："基督徒曾经历至少三个成长阶段。第一个阶段，在此时期他们大都相信自己所说的话，真正吸引他们的是救赎的承诺和它所显示的真实讯息，对于是否能与前辈信徒建立起历史的连续性并不是他们所关心的事。到了第二个阶段，这时候他们会遭遇越来越多会动摇他们信仰的压力，他们必须努力去克服并坚定信念，其中有些人会因失败而放弃。到了第三个阶段，即到了现代论神学时期，此时的'信仰'内涵已经微不足道（或者只是增减问题），此时信徒想要与那些根本就有名无实的前辈建立'薪火相传'的关系，这是真正心灵上的回馈，象征着他们的坚信，教义对他们而言已是可有可无的。马克思主义者似乎也要经历相同的发展阶段，当他们到达第三阶段时（有些人确实已抵达了），他们的观点便不再具有思想上的讨论价值。奈恩还停留在第二阶段，……他正在为信仰奋斗，而且感

---

① Nairn，T.，"The Modern Janus," in *New Left Review*，I/94，November-December 1975，p. 3.

② Özkirimli，U.，*Theories of Nationalism：A Critical Introduction*，Basingstoke，Palgrave Macmillan，2010，p. 73.

情丰富，心神不宁却很虔诚，他这本书让人感兴趣的正是这种矛盾情结。"①

　　虽然与马克思主义科学思想相比，奈恩民族主义理论仍有许多缺陷，但是无论怎样，他实现了一种马克思主义式的民族主义理论的延伸，为我们重新理解现代社会的发展提供了新的思路和理论分析的方法。在面对现代资本主义社会的现实状况下，奈恩以唯物史观为基础，深入考察了资本主义发展中反帝国主义的民族主义意识形态和运动所形成的动力机制，揭露了资本不均衡发展和帝国主义的运行逻辑，较为科学地解释了民族主义与现代工业社会的关系，尝试建立将唯物史观嵌入现代民族主义的模式。奈恩对民族主义核心特征的分析也使我们对民族主义问题有了更加清晰的认识，同时，他对民族主义的整体论证，也使我们对现实世界的民族主义的作用有了更多的思考，在认识论和方法论上给予人们一个完整的、统一的框架，这一点是很具理论价值的。奈恩对于民族主义是实现社会主义的必然阶段和途径的解读，揭示了现代民族主义与社会主义的内在必然联系，给出了一个兼顾社会主义意识形态与现实实践的系统解释，使民族主义具有了新的完整性和开放性，体现了民族主义主体超越帝国主义、资本主义的总体诉求，为人类实现社会主义社会提供了希望和路径，这是难能可贵的。

---

　　① Gellner, E., *Spectacles and Predicaments*: *Essays in Social Theory*, Cambridge, Cambridge University Press, 1979, pp. 265-266.

三、奈恩民族主义思想的当代启示

现代社会是各个民族国家共同缔造的世界，各民族国家的前途与每个人类个体的命运始终紧密地联系在一起，民族相关问题一直以来都是一个十分重要的领域，它不仅关系到世界的稳定和发展，更切实地关系到每个人的认同与利益。奈恩沿着马克思主义唯物史观的轨迹解读民族主义，带领我们共同回忆、体味近两个世纪资本主义背景下民族群体发展的艰辛历程。纵观奈恩的民族主义思想体系，我们能够发现其现代主义、整体主义、平民主义和社会主义的基本脉络，他相信民族主义在现代社会具有更加积极的功能，是反抗帝国主义、资本主义的手段，是民族共同体寻求政治自由、经济平等和主体解放的革命情感。只要加以正确地引导和利用，民族主义就是一柄直指资本主义专制的利剑，它既排斥独裁和霸权，又致力于保护自身的发展和利益，有助于创建一个更加团结、稳定、强大的社会主义共同体，这对我们有一定的当代启示。

（一）对民族主义研究的启示

众所周知，民族主义一直是现代学术领域的研究热点，早在法国大革命时期就开始有对民族主义的探索，进入 19 世纪，欧洲出现了从哲学、历史学、社会学、政治经济学等方面对民族主义的思考，如康德、费希特、李斯特等人，19 世纪中期，马克思、恩格斯在创立实现社会主义和共产主义伟大理想的理论武器和行动指南时，也对民族主义和民族相关问题做出了分析阐述，此后，众多马克思主义的重要理论家都纷纷根据当时世界民族问题的形势要求，积极投身民族主义的问题研究，包括卡尔·考茨基、罗莎·卢森堡、奥托·鲍威尔、列宁和斯大林等人。正如安东尼·史密斯所言："在 1914 年以前，马克思主义是民族主义研究的主要学派之一。事实上，在近几十年之前，他们是在连续性上最好的民族主义研究学派。"①而伴随着第一次世界大战、第二次世界大战的爆发与结束，以及苏联解体等一系列历史重大事件的发生，民族主义的研究热潮一次又一次地得到助推和发展，形成了扩展到每个领域的学术主题，涌现了大批不同解释范式的民族主义理论家，作为民族主义研究的权威之一，奈恩唯物史观视域下的民族主义研究所带来的启示主要表现为以下几个方面。

启示一是，民族主义隶属于历史范畴，因此进行民族主义的研究必须结合唯物史观的维度进行分析。民族主义的历史起因、动力和背景都可以在世界历史的发展进程中找到根源，它是现代性的产物，因此学者们必须以唯物史观的核心框架和话语体系进行跨学科的研究分析。这种以马克思主义思考民族主义的方式比其他"主义"的方法论更加客观、辩证，有了历史的观点，我们在看待和处理民族问题时就会更加全面细致，更加符合现实状况，更加接近事物本质。唯物史观强有力的理解力和包容力，使得奈恩能够准确地对民族国家的历史做出判断，对民族国家产生的现实问题进行解决。因此，唯物史观不仅仅对奈恩的民族主义研究有着决定性的作用，而且对世界范围内所有民族主义研究领域的学者有指导意义。只有在承认和尊重历史真相的基础上，借鉴历史经验、

---

① 　Smith，A. D.，*Theories of Nationalism*，New York，Holmes&Meier Publishers，1983，p. 257.

立足历史条件、顺应历史趋势，做人类历史发展的推进者，做社会主义崇高理想的实践者，学者们才能够形成真正科学的、对人类有益的民族主义思想。

启示二是，民族主义具有深刻的时代困境的特点，它代表了世界的矛盾状态，因此，对民族主义的分析必须既要有宏观把握，又不可缺乏微观叙事，既要有客观的辩证阐释，又要具备主观的批判论证，不能够片面化或绝对化。奈恩的认识突破了好的民族主义与坏的民族主义的二元对立，充分挖掘了民族主义的两面性，即其天然地具备积极性与消极性（反帝性与非理性，健康性与病态性，革命性与极端性），这一重要认识不仅是奈恩民族主义理论当中的精华，也是马克思主义的民族主义理论的重要发展。只有引导、发展民族主义的积极面相，遏制、减少民族主义的非理性面相，我们才能够打破资本主义的桎梏，建立起社会主义的大厦，在边缘地区的发展中民族国家是如此，在核心地区的发达民族国家也概莫能外，历史已反复证明了这一点。奈恩的这一基本观点，不仅对马克思主义的民族理论建设和发展具有重大的指导意义，而且对于整个人类正确认识和科学解决世界范围内的民族问题具有深远的影响。从这一基本的双面态度出发，我们能够解读现代民族主义浪潮的起落、民族自决权的要求、世界主义与地区主义的此消彼长，以及社会主义的兴起与帝国模式的终结。

启示三是，要充分利用民族主义的实用性和有效性。马克思曾指出："一切划时代的体系的真正的内容都是由于产生这些体系的那个时期的需要而形成起来的。所有这些体系都是以本国过去的整个发展为基础的，是以阶级关系的历史形式及其政治的、道德的、哲学的以及其他的后果为基础的。"①民族主义在今天并未消失，相反仍十分强大，正是因为其社会、政治、经济、文化等主体根基还在，民族主义仍是国家关系、民族关系和阶级关系最适宜的表达方式和承载物。因为，我们所处的时代仍是一个以弱肉强食、优胜劣汰、利益追逐的资本主义为主导的时代，所以，民族主义作为生存和发展的保障具有存在的必然性和普遍性。在这个时代，如果民族没有共同的信仰，国家没有凝聚的信念，那么它必定会在发展的竞争中败下阵来，不止如此，它更可能会面临被湮灭的危机。人们不得不承认，民族主义是争取自由、解放、独立的重要意识形态和运动，"在人类文明还没有发展到可以拥有'无民族性民族'的程度时，民族主义的存在就有意义"②。因此，所有边缘地区的发展中民族国家应充分利用民族主义的实用性和有效性，寻求自身经济的富强繁荣、政治的民主合法、社会的自由解放。

(二)对中国民族国家建设的启示

现代民族国家是当今世界关系重大而又十分复杂的政治实体形态，在可预见的未来，它仍是世界最普遍的、占据主导地位的共同体模式。在世界众多民族国家中，每一个民族群体都希望实现本民族的发展和进步，因此民族国家之间难免会出现竞争与摩擦，同时也会根据发展状况自然地划分为发达国家与发展中国家。在这样的世界格局当中，民族国家应当以讨论、协商、妥协而非政治意识形态和军事对抗的方式解决争

---

① 《马克思恩格斯全集》第 3 卷，544 页，北京，人民出版社，1960。
② 房宁、王炳权：《论民族主义思潮》，149 页，北京，高等教育出版社，2004。

端，在此基础上，各民族国家应守住底线，和而不同，积极参与国际事务并共同制定国际秩序。

我们国家是中华民族的政治承载物，中华人民共和国的成立恰恰是中华民族解放运动的产物，体现了我国民族主义意识形态和运动在世界范围内反抗殖民统治、压迫、掠夺的成功，是实现中华民族独立和人民解放的胜利产物。实现了民族解放的中华人民共和国，以繁荣的经济、灿烂的历史文化蜚声世界，这种辉煌离不开中华民族共同体的民族主义，正是身为"中国人"的骄傲、对中华民族的热爱和对祖国的忠诚构成了中国人民的民族主义。当代中国的民族主义是一种内容复杂而又丰富的现象，其涉及的理论与实践问题都十分广泛，并与各种思想观念、政治制度和经济策略紧密相关。奈恩全面而又深入地认识和把握了世界范围内的民族主义意识形态和运动，因此，梳理和借鉴奈恩历史唯物主义视域下的民族主义理论，对我国社会主义民族国家的建设、民族性政策权利的履行，以及在与对其他民族国家的交往中自身利益的确保、相互间关系的处理、冲突的解决等具有重要的启示意义。

启示一是，民族主义是对抗资本主义的有力武器，对于我国保持民族自决和国家独立具有重要的理论和现实意义。中华民族要在世界民族之林中屹立不倒，离不开民族主义。我国民族主义意识形态可以追溯到20世纪初期，从梁启超首次提出中国近代民族主义这一概念，到辛亥革命时期孙中山运用民族主义来唤醒中华民族对反帝反封建的革命实践，再到以毛泽东为首的中国共产党号召建立抗日民族统一战线，民族主义无疑是整个中华民族在面对帝国主义、资本主义侵略时的指导性意识形态，可以说民族主义为处于生死存亡之际的中国的生存和独立起到了保障、保护作用，中华民族正是在民族主义意识形态的唤醒和激发下前赴后继、英勇不屈地与帝国主义列强展开了殊死抗争，革命的民族主义者借助中国传统文化的优秀成果来进行反封建主义、反帝国主义、反资本主义的革命实践，并在此基础上建立起独立自由的中华人民共和国。我国著名学者费孝通在《中华民族多元一体格局》中认为："中华民族作为一个自觉的民族实体，是近百年来中国和西方列强对抗中出现的。"①中国近代以来的历史证明，"民族解放之斗争，对于多数之民众，其目标皆不外反帝国主义而已"②。我国的民族主义意识形态和运动正是源自对外来压迫的反抗，是一种自卫的、防御性的、觉醒的武器，属于奈恩所倡导的边缘不发达地区的民族解放运动，这种反抗西方资本主义霸权与维护人民大众尊严、利益的情感及革命，对内促进了中华人民共和国的成立和随后的社会主义的建设与发展，对外抗击了帝国主义、资本主义、霸权主义和强权政治，在国际舞台上为中华民族赢得了平等的地位、话语权和声望，我们要合理利用民族主义来建设我们的民族国家，发展自决、独立的政治经济体系。

启示二是，要正确引导我国的民族主义意识形态走向。当今社会在很大篇幅上歪曲和误解了"民族主义"的概念，将其与种族主义、沙文主义、法西斯主义相等同，这使得民族主义声名狼藉。然而，这些并非民族主义之过，作为一种意识形态，民族主义对普罗大众有着极其深远的影响，正确健康的民族主义可以激发起强烈的民族自豪感、自信心和凝

---

① 费孝通等：《中华民族多元一体格局》，1 页，北京，中央民族大学出版社，1989。

② 《孙中山全集》第 9 卷，119 页，北京，中华书局，1986。

聚力，对民族国家的发展产生积极的影响。然而，民族主义也有畸变的可能，在我国现实的社会发展进程中，我们也要警惕民族主义极端化的错误，防止民族主义被资本主义所侵蚀和滥用。中华民族共同体作为世界上人口最多的民族，其民族主义不仅能够增强我们的凝聚力，而且能彰显马克思主义理论在中国特色社会主义建设事业中的关键作用。中华民族通过艰苦卓绝的民族革命实现了民族解放，取得了民族国家的统一，在新的社会状况下，我们更要继续发扬这种积极向上的民族情感与民族认同，用健康的民族主义意识形态指导当今中国的政治经济文化的发展，发挥其积极的导向作用，推动我国民族国家的政治经济发展。面对经济全球化的历史趋势，我国的民族主义声音具有了新的时代精神。因此，把握奈恩民族主义思想的系统建构对我国当前的国情、社会意识形态建设及中华民族的发展进步具有一定的借鉴价值和实践意义，无论从政治上还是从社会文化上，我们都应重视民族主义对主流意识形态的影响，看到民族主义对社会的文化引导。作为一个以马克思主义为核心指导思想的社会主义国家，我国的民族主义意识形态可以运用和借鉴奈恩民族主义理论体系，在此基础上更加注重我国民族主义的主体性和现代性，把人民大众的利益和实现社会主义民族国家的现代化放在首要地位，牢固树立正确的祖国观、民族观，因为"实现中华民族的伟大梦想，需要每个要素在系统中为之付出智慧和力量"①。

启示三是，正义、健康的民族主义思想在形成中华民族的凝聚力方面具有相互促进的积极作用。在世界历史的洪流中，中华民族的觉醒和

① 姜广举、林国标：《习近平执政思想系统观初探》，载《系统科学学报》，2014(4)。

国人的民族主义情怀之间总是相互激荡的，这不仅激起了国人的强国心理，还适时地给整个中华民族提供一种走向繁荣强盛的自信，可以说正确、积极、健康的民族主义思想是中华民族实现现代化和民族复兴的精神支柱。奈恩的民族主义思想强调民族主体意识的身份认同，这种关注民族群体独特性和价值性的民族主义思想对于中华民族的民族主义意识形态和运动具有积极的借鉴意义，有助于增强中华民族共同体的民族凝聚力。近代以来的历史与现实表明，中华民族的凝聚力是实现民族独立、解放的内核，是我国实现现代化的思想武器，是中华民族振兴的精神力量，而民族主义恰恰是这种凝聚力最为深厚的土壤和根基。民族主义保护和肯定了民族自信，对于重建国人的民族自豪感、树立中华民族在世界民族之林当中的重要地位、呈现中华民族文化和历史的辉煌发挥了举足轻重的作用。作为世界上最富有生命力、最顽强、最奋斗不息的民族之一，中华民族经历历史的涤荡，仍傲然矗立于世界民族之林，就是因为我们中华民族是一个越是遭受苦难越是团结的民族，民族凝聚力是我们的中华之魂，民族主义是我们的血脉骨髓。中华民族走过了茫茫的历史风沙，沉淀了无尽的沧桑，也收获了无限的辉煌，唯有以积极的民族主义意识形态指导中华民族主体的思想意识，才能够发扬中华民族不竭的凝聚力，弘扬中华民族共同体不朽的民族魂。

启示四是，民族主义在整合我国具体的民族国家事务当中具有举足轻重的作用。中华民族的内容复杂而又丰富，涉及我国历史、文化、政治、经济等诸多方面的具体观念、制度和运动，奈恩唯物史观的民族主义思想在理论与实践方面的分析阐述十分广泛，不仅适用于对当代中华民族现时代的心理状态和意识形态进行解读，而且有助于认识我国的各种民族主义的思想观念、政治制度和经济策略。在中华民族的近代史上，从清末对救国道路的探索，到五四运动，再到抗日战争时期的民族解放运动，民族主义无疑是当时中国救亡图存的一件法宝。在经济全球化的新时代，民族主义在我国又逐渐从"幕后"走向"台前"。自 20 世纪 90 年代以来，我国在回应一系列的国内外事务中重新出现了一股民族主义的浪潮，1993 年的银河号事件，1999 年的抗议美国轰炸中国驻南斯拉夫大使馆事件，2001 年的中美南海撞机事件，2008 年的保卫奥运圣火行动，2009 年的圆明园兽首拍卖事件，以及近年来的民族主义情绪及运动，在政府有关报告及讲话中对"民族复兴""中华民族共同体意识"的反复叙述，都展示出我国民族主义的重要影响和非同寻常的力量。中华民族的民族主义不仅包括当代国人的爱国情绪，更包括应对和处理国内外事务中的主体实践运动。可以看出，当代我国民族主义的核心诉求就是中华民族的伟大复兴和繁荣发展，中华民族的思想对我国的民族国家建设起到了积极的支持作用。因此，在讨论我国具体的国内外政治、经济、文化、历史、外交等各项事务时，应结合构建理性民族主义的向度，应当重视积极、正确的民族主义意识形态和运动的重要性。

启示五是，塑造理性的民族主义精神对于新时代铸牢中华民族共同体很有必要。一方面，塑造理性的民族主义精神不仅有利于民族共同体成员认识本民族的历史形成与发展建构过程，还有助于人们找寻自己在群体中的定位，唤醒共同的集体记忆和历史叙事，明晰中华民族作为民族实体的合法性地位，增强民族共同体在现实当中的意识形态凝聚度；另一方面，认知新时代中华民族共同体意识下的民族主义精神，有助于我国民族国家实体的巩固、强化和进一步发展。近代以来，我国人民在帝国主义和资本主义的侵略压迫下认识到，只有国富民强、祖国统一、中华民族团结一心，中国才能够在国际舞台上有尊严、有地位、有话语权。从"站起来"到"富起来"再到"强起来"不是一件容易的事，这意味着，在新时代必须塑造理性的民族主义精神，每个个体都认同、热爱、尊重自己的民族身份，对中华民族共同体有热烈的自豪感、强烈的自信心、坚定的归属感，才能够实现中华民族的伟大崛起复兴。我们知道，在民族国家的时代，拥有一个民族身份与拥有一个国家的公民身份两者基本是重合的。中华民族共同体是中华民族和中国公民身份的集中概括。中华民族共同体的成员是拥有民族身份与公民身份的主体。因此，每个人在"铸牢中华民族共同体意识"下塑造理性的民族主义精神就是对自身中华民族身份的认同，是对伟大祖国、中华民族、中华文化、中国共产党、中国特色社会主义的认同。中华民族作为统一的命运共同体，其民族主义精神的实践路径是在历史发展中必然形成的一种自在、自觉的建构过程，这一过程是对中国道路、制度、理论和文化自信的日趋强烈的感应，这彰显着真正的、昂扬的大国形象和民族姿态。进入新时代，中华民族共同体意识牢固与否，事关国家意识形态安全，事关我国民族团结大局，事关中华民族伟大复兴，中华民族意识有着重要的时代价值和非同寻常的力量。

启示六是，社会主义的民族主义有助于我国进一步建设经济、政治、文化、历史相统一的中华民族共同体。我们已经看到，奈恩的民族主义思想在本质上是一种民族进步、发展、解放的思想，他所倡导的社会主义的民族主义不侵犯他国权益，同时坚决维护自己民族国家的权益，其理论十分契合我国一向遵循的"互相尊重主权和领土完整、互不侵犯、互不干涉内政、平等互利、和平共处"的原则。在中国特色社会主义发展的今天，现实的民族实践遇到了越来越多的理论问题与实践问题。在世界民族国家之林中，中华民族只有求同存异，承认和适应民族国家之间多样化和差异化的现实，保持和发展我们自身独特的民族文化的传统和认同，才能在色彩斑斓的民族图景中刻画中国特色社会主义民族国家。根据奈恩的设想，只有经过民族主义的"过渡"阶段，世界才能够真正实现社会主义的共同体形态。迄今为止，西方发达资本主义民族国家的不良作为造成了世界经济结构的断裂，发达地区与边缘地区的差异日益拉大，发达国家作为受益者不断在发展中国家身上推行新殖民主义、政治和文化霸权主义。面对这些冲击，在我国现行的社会主义阶段，中华民族必然需要以民族主义的情感认同维护以国家为单位的民族利益，在认知资本主义的侵袭和挑战的基础上，充分利用社会主义的民族主义这一精神武器谋求生存与发展。"中国如果强盛起来，我们不但要恢复民族的地位，还要对世界负责任。"①因此，我们必须在社会主义的民族、历史、政治、文化有机整合的基础上，注意我国民族主义与其他民族国家的平衡与协调，承担起我国在国际事务当中的责任。

---

① 《孙中山选集》，691 页，北京，人民出版社，1981。

结　语

　　20 世纪 90 年代的苏联解体为 20 世纪的最后一波民族主义浪潮画上了句号，未来还会有另一波的民族主义运动吗？中国学者罗志平认为："也许还会有国家的建立和个别民族主义出现，但从有限的历史来看，短时间内没有再度引发民族主义浪潮的可能性。"[①]霍布斯鲍姆也认为："随着民族国家的式微，民族主义会逐渐消失。"[②]然而，民族与民族主义仍挺立不倒，近年来的世界现实状况也告诉我们，在西方民族国家的政治舞台上，民族主义仍然活跃，"它（民

---

　　①　罗志平：《民族主义：理论、类型与学者》，507 页，台北，旺文社股份有限公司，2005。

　　②　Eric Hobsbawm，*Nations and Nationalism since* 1780：*Programme*，*Myth*，*Reality*，Cambridge University Press，1992，p. 190.

族主义)像一面旗子,时候到了便会被拿出来摇一摇"①。

作为世界资本主义国家的代表,近年来英美采取了民族主义的政策和行动。英国脱欧本身就是一种英国经济民族主义的表现,此前欧洲一体化被视为经济全球化时代区域一体化最有希望和活力的实验,然而由于对经济公平、机会均等、利益分配和区域安全等问题的不满,最终造成了英国的出走。而在英国国内,民族主义的声音也接二连三地出现,除了一直以来的北爱尔兰问题外,苏格兰也开始寻求独立,2014 年苏格兰独立公投落下帷幕后,2017 年在英国首相特蕾莎·梅宣布正式启动脱欧程序的前一天,苏格兰首席大臣斯特金提交的二次独立公投决议在苏格兰地方议会获得通过。而给自己贴上"民族主义者"标签的美国总统特朗普在 2017 年签署了一份名为"阻止外国恐怖分子进入美国的国家保护计划"的行政命令,俗称"禁穆令",禁止伊拉克、叙利亚、伊朗、苏丹、索马里、也门和利比亚七国公民入境美国,并着手推进美墨边境墙的修建,驱离大量非法移民,加强边境安全和收紧移民政策,从政治、经济和防卫战略等方面实施以自我利益为中心的政策。2014 年 3月,乌克兰联邦的克里米亚自治共和国举行全民公投,以 96.77% 的赞成票决定独立并加入俄罗斯联邦。2017 年 10 月,加泰罗尼亚自治区政府宣布 90% 的选票支持加泰罗尼亚成立独立共和国。此外,巴以冲突、印巴冲突、库尔德问题延续至今,足见世界范围内涤荡着民族主义的热切诉求。虽然我们并不能把世界舞台上的所有政治行动都指向民族主

---

① 罗志平:《民族主义与当代社会——民族主义研究论文集》,87 页,台北,独立作家,2016。

义，但不能否认的是，民族主义的赫赫之声仍主导着当今世界的政治、经济走向。需要说明的是，尽管近 200 年来的世界战争、区域冲突和国家摩擦都有民族主义的影响因素，但是"这个世界错的不是民族主义，因为每一个人都渴望拥有家，错的是民族主义的错误形式"①。无疑，民族主义的研究不是过时的，而是符合时代特点的研究课题，其未来走向仍是波谲云诡、难以捉摸的，诚如奈恩所说："真理是一出让人笑不出来的深刻喜剧，因为它和历史中的悲剧只有一线之隔。"②

　　近 200 年来，世界历史上出现的民族主义意识形态及运动究竟有多少种，没有任何一位学者可以给我们一个明确的答案，然而，我们可以利用学术研究的经验法则和方法建构出各种类型学的民族主义来进行解释，并由此认识世界政治经济机制的深刻变化。马克思主义是民族主义研究的主要学派之一，其关于民族主义的理论素养十分丰富，能够科学地解读民族主义浪潮、民族自决权、经济全球化与区域问题、民族国家间的政治经济冲突及帝国的终结等问题，具有鲜明的时代感、预见性和实践指导性。奈恩就是其中的杰出代表，其唯物史观的民族主义思想契合了反帝国主义、反资本主义、反殖民主义、反霸权主义、反极端主义的正义方向，既彰显出马克思主义理论的宏观意义，又涉及了民族主义的诸多面相，值得学界重视。然而，相比于其他英国新左派思想家和民族主义思想家人物个案研究的欣欣向荣，作为两者结合体的汤姆·奈恩

---

　　①　［英］爱德华·莫迪默、罗伯特·法恩主编：《人民·民族·国家——族性与民族主义的含义》，刘泓、黄海慧译，174 页，北京，中央民族大学出版社，2009。

　　②　［意］安琪楼·夸特罗其、［英］汤姆·奈仁：《法国 1968：终结的开始》，赵刚译，147 页，北京，生活·读书·新知三联书店，2001。

却成为一个薄弱的、空白的研究环节，我国学界亟待加强对其思想的深入研究。

英国新马克思主义产生伊始，就为什么研究马克思主义，如何发展马克思主义，如何使马克思主义的理想成为现实，如何认识马克思主义的现实危机，如何把社会主义变成适应于"人类活动的整个范围"，资本主义为什么能够在经济的和政治的剧变中生存下来，社会主义失败了吗，资本主义以何种方式进行了转变，共产党应该代表谁的利益等问题展开了激烈的辩论，从而开创了英国马克思主义的理论重建。[①] 我们认识到这一点，就不难理解奈恩民族主义思想的立论立场、分析视角、方法论路径、主体研究范式和最终理想。正是出于上述研究目的，奈恩唯物史观的民族主义思想实则是对马克思主义的坚守，是对民族政治经济发展的渴望，是对社会主义理想的追求。

唯物史观是哲学中关于人类社会发展一般规律的科学理论，恩格斯在《社会主义从空想到科学的发展》1892 年英文版导言中写道："用'历史唯物主义'这个名词来表达一种关于历史过程的观点……这种观点认为一切重要历史事件的终极原因和伟大动力是社会的经济发展，是生产方式和交换方式的改变，是由此产生的社会之划分为不同的阶级，是这些阶级彼此之间的斗争。"[②]奈恩运用这一科学的社会历史观来解读民族主义的历史与现实，他将马克思主义哲学当中关于人类社会发展普遍规律的理论融入自身民族主义的解释框架内，认为历史上所有民族主义意

---

① 乔瑞金等：《英国的新马克思主义》，6 页，北京，人民出版社，2013。

② 《马克思恩格斯选集》第 3 卷，704—705 页，北京，人民出版社，1995。

识形态与运动发生的根本原因都与社会的发展阶段、物质的丰富程度、生产力的现实状况相关联，民族主义历史发展展现出历史唯物主义固有的客观规律，因此是一种唯物史观的民族主义思想。

马克思主义唯物史观认为："物质生活的生产方式制约着整个社会生活、政治生活和精神生活的过程。"①可见，是社会存在决定了社会意识，奈恩将这一认识深刻融入对民族主义的分析当中，并以此出发来解释民族主义。他指出，民族主义的意识形态和运动产生于工业革命，也就是说，是社会生产力的发展、资本的蔓延促成了民族主义的生发，民族主义无论是作为社会运动、政治手段还是精神意识都必然地由当时的物质生产所决定，并随着物质发展而发展，在起源、特征、主体、阶级、策略、理想等诸多棱面都反映出当时的社会历史、经济、政治和生产力状况。奈恩从唯物史观角度解释民族主义的历史发展和现实事件，这种民族主义的见解是正确的、客观的、科学的解释，而非唯意志论的、曲解的、孤立的、割裂的解释，这不仅把握住了民族主义产生、发展的本质规律，而且认识到了民族主义最终去向的科学依据。可以说，正是在马克思主义唯物史观的指导下，奈恩在看待、分析和处理民族主义课题时才能够更加全面、客观、智慧，更加符合历史与现实，更加接近问题的本质及客观规律。

民族主义是现代性世界政治经济机制的产物。就起源而言，西方学界基本上达成了共识，认为"民族主义与现代性之间的关系极其密切，民族国家的创建，其内部的政治平等、经济统一和社会文化的一体化，

---

① 《马克思恩格斯选集》第 2 卷，2 页，北京，人民出版社，2012。

是导向现代性及其持续发展的一个必要的前提条件，可以说，民族主义是现代性最为重要的构成要素之一"①。奈恩共享了这种现代主义的解释范式，进一步指出现代社会政治机制是民族主义产生的根源，复杂的民族主义不仅应该被视为一种纯粹的社会意识和集体情感，更应被视为一种现代共同体的政治、经济总体状况的产物，它与现当代国家建构和社会变迁紧密地联结在一起。换句话说，民族主义是现代性计划的一个组成部分。

民族主义是一种普遍的辩证性存在。就其特征而言，奈恩以古罗马的两面神"贾纳斯"来比喻民族主义，可谓十分精妙、传神。从其"两面性"出发，我们能够解释绝大部分民族主义现象，其非理性的暴力表现及反帝国主义的民族解放运动都是民族主义的现代剧目，它具有两面、多变、暧昧、普遍的重要特质。奈恩敏锐地把握住了民族主义的这一特征，并以此解释世界发展进程中不同地域的民族主义现象。民族主义的积极的和消极的、进步的与退步的、健康的与幼稚的两面是一种辩证的关系，它们既彼此区别，又相互依存、相互渗透和相互转化。但是，在社会不断发展的今天，奈恩认为，民族主义的好的一面似乎占据主导地位。

民族主义是人民大众在面对帝国主义压迫时产生的主体意识。就社会发展的主体而言，奈恩认为，民族主义的形成是群体被外来势力冲击的结果，换句话说，现代社会中帝国主义、资本主义、殖民主义、霸权

---

① Schwarzmantel, J., *The Age of Ideology*, Basingstoke, Macmillan Press, 1998, p. 137.

主义的侵袭将民族主义从社会主体的意识中挤压了出来，民族主义"就像席勒的压弯的树枝理论所说的，是一个拥有自己的民族个性的社会受到压迫和屈辱时自然生出的反应"[1]。因此，民族主义的主体意识多半带有强烈的情感色彩，具有以人民主权为基础的诉求，是一种反抗的激情，表现为民族大众对帝国主义的反抗和对资本主义的斗争。

民族解放是无产阶级社会解放的首要条件。就历史运动的主体而言，奈恩从唯物史观的角度解释了民族团结与阶级团结的关系，他认为，工人在成为无产阶级之前，首先是德国人、英国人、俄罗斯人、波兰人，民族是比阶级更重要的现代历史运动的主体。奈恩的这一认识恰恰发展了恩格斯的民族理论，即"只有真正成为国家的民族时，才更能成为国际的民族"[2]。随着社会历史和形势的发展，人们必须认识到真实的发展环境和主要任务，在民族国家主导的国际舞台上，"不与民族主义感情结盟的任何政治运动都不可能获胜"[3]，只有实现了民族的解放才能够实现无产阶级的解放。

知识分子要把无产阶级引向民族主义的觉解之路。就阶级基础而言，马克思和恩格斯多次论述道，"被奴役民族具有民族独立和民族自决的历史权利"[4]，民族主体与阶级主体在被压迫主体中是契合的，他

---

[1] ［英］以赛亚·伯林：《扭曲的人性之材》，岳秀坤译，254 页，南京，译林出版社，2009。

[2] 《马克思恩格斯文集》第 10 卷，473 页，北京，人民出版社，2009。

[3] ［英］以赛亚·伯林：《反潮流：观念史论文集》，冯克利译，423 页，南京，译林出版社，2011。

[4] 中国社会科学院民族研究所编：《马克思恩格斯论民族问题》（下），505 页，北京，民族出版社，1987。

们具有相同的诉求和愿景。事实上，百年来几次声势浩大的民族解放运动正是民族主义意识形态在全球扩展、传播的结果。每个民族都需要完全的政治自决和经济自主，这一需求只能通过真实的民族主体的觉醒和斗争才能实现，如何才能唤醒人民大众的觉解呢？奈恩的回答是："仅有中产阶层（中国为无产阶级）能够带来这样一种觉醒。"①因此，知识分子必须肩负起自己的历史使命。可见，"民族主义和民族运动是阶级关系和阶级斗争在民族和国际两个层面的产物。……如果我们采取以历史唯物主义原则为基础的阶级观点，就能更好地理解这些强大而持久的现象"②。

无产阶级人民群众是民族解放的生力军。就民族主义的主体阶层而言，奈恩解释了无产阶级对于民族主义的重要作用。随着人类社会的发展，在中产阶级知识分子精英的带领下，只有无产阶级才能真正实现民族的解放。在民族国家主导的国际舞台上，无产阶级人民群众无疑是左右世界发展的确定性根基和决定性因素，以民族情感组织起来的无产阶级人民群众是实现民族国家解放的中坚力量，是民族文化复兴的可靠保证，是民族历史延续的承担桥梁，是民族经济和政治自主、自由发展的中流砥柱。

民族主义的现实策略能够拯救资本主义引起的社会危机。就解决异

---

① Nairn, T., *Faces of Nationalism: Janus Revisited*, London and New York, Verso, 1997, p. 209.

② Berberoglu, B., Nationalism, "Ethnic Conflict, and Class Struggle: a Critical Analysis of Mainstream and Marxist Theories of Nationalism and National Movements," in *Critical Sociology*, Vol. 26, No. 3, 2000, p. 228.

化问题的方法而言，奈恩认为，民族主义的意识形态及运动能够有效对抗资本主义的世界政治经济机制。作为一种极具效用的工具或手段，民族主义在现代民族国家被广泛使用。奈恩指出，为了克服现代资本主义社会当中的各种危机、问题和异化，我们必须要大力发展心智生产力，支持边缘地区的民族革命运动，着重保护民族认同的情感，并鼓励民族国家的政治经济建设，这样才能逐渐把人从物质生产的桎梏中解放出来，把落后地区的民族从资本主义压迫的樊笼中拯救出来，把所有民族群体从异化的情境中释放出来，可见，解决问题的重点就在于民族主义。

民族主义的最终理论构想是共产主义。就人类社会的发展走向而言，奈恩认为，民族主义是实现国际主义、共产主义的必经阶段。我们知道，民族主义作为解释框架被广泛使用，在很大程度上与民族主义确实在现代世界广泛散布和蔓延密不可分。民族主义的浪潮几乎席卷了一切，从西方到东方、从精英到大众、从激进派到保守派、从发达地区到不发达地区，都无法逃离这一意识形态和运动。究其原因，正是民族主义是社会发展的一个阶段。民族主义作为一个社会过渡阶段，不仅能够抵抗和抑制资本主义的发展壮大，还有力地促进了社会主义的形成、实现、发展。"民族主义是凝结革命联盟的水泥，是革命运动的引擎。"①只有发展出社会主义的民族主义，才能够实现人的真正解放，我们所要实现的社会主义理想社会，必定是以独立自主的民族国家共同体的形成

---

① ［美］塞缪尔·P.亨廷顿：《变化社会中的政治秩序》，王冠华等译，278页，北京，生活·读书·新知三联书店，1989。

为先导的。

奈恩关于民族主义的基本立场是马克思主义唯物史观的传统。虽然，近百年来民族主义的意识形态和运动的演变呈现出某些不同于马克思主义经典作家所设想的状态，即被无产阶级的国际主义所替代，但是，从世界历史的整体来看，人类的发展仍处在唯物史观的认识轨道之上。历史唯物主义对民族主义现象和问题仍具有最大的解释力，因此，对奈恩唯物史观的民族主义思想进行研究具有重要意义。

最后需要说明的是，由于汤姆·奈恩的思想著述相当丰富与复杂，并不仅仅是关于民族主义的研究的，本研究无意做巨细无遗的覆盖，仅旨在连贯、完整地呈现其民族主义思想，希望能够在兼顾辩证性分析的同时，不对其民族主义思想造成误解，也衷心希望本研究能给读者带来更为丰富的思考和回应。

附录 | 汤姆·奈恩学术成果年表

著作：

1. Quattrocchi，A.，Nairn，T.，*The Beginning of the End：France，May* 1968，London，Panther Books，1968.

2. Nairn，T.，*The Left against Europe*，Harmondsworth，Penguin，1973.

3. Nairn，T.，*The Break-up of Britain：Crisis and Neo-Nationalism*，London，New Left Books，1977.

4. Nairn，T.，*The Enchanted Glass：Britain and Its Monarchy*，London，Radius，1988.

5. Nairn，T.，*Faces of Nationalism：Janus Revisited*，London and New York，Verso，1997.

6. Nairn，T.，*After Britain：New Labour and the Return of Scotland*，London，Granta Books，2000.

7. Nairn, T., *Pariah: Misfortunes of the British Kingdom*, London, Verso, 2002.

8. Nairn, T., James, P., *Global Matrix: Nationalism, Globalism and State-Terrorism*, London and Ann Arbor, MI, Pluto Press, 2005.

9. Nairn, T., *Global Nations*, London, Verso, 2006.

10. James, P., Nairn, T., *Globalization and Violence*, Vol. 1: *Globalizing Empires, Old and New*, London, Sage Publications, 2006.

11. Nairn, T., *Gordon Brown: Bard of Britishness*, Cardiff, Institute of Welsh Affairs, 2006.

12. Fiori, G., *Antonio Gramsci: Life of a Revolutionary*, Nairn, T., transl., London, Verso, 1990.

论文:

1. Nairn, T., "Crowds and Critics," in *New Left Review*, I/17, Winter 1962.

2. Nairn, T., "Landed England," in *New Left Review*, I/20, Summer 1963.

3. Nairn, T., "The British Political Elite," in *New Left Review*, I/23, January-February 1964.

4. Nairn, T., "The English Working Class," in *New Left Review*, I/24, March-April 1964.

5. Nairn, T., "Hugh Gaitskell," in *New Left Review*, I/25, May-June 1964.

6. Nairn, T., "The Nature of the Labour Party (Part I)," in *New Left*

Review，I/27，September-October 1964.

7. Nairn，T.，"The Nature of the Labour Party（Part II），" in *New Left Review*，I/28，November-December 1964.

8. Nairn，T.，"Labour Imperialism，" in *New Left Review*，I/32，July-August 1965.

9. Nairn，T.，"The Three Dreams of Scottish Nationalism，" in *New Left Review*，I/49，May-June 1968.

10. Nairn，T.，"Hornsey." in *New Left Review*，I/50，July-August 1968.

11. Nairn，T.，"The Fateful Meridian，" in *New Left Review*，I/60，March-April 1970.

12. Nairn，T.，"Enoch Powell: The New Right，" in *New Left Review*，I/61，May-June 1970.

13. Nairn，T.，"British Nationalism and the EEC，" in *New Left Review*，I/69，September-October 1971.

14. Nairn，T.，"The Left against Europe?，" in *New Left Review*，I/75，September-October 1972.

15. Nairn，T.，"Immigration under Capitalism，" in *New Left Review*，I/80，July-August 1973.

16. Nairn，T.，"Scotland and Europe，" in *New Left Review*，I/83，January-February 1974.

17. Nairn，T.，"The Modern Janus，" in *New Left Review*，I/94，November-December 1975.

18. Nairn, T., "The Twilight of the British State," in *New Left Review*, I/101-102, January-April 1977.

19. Nairn, T., "The Future of Britain's Crisis," in *New Left Review*, I/113-114, January-April 1979.

20. Nairn, T., "The House of Windsor," in *New Left Review*, I/127, May-June 1981.

21. Nairn, T., "The Crisis of the British State," in *New Left Review*, I/130, November-December 1981.

22. Nairn, T., "The Sole Survivor," in *New Left Review*, I/200, July-August 1993.

23. Nairn, T., "Breakwaters of 2000: From Ethnic to Civic Nationalism," in *New Left Review*, I/214, November-December 1995.

24. Nairn, T., "Sovereignty after the Election," in *New Left Review*, I/224, July-August 1997.

25. Nairn, T., "Reflections on Nationalist Disasters," in *New Left Review*, I/230, July-August 1998.

26. Nairn, T., "Ukania under Blair," in *New Left Review*, 1, January-February 2000.

27. Nairn, T., "Farewell Britannia: Break-Up or New Union?," in *New Left Review*, 7, January-February 2001.

28. Nairn, T., "Mario and the Magician," in *New Left Review*, 9, May-June 2001.

29. Nairn, T., "A Myriad Byzantiums," in *New Left Review*, 23,

September-October 2003.

30. Nairn, T., "The New Furies," in *New Left Review*, 37, January-February 2006.

31. Nairn, T., "Union on the Rocks?," in *New Left Review*, 43, January-February 2007.

32. Nairn, T., "Britain's Living Legacy," in *Marxism Today*, July 1982.

33. Nairn, T., "A Nation in Revolt," in *Marxism Today*, July 1987.

34. Nairn, T., "Tartan and Blue," in *Marxism Today*, June 1988.

35. Nairn, T., "Beyond Reason? Ethnos or Uneven Development," in *Scottish Affairs*, Vol. 8, No. 1, Summer 1994.

36. Nairn, T., "Virtual Liberation or: British Sovereignty since the Election," in *Scottish Affairs*, Vol. 25, No. 2, November 1998.

37. Nairn, T., "Deserted by History: in Memory of the Red Paper on Scotland, 1975," in *Scottish Affairs*, Vol. 44, No. 1, Summer 2003.

38. Nairn, T., "Internationalism and the Second Coming," in *Daedalus*, Vol. 122, No. 3, Summer 1993.

39. Nairn, T., "Globalisation and Nationalism: the New Deal," in *The Edinburgh lecture*, 2008.

40. Nairn, T., "Mrs Thatcher's Spengler," in *London Review of Books*, Vol. 2, No. 1, 24 January 1980.

41. Nairn, T., "Euro-Gramscism," in *London Review of Books*,

Vol. 2，No. 13，3 July 1980.

42. Nairn，T.，"It's a Knock-Out," in *London Review of Books*，Vol. 15，No. 10，27 May 1993.

43. Nairn，T.，"Demonising Nationalism," in *London Review of Books*，Vol. 15，No. 4，25 February 1993.

44. Nairn，T.，"What Nations are for," in *London Review of Books*，Vol. 16，No. 17，8 September 1994.

45. Nairn，T.，"Upper and Lower Cases," in *London Review of Books*，Vol. 17，No. 16，24 August 1995.

46. Nairn，T.，"Wanting to Be Special," in *London Review of Books*，Vol. 18，No. 6，21 March 1996.

47. Nairn，T.，"Cleaning Up," in *London Review of Books*，Vol. 18，No. 19，3 October 1996.

48. Nairn，T.，"At the Fairground," in *London Review of Books*，Vol. 19，No. 6，20 March 1997.

49. Nairn，T.，"Ghosts in the Palace," in *London Review of Books*，Vol. 19，No. 8，24 April 1997.

50. Nairn，T.，"Out of the Cage," in *London Review of Books*，Vol. 26，No. 12，24 June 2004.

51. Nairn，T.，"Make for the Boondocks," in *London Review of Books*，Vol. 27，No. 9，5 May 2005.

52. Nairn，T.，"History's Postman," in *London Review of Books*，Vol. 28，No. 2，26 January 2006.

53. Nairn, T., "The Enabling Boundary," in *London Review of Books*, Vol. 29, No. 20, 18 October 2007.

54. Nairn, T., "Where's the Omelette?," in *London Review of Books*, Vol. 30, No. 20, 23 October 2008.

55. Nairn, T., "The Sound of Thunder," in *London Review of Books*, Vol. 31, No. 19, 8 October 2009.

56. Nairn, T., "Managed by Ghouls," in *London Review of Books*, Vol. 31, No. 8, 30 April 2009.

57. Nairn, T., "Triumph of the Termites," in *London Review of Books*, Vol. 32, No. 7, 8 April 2010.

58. Nairn, T., "The Lord of the Rings: Ethnicity in Your Dreams," www. opendemocracy. net, 27 February 2002.

59. Nairn, T., "Turning-point Politics: from Salvaging the Past to Protecting the Future," in www. opendemocracy. net, 16 January 2002.

60. Nairn, T., "America: Enemy of Globalization," in www. opendemocracy. net, 9 January 2003.

61. Nairn, T., "Globalisation Today: a Human Experience," in www. opendemocracy. net, 16 January 2003.

62. Nairn, T., "Are there Alternatives?," in www. opendemocracy. net, 20 February 2003.

63. Nairn, T., "Authoritarian Man: the Axis of Good," in www. opendemocracy. net, 31 July 2003.

64. Nairn，T.，"The Free World's End?，" in www. opendemocracy. net，1 December 2004.

65. Nairn，T.，"After the G8 and 7/7: an Age of 'Democratic War-ming'，" in www. opendemocracy. net，11 July 2005.

66. Nairn，T.，"Britain's Tipping-point Election，" in www. opendem-ocracy. net，27 June 2005.

67. Nairn，T.，"Ending the big 'ism'，" in www. opendemocracy. net，26 January 2006.

68. Nairn，T.，"Byzantium: always an Empire，never a Nation，" in www. opendemocracy. net，7 May 2008.

69. Nairn，T.，"A Republican Monarchy? England and Revolution，" in www. opendemocracy. net，12 October 2011.

70. Nairn，T.，"Will Britain ever Shake the Ghost of Empire?，" in www. opendemocracy. net，14 November 2011.

71. Nairn，T.，"New Faces of Nationalism，" in www. opendemocracy. net，26 January 2012.

参考文献

(一)英文：

1. Nairn，T.，*The Break-up of Britain: Crisis and Neo-Nationalism*，London，NLB，1977.

2. Nairn，T.，*Faces of Nationalism: Janus Revisited*，London and New York，Verso，1997.

3. Nairn，T.，James，P.，*Global Matrix: Nationalism, Globalism and State-Terrorism*，London and Ann Arbor，MI: Pluto Press，2005.

4. Nairn，T.，"Scotland and Europe," in *New Left Review*，I/83，January-February 1974.

5. Nairn，T.，"The Modern Janus," in *New Left Review*，I/94，November-December 1975.

6. Nairn，T.，"The Three Dreams of Scottish Nationalism," in *New Left Review*，I/49，May-June 1968.

7. Nairn，T.，"The Twilight of the British State," in *New Left Review*，I/101-102，January-April 1977.

8. Nairn，T. ，"Internationalism and the Second Coming," in *Daedalus*，Vol. 122，No. 3，Summer 1993.

9. Nairn，T. ，"British Nationalism and the EEC," in *New Left Review*，I/69，September-October 1971.

10. Nairn，T. ，"Reflections on Nationalist Disasters," in *New Left Review*，I/230，July-August 1998.

11. Nairn，T. ，"Demonising Nationalism," in *London Review of Books*，Vol. 15，No. 4，25 February 1993.

12. Nairn，T. ，"The British Political Elite," in *New Left Review*，I/23，January-February 1964.

13. Nairn，T. ，"The Nature of the Labour Party (Part I)," in *New Left Review*，I/27，September-October 1964.

14. Nairn，T. ，"The Nature of the Labour Party (Part II)," in *New Left Review*，I/28，November-December 1964.

15. Nairn，T. ，"The Left against Europe?," in *New Left Review*，I/75，September-October 1972.

16. Nairn，T. ，"The Future of Britain's Crisis," in *New Left Review*，I/113-114，January-April 1979.

17. Nairn，T. ，"The Crisis of the British State," in *New Left Review*，I/130，November-December 1981.

18. Nairn，T. ，"Breakwaters of 2000: From Ethnic to Civic Nationalism," in *New Left Review*，I/214，November-December 1995.

19. Nairn，T. ，"Sovereignty after the Election," in *New Left Review*，

I/224，July-August 1997.

20. Ascherson, N., "On with the Pooling and Merging," in *London Review of Books*, Vol. 22, No. 4, February 2000.

21. Hobsbawm, E., "Some Reflections on 'The Break-up of Britain'," in *New Left Review*, I/105, September-October 1977.

22. Hobsbawm, E., *Nations and Nationalism Since* 1780: *Programme, Myth, Reality*, Cambridge, Cambridge University Press, 1992.

23. Kiernan, V., "Meditations on a Theme by Tom Nairn," in *New Left Review*, I/174, March-April 1989.

24. Kiernan, V., "A Scottish Road to Socialism?," in *New Left Review*, I/93, September-October 1975.

25. Davidson, N., "In Perspective: Tom Nairn," in *International Socialism Journal*, March 1999.

26. Davidson, N., "A Scottish Watershed," in *New Left Review*, I/89, September-October 2014.

27. Johnson, R. W., "Pallas," in *London Review of Books*, Vol. 10, No. 3, July 1988.

28. Anderson, P., Howe, S., Mitchell, J., Barnett, A., Harvie, C., Roshwald, A., Kane, P., Hayes, D., *The World and Scotland too: Tom Nairn at* 75, www. opendemocracy. net.

29. Hassan, G., Barnett, A., *Tom Nairn at* 80, *a World Scot*, www. opendemocracy. net.

30. Anderson, P. , *A Zone of Engagement*, London, Verso, 1992.

31. Anderson, P. , Blackburn, R. , eds. , *Towards Socialism*, London, Collins, 1965.

32. Anderson, P. , *Arguments Within English Marxism*, London, Verso, 1980.

33. Anderson, P. , "The Left in the Fifties," in *New Left Review*, I/29, January-February 1965.

34. Anderson, B. , *The Spectre of Comparisons: Nationalism, Southeast Asia and the World*, London, Verso, 1998.

35. Anderson, B. , *Imagined Communities: Reflections on the Origin and Spread of Nationalism*, London, Verso, 2006.

36. Hechter, M. , *Internal Colonialism: The Celtic Fringe in British National Development*, Berkeley and Los Angeles, University of California Press, 1957.

37. Hechter, M. , *Containing Nationalism*, Oxford, Oxford University Press, 2000.

38. Newman, G. , *The Rise of English Nationalism: A Cultural History*, 1740-1830, New York, Palgrave Macmillan, 1987.

39. Turner, B. S. , State, "Civil Society and National Development: The Scottish Problem," in *Journal of Sociology*, Vol. 20, No. 2, 1984.

40. Patterson, H. , "Neo-Nationalism and Class", in *Social History*, Vol. 13, No. 3, 1988.

41. James, P. , "National Formation and the 'Rise of the Cultural': A Critique of Orthodoxy," in *Philosophy of the Social Sciences*, Vol. 19, No. 3, 1989.

42. Khon, H. , *The Idea of Nationalism: A Study in Its Origins and Background*, New York, The Macmillan Company, 1944.

43. Hayes, C. J. H. , *Essays on Nationalism*, New York, The Macmillan Company, 1926.

44. Breuilly, J. , *Nationalism and the State*, Manchester, Manchester University Press, 1993.

45. Gellner, E. , *Nations and Nationalism*, Oxford, Basil Blackwell, 1983.

46. Gellner, E. , *Thought and Change*, Chicago, The University of Chicago Press, 1964.

47. Gellner, E. , *Spectacles and Predicaments: Essays in Social Theory*, Cambridge, Cambridge University Press, 1979.

48. Hastings, A. , *The Construction of Nationhood: Ethnicity, Religion and Nationalism*, Cambridge, Cambridge University Press, 1997.

49. Gorski, P. , "The Mosaic Moment: An Early Modernist Critique of Modernist Theories of Nationalism," in *American Journal of Sociology*, 105/5, March 2000.

50. Smith, A. D. , *Nationalism: Theory, Ideology, History*, Cambridge, Polity Press, 2001.

51. Smith, A. D. , "Gastronomy or Geology? The Role of Nationalism in the Reconstruction of Nations," in *Nations and Nationalism*, Vol. 1, March 1995.

52. Smith, A. D. , *Theories of Nationalism*, New York, Holmes&Meier Publishers, 1983.

53. Smith, A. D. , *National Identity*, Reno, University of Nevada Press, 1993.

54. Laqueur, W. , ed. , *Fascism: A Reader's Guide*, Berkeley, University of California Press, 1976.

55. Tiryakian, E. A. , "Book Review: Faces of Nationalism: Janus Revisited by Tom Nairn," in *Social Forces*, Vol. 78, No. 1, 1999.

56. Lantis, J. S. , "Book Review: Faces of Nationalism: Janus Revisited by Tom Nairn," in *The Journal of Politics*, Vol. 62, No. 4, 2000.

57. Davis, H. , *Toward a Marxist Theory of Nationalism*, New York and London, Monthly Review Press, 1978.

58. Viereck, G. S. , "What Life Means to Einstein: An Interview by George Sylvester Viereck," in *The Saturday Evening Post*, 26 October 1929.

59. Jackson, K. D. , *Cambodia*, 1975-1978: *Rendezvous with Death*, Princeton, Princeton University Press, 1989.

60. Kedourie, E. , ed. , *Nationalism in Asia and Africa*, London, Weidenfeld and Nicolson, 1971.

61. Kedourie, E. , *Nationalism*, London, Wiley-Blackwell, 1993.

62. Ignatieff, M. , *Blood and Belonging : Journeys into the New Na-
    tionalism*, Toronto, Penguin Canada, 2006.

63. Munck, R. , "Marxism and Nationalism in the Era of Globaliza-
    tion," in *Capital & Class*, Vol. 34, No. 1, 2010.

64. Avineri, S. , "Marxism and Nationalism," in *Journal of Contempo-
    rary History*, Vol. 26, No. 3, 1991.

65. Özkirimli, U. , *Theories of Nationalism : A Critical Introduction*,
    Basingstoke, Palgrave Macmillan, 2010.

66. Kiernan, B. , *How Pol Pot Came to Power : Colonialism, Nation-
    alism, and Communism in Cambodia*, 1930—1975, New Haven,
    Yale University Press, 2004.

67. Cocks, J. , *Passion and Paradox : Intellectuals Confront The National
    Question*, Princeton and Oxford, Princeton University Press, 2002.

68. Wellings, B. , Kenny M. , "Nairn's England and the progressive di-
    lemma: reappraising Tom Nairn on English nationalism," in *Na-
    tions and Nationalism*, 4 December 2018.

69. Balibar, E. , Wallerstein, I. , *Race, Nation, Class: Ambiguous I-
    dentities*, London, Verso, 2010.

70. Balakrishnan, G. , *Mapping the Nation*, London, Verso, 2012.

71. Greenfeld, L. , *Nationalism: Five Roads to Modernity*, Cambridge
    and London, Harvard University Press, 1993.

72. Kohn, H. , *Nationalism, Its Meaning and History*, Malabar,

Robert E. Krieger Publishing Company，1965.

73. Staley，E.，*World Economy in Transition*，New York，Council on Foreign Relations，1939.

74. Scott，P. H.，ed.，*A Nation Again：Why Independence will be Good for Scotland（and England too）*，Luath Press Ltd，2012.

75. Schwarzmantel，J.，*The Age of Ideology*，Basingstoke，Macmillan Press，1998.

76. List，F.，*The National System of Political Economy*，London，Longmans，Green and Co.，1909.

77. Taylor，C.，"Marxism and Humanism," in *The New Reasoner*，Vol. 2，Autumn 1957.

78. Jenkins，B.，Minnerup，G.，*Citizens and Comrades—Socialism in a World of Nation States*，London，Pluto Press，1984.

79. Berberoglu，B.，"Nationalism，Ethnic Conflict，and Class Struggle：A Critical Analysis of Mainstream and Marxist Theories of Nationalism and National Movements," in *Critical Sociology*，Vol. 26，No. 3，2000.

80. Arblaster，A.，"Taking Monarchy Seriously," in *New Left Review*，I/ 174，March-April 1989.

(二)中文

1. ［意］安琪楼·夸特罗其、［英］汤姆·奈仁. 法国 1968：终结的开始. 赵刚译. 北京：生活·读书·新知三联书店. 2001.

2. 马克思恩格斯全集（第一卷）. 北京：人民出版社. 1956.

3. 马克思恩格斯全集(第三卷). 北京：人民出版社. 1960.

4. 马克思恩格斯全集(第十九卷). 北京：人民出版社. 1963.

5. 马克思恩格斯全集(第二十六卷第二册). 北京：人民出版社. 1973.

6. 马克思恩格斯全集(第三十四卷). 北京：人民出版社. 1972.

7. 马克思恩格斯全集(第四十二卷). 北京：人民出版社. 1979.

8. 马克思恩格斯选集(第一卷). 北京：人民出版社. 1995.

9. 马克思恩格斯选集(第二卷). 北京：人民出版社. 1995.

10. 马克思恩格斯选集(第三卷). 北京：人民出版社. 1995.

11. 马克思恩格斯选集(第四卷). 北京：人民出版社. 1995.

12. 马克思恩格斯文集(第一卷). 北京：人民出版社. 2009.

13. 马克思恩格斯文集(第二卷). 北京：人民出版社. 2009.

14. 共产党宣言. 北京：中央编译出版社. 1998.

15. 马克思恩格斯书信选集. 北京：人民出版社. 1962.

16. 列宁全集(第二卷). 北京：人民出版社. 1984.

17. 列宁全集(第二十五卷). 北京：人民出版社. 1963.

18. 列宁全集(第二十八卷). 北京：人民出版社. 1990.

19. 列宁选集(第二卷). 北京：人民出版社. 1995.

20. 斯大林全集(第二卷). 北京：人民出版社. 1953.

21. 中国社会科学院民族研究所编. 马克思恩格斯论民族问题(上、下册). 北京：民族出版社. 1987.

22. 中国社会科学院民族研究所编. 列宁论民族问题(上、下册). 北京：民族出版社. 1987.

23. 中国社会科学院民族研究所编. 斯大林论民族问题. 北京：民族出

版社. 1990.

24. 孙中山选集. 北京：人民出版社. 1981.

25. 陈汉文编著. 在国际舞台上：西方现代国际关系学浅说. 成都：四川人民出版社. 1985.

26. 陈玉瑶、朱伦编. 民族与民族主义：苏联、俄罗斯、东欧学者的观点. 北京：社会科学文献出版社. 2013.

27. [德]汉斯-乌尔里希·维勒. 民族主义：历史、形式、后果. 赵宏译. 北京：中国法制出版社. 2013.

28. 房宁、王炳权. 论民族主义思潮. 北京：高等教育出版社. 2004.

29. 郝时远. 类族辨物："民族"与"族群"概念之中西对话. 北京：中国社会科学出版社. 2013.

30. 暨爱民. 民族国家的建构：20世纪上半期中国民族主义思潮研究. 北京：社会科学文献出版社. 2013.

31. 金炳镐. 民族理论通论. 北京：中央民族大学出版社. 1994.

32. 李学保. 当代世界冲突的民族主义根源. 广州：世界图书出版广东有限公司. 2012.

33. 李肇忠. 近代西欧民族主义. 北京：人民出版社. 2011.

34. 罗志平. 民族主义：理论、类型与学者. 台北：旺文社股份有限公司. 2005.

35. 罗志平. 民族主义与当代社会：民族主义研究论文集. 台北：独立作家出版社. 2016.

36. 马俊毅. 多民族国家民族事务治理现代化. 北京：社会科学文献出版社. 2017.

37. ［美］本尼迪克特·安德森、刘东. 比较的幽灵：民族主义、东南亚与世界. 甘会斌译. 南京：译林出版社. 2012.

38. ［美］本尼迪克特·安德森. 想象的共同体：民族主义的起源与散布. 吴叡人译. 上海：上海人民出版社. 2011.

39. ［美］里亚·格林菲尔德. 资本主义精神：民族主义与经济增长. 张京生、刘新义译. 上海：上海人民出版社. 2009.

40. ［美］迈克尔·赫克特. 遏制民族主义. 韩召颖等译. 北京：中国人民大学出版社. 2012.

41. ［美］塞缪尔·P. 亨廷顿. 变化社会中的政治秩序. 王冠华等译. 北京：生活·读书·新知三联书店，1989.

42. 乔瑞金等. 英国的新马克思主义. 北京：人民出版社. 2013.

43. 宋春主编. 新编中国统一战线大辞典. 长春：东北师范大学出版社. 1988.

44. ［土耳其］乌穆特·奥兹基瑞穆里. 当代关于民族主义的争论——批判性参与. 于红译. 北京：中国社会科学出版社，2017.

45. 王联主编. 世界民族主义论. 北京：北京大学出版社. 2017.

46. 王希恩. 全球化中的民族过程. 北京：社会科学文献出版社. 2009.

47. 王希恩主编. 马克思、恩格斯、列宁、斯大林论民族. 北京：中国社会科学出版社. 2013.

48. ［西］胡安·诺格. 民族主义与领土. 徐鹤林、朱伦译. 北京：中央民族大学出版社. 2009.

49. 徐迅. 民族主义. 北京：东方出版社. 2015.

50. ［意］安东尼奥·葛兰西. 狱中札记. 曹雷雨等译. 北京：中国社会

科学出版社. 2000.

51. [英]埃里・凯杜里. 民族主义. 张明明译. 北京：中央编译出版
社. 2002.

52. [英]埃里克・霍布斯鲍姆. 民族与民族主义. 李金梅译. 上海：上
海人民出版社. 2006.

53. [英]爱德华・莫迪默、罗伯特・法恩主编. 人民・民族・国家：族
性与民族主义的含义. 刘泓、黄海慧译. 北京：中央民族大学出版
社. 2009.

54. [英]安东尼・吉登斯. 民族-国家与暴力. 胡宗泽、赵力涛译. 北
京：生活・读书・新知三联书店. 1998.

55. [英]安东尼・史密斯. 民族主义：理论、意识形态、历史. 叶江
译. 上海：上海人民出版社. 2011.

56. [英]安东尼・D. 史密斯. 全球化时代的民族与民族主义. 龚维斌、
良警宇译. 北京：中央编译出版社. 2002.

57. [英]奥利弗・齐默. 欧洲民族主义，1890—1940. 杨光译. 北京：
北京大学出版社. 2013.

58. [英]厄内斯特・盖尔纳. 民族与民族主义. 韩红译. 北京：中央编
译出版社. 2002.

59. [英]欧内斯特・盖尔纳. 理性与文化. 周邦宪译. 贵阳：贵州人民
出版社. 2009.

60. [英]佩里・安德森. 当代西方马克思主义. 余文烈译. 北京：东方
出版社. 1989.

61. [英]休・希顿-沃森. 民族与国家：对民族起源与民族主义政治的

探讨. 吴洪英、黄群译. 北京：中央民族大学出版社. 2009.

62. ［英］以赛亚·伯林. 反潮流：观念史论文集. 冯克利译. 南京：译林出版社. 2011.

63. ［英］以赛亚·伯林. 扭曲的人性之材. 岳秀坤译. 南京：译林出版社. 2009.

64. 俞吾金、陈学明. 国外马克思主义哲学流派新编：西方马克思主义卷. 上海：复旦大学出版社. 2002.

65. 翟金秀. 解读西欧后民族主义：传统与后现代语境下的多维视角. 济南：山东大学出版社. 2012.

66. 张亮编. 英国新左派思想家. 南京：江苏人民出版社. 2010.

67. 张亮、熊婴编. 伦理、文化与社会主义：英国新左派早期思想读本. 南京：江苏人民出版社. 2013.

68. 张三南. 马克思主义经典作家关于民族主义的论述及当代意义研究. 北京：时事出版社. 2014.

69. 张一兵主编. 当代国外马克思主义哲学思潮. 南京：江苏人民出版社. 2012.

70. 朱伦、陈玉瑶编. 民族主义：当代西方学者的观点. 北京：社会科学文献出版社. 2013.

71. 高景柱. 评民族主义与全球正义之争. 民族研究. 2016 年第 3 期.

72. 郝时远. 重读斯大林民族定义——读书笔记之三：苏联多民族国家模式中的国家与民族. 世界民族. 2003 年第 6 期.

73. 侯发兵. 论马克思恩格斯关于民族性的思想. 理论月刊. 2012 年第 8 期.

74. 姜广举、林国标. 习近平执政思想系统观初探. 系统科学学报. 2014 年第 4 期.

75. 梁雪村. 被"围攻"的民族主义与自由国际秩序的道德贫瘠. 外交评论(外交学院学报). 2016 年第 1 期.

76. 林剑. 不应误读与否弃马克思主义的革命观. 马克思主义研究. 2014 年第 10 期.

77. 刘平. 民族主义思潮研究述要. 中国文化研究. 2015 年第 2 期.

78. 刘烨、乔瑞金. 英国新马克思主义的社会主义"民族解放"思想探析. 学习与探索. 2018 年第 11 期.

79. 刘烨. 全球化时代的人民、民族与阶级——汤姆·奈恩西方马克思主义语境下的民族主义研究. 民族研究. 2017 年第 4 期.

80. 刘烨. 试论汤姆·奈恩民族主义理论的系统建构. 系统科学学报. 2015 年第 4 期.

81. 刘烨. 汤姆·奈恩：基于唯物史观的民族主义研究. 世界民族. 2016 年第 6 期.

82. 刘烨. 唯物史观视域中的现代性问题——"第十五届马克思哲学论坛"综述. 理论探索. 2015 年第 6 期.

83. [美]B. 安德森. 民族主义的现在和未来. 天涯. 1999 年第 4 期.

84. 彭涛、尹占文. 毛泽东的国际主义思想研究. 毛泽东思想研究. 2014 年第 1 期.

85. 乔瑞金、李文艳. 英国新左派的思想革命与政治诉求：以斯图亚特·霍尔的分析为中心. 南京大学学报(哲学·人文科学·社会科学). 2016 年第 4 期.

86. 乔瑞金、刘烨. 奈恩"民族进步"的技术批判思想探析. 自然辩证法研究. 2017 年第 5 期.

87. 乔瑞金. 论英国新马克思主义的思想特征. 理论探索. 2006 年第 4 期.

88. 乔瑞金. 我们为什么需要研究英国的新马克思主义?. 马克思主义与现实. 2011 年第 6 期.

89. 乔瑞金. 英国新左派的社会主义政治至善思想. 中国社会科学. 2014 年第 9 期.

90. [日]石田政治.《探索马克思主义民族主义理论》一书评介. 世界民族. 1982 年第 1 期.

91. [日]伊藤成彦. 罗莎·卢森堡思想中的民族与国家. 山东社会科学. 2006 第 6 期.

92. 史志钦、赖雪仪. 西欧分离主义的发展趋势前瞻. 人民论坛·学术前沿. 2015 年第 8 期.

93. [英]霍布斯鲍姆. 摆脱困境——社会主义仍然富有生命力. 国外社会科学文摘. 1992 年第 1 期.

94. [英]迈克尔·肯尼. 社会主义和民族性问题：英国新左派的经验教训. 学海. 2011 年第 2 期.

95. 詹真荣、熊乐兰. 论列宁关于民族问题的基本观点. 马克思主义研究. 2006 年第 12 期.

96. 张亮. 汤普森视域中的民族性与马克思主义. 福建论坛（人文社会科学版）. 2008 年第 7 期.

97. 张亮. 英国新左派运动及其当代审视：迈克尔·肯尼教授访谈录. 求是学刊. 2007 年第 5 期.

后　记

　　本书是基于博士论文修改而成的一部尝试解读英国新马克思主义者汤姆·奈恩唯物史观的民族主义思想作品。这部书见证了我的博士生涯。从初入师门的懵懂无知，到如今能够窥探学术殿堂的大门，我已经从一个浮躁的毛头学生成为三尺讲台上的老师。至今，我仍然能够回忆起刚做选题时的茫然，其间我的成长无疑是艰辛的，然而欢笑与泪水、畅快与痛苦、企盼与挣扎都是我人生当中最宝贵的修行。

　　本书得以与读者见面，最要感谢我的导师乔瑞金教授，他引领我走入哲学研究的大门，鼓励和支持我对汤姆·奈恩进行人物的个案研究，始终给予我认真、耐心的指导，从论文选题、资料收集与翻译、开题、大小论文的撰写、修改到完稿都离不开先生的帮助与指导。谨此向恩师致以最衷心的感谢！感谢薛勇民教授、侯怀银教授、邢媛教授、管晓刚教授在学习与生活中给予我的关心和指导。感谢山西大学马克思主义哲学研究所的各位老师和同学的诸多鼓励和帮助。感谢《民族研究》《世界民族》等刊物诸位编辑老师的指导，从尝试投稿到与编辑老师交流修改，他们为我的成长提供了莫大的帮助。

我还要感谢我的父亲、母亲，从小到大一直包容我的任性，让我自由、快乐地成长，在我读博之后更加支持我的学业，分担我生活中的压力，一直以来都在替我负重前行，我定会加倍努力报答父母的默默付出。

最后，感谢我的丈夫陈强博士：与你相识到相知相恋，给我的读博生活带来了许多甜蜜和快乐。在多少深夜里，你整理实验数据，我翻译写作，这样的相处在别人看来也许是平淡而无趣的，但却构成了我们最美好的恋爱回忆。我们见证了彼此奋斗着的青春，也共同经历了生活的酸甜苦辣，你的陪伴和支持是我走下去的动力，唯愿执子之手，与子偕老，不负君之深情。

人生三十，我收获了一些东西，也沉淀了一些东西，虽功未成名未就，但我从来没有忘记自己出发的理由。学术研究道阻且长，在未来的日子里，希望我仍能够以梦为马，不负韶华。

刘烨

2017 年暮春完成于山西大学文瀛三斋

2019 年初夏修改于山西大学哲学楼

图书在版编目（CIP）数据

奈恩唯物史观的民族主义思想研究/刘烨著. —北京：北京师范
大学出版社，2021.3
　（英国新马克思主义哲学研究丛书）
　ISBN 978-7-303-25843-7

　Ⅰ.①奈⋯　Ⅱ.①刘⋯　Ⅲ.①新马克思主义－应用－民族主义－
研究　Ⅳ.①D091.5 ②D089

中国版本图书馆 CIP 数据核字（2020）第 089651 号

营　销　中　心　电　话　010-58805385
北 京 师 范 大 学 出 版 社　　http://xueda.bnup.com
主题出版与重大项目策划部

NAIEN WEIWUSHIGUAN DE MINZUZHUYI SIXIANG YANJIU

出版发行：北京师范大学出版社　www.bnup.com
　　　　　北京市西城区新街口外大街 12-3 号
　　　　　邮政编码：100088
印　　刷：鸿博昊天科技有限公司
经　　销：全国新华书店
开　　本：787 mm×1092 mm　1/16
印　　张：25
字　　数：240 千字
版　　次：2021 年 3 月第 1 版
印　　次：2021 年 3 月第 1 次印刷
定　　价：98.00 元

策划编辑：祁传华　郭　珍　　责任编辑：张　爽
美术编辑：王齐云　　　　　　　装帧设计：王齐云
责任校对：陈　民　　　　　　　责任印制：陈　涛